辞める前に知っておきたい80の知恵!

第9版 補訂版

失業保険150%トコトン活用術

日向 咲嗣
Hyuga Sakuji

同文舘出版

〈プロローグ〉失業してトクする法

Nさん（30代半ば）は、12年間勤めた流通系の会社を退社。退職の理由は、単にほかの会社へ転職したかったから。会社が倒産したとかリストラにあったとかではありません。

「こんなご時世に無謀なことをするんじゃない」と世間の人はついイサめたくなるものですが、ご本人はそんな常識どこ吹く風。「この際、プー太郎生活をトコトン満喫してやろう」というノーテンキぶりです。

退社後、会社からはなかなか「**離職票**」が送られてこなかったこともあって、Nさんが会社を辞めてすぐに向かったのは、公共職業安定所（以下、職安）ではなく、なんと冬山でした。

趣味のスキーを楽しむ絶好の機会とばかりに喜び勇んで冬山に出かけた彼は、離職票が送られてくるまでの2週間、たっぷりとスキーを楽しんだといいます。

「退職金を〝湯水のごとく〟使いました。退職後は失業保険をもらえることになっていたので、まあなんとかなるだろうという気持ちでした。家族ですか？　妻とふたり暮らしです。もちろん妻も連れて一緒に行きました。うちはまだ子供がいない分だけ気楽だったんですが、いても実家に預けて2人でスキーに行ったかもしれませんね」と笑うNさん。

結局、Nさんが職安に失業保険受給の手続きをしに行ったのは、そろそろ冬山の雪も解け始める3月中頃でした。

給付制限を2カ月も短縮！

どんよりとした空気が淀んでいる職安に行くと、さすがのNさんも「オレも失業者か……」と改めて自分が置かれた立場に思いをめぐらすことになったといいたいところですが、それもほんの一瞬のことだったようです。

「失業保険の手続きのついでに、職安で公共職業訓練の受講申し込みをしておいたら、ラッキーなことに、4月からの6カ月コースに入校許可をもらったんです。試験？　それがうちの地方では筆記試験はもちろん面接すらなくて、ただ職安の窓口のおじさんにコースの説明を受けつつ、面談しただけですよ」

なんでわざわざ「**公共職業訓練**」なんて受講するの？　あなたがそう思ったとしたら、ちょっと勉強が足りないかもしれません。

Nさんのように自己都合で退職した場合、失業保険の支給にあたっては2カ月（過去5年間に2回以上離職している人は3カ月）待機させられる「**給付制限**」というペナルティーが課せられます。

したがってNさんの場合、本来ならば、3月中旬に手続きをすると、7日間の「**待期**」と2カ月の「給付制限」が経過した後の5月末からの支給となり、実際に最初の手当を受け取れるのは6月中旬か末頃になるはず。2月末に退社して6月まで無収入というのはさすがにキツイ。

そこで彼が着目したのが、「公共職業訓練を受講したときには、この『給付制限』がなくなる」、つまり「入校した瞬間から失業保険が支給されるようになる」点でした。

おかげで、4月に職業訓練が開講すると同時に給付制限が即日解除となり、5月15日（末締めの翌月15日払いだったため）に最初の手当を受け取れたといいますから、結果的には給付制限を1カ月も短縮することに成功したわけです。

なお、結局、彼が職安に行ったのは最初の手続きと訓練受講説明会のときの2回だけ。一般の失業者は必ず月に一度は「**失業認定**」を職安で受けなければいけませんが、職業訓練施設に入校した場合にかぎっては職安への手続きを学校サイドで一括して代行してくれるため、本人は入校以後一度も職安に行く必要がなかったというから、これまたラッキーでした。

職業訓練を受けて50万円のトク！

Nさんの「幸運」はさらに続きました。実際に、失業保険をもらい始めると、驚いたことにその額が在職中の基本給とほとんど変わらない「結構いい額」だったのです。

失業保険は在職中の給料の50～80％と決まっているのに、いったいなぜそんなことが可能になるのかと疑問に思われるかもしれません。

あまり知られていませんが、退職後にもらえる失業保険の額は、在職全期間の平均給料ではなく、あくまで離職前６カ月間の給料が基準。しかも、その給料とは、休日出勤手当や残業手当も含めた額。つまり、たまたま彼が退職前の半年間に残業や休日出勤に励んだため、そのときの瞬間最高給料が、そのまま失業保険の額にも反映されたというカラクリです。

「ちょうど運よく退職の半年前に、残業代が大甘で出る部署に配転となったんで、ここぞとばかりに毎日遅くまで仕事に励んだんです」

もちろん、彼はただ退職後に備えただけでしたが、結果的にはその残業作戦が一石二鳥の成果を生むことになったのです。

さて、そうして職業訓練に通い始めたNさんは、みっちり６カ月間、会社の経理や社会保険事務についての知識を基礎から学んだうえ、小難しいパソコン操作までしっかりマスターしました。もちろん授業料タダのうえ、失業保険をもらいながらです。

「じつは、それまでパソコンはまるっきり苦手だったんですが、職業訓練に通ったおかげで、ワープロと表計算のソフトの使い方を基礎からみっちり教わりました。たまたま隣の席の人が前の職場でパソコンソフトにかかわる仕事をしていた人だったので、わからないことはその人にすぐ聞けたのもよかったですね」

半年間、民間のスクールに通った場合の費用を考えると、50万円以上はトクしたといえるでしょう。

さらに最後の難関の就職までも、持ち前の要領のよさをフルに発揮しました。卒業式が近づいてもなかなか就職が決まらない同級生たちを尻目に、アッサリと不動産会社の内定をゲットしたのです。

そんな彼もいまは、不動産会社の営業マンとして慣れない仕事で苦労している、といいたいところですが、しばらくして、彼からこんなメールが届きました。

「いやあ、モノを売るのって何でも同じなんですね。まだ入社して１カ月も経たないのに、もう家が１軒売れそうですよ！」

失業はトクする絶好のチャンス

Nさんのケースを読んで、あなたはどう感じられたでしょうか?

「生まれつき要領のいい人はいるけど、不器用な自分には到底そんなマネはできない」――。おそらく、そう思った人も少なくないはず。

でも、ちょっと考えてみてください。

これから会社を辞める、もしくはすでに失業している人が、いくら眉間にシワをよせて深刻に考えてみたところで事態は好転するでしょうか?

それどころか、深刻に考えすぎて一生懸命になればなるほど、その努力がカラ回りして、ドツボにはまりかねないものです。ギャンブルで調子がいいときは、たいして考えなくてもズバズバ予想が当たるのに、負けが込んでくると、カンタンなレースをも考えすぎてハズしまくってしまうのと同じです。

どうせガンバってみたところで、世の中そうそうウマくはいかないとしたら、こう考え直してみてはいかがでしょう。

「失業したときくらい要領よく立ち回って、国からたっぷりとゼニをふんだくってやろう」――。

世の中のたいがいのことは、その人が生まれ持った資質や能力によって大きく左右されてしまうものですが、失業保険のようにこと国がやっている制度にかぎっていえば、個人の資質や能力はほとんど関係ありません。

ようは、失業保険の制度についての基礎的な知識とそれを活用してトクできる裏ワザ情報を持っているかどうかの違いだけ。

だれでもちょっとした情報を仕入れるだけで確実にトクできるのですから、これまで要領が悪くて何かとソンすることが多かった人にとっても、失業は「オトク感を味わえる」絶好のチャンスでもあるのです。

人間というのは現金なもので、人から「元気出せよ」といくら言葉で励まされても、元気なんてそうカンタンに出るものではありませんが、目先のゼニが増えるとなると、それだけでガゼン未来が明るく思えてくるもの。

「うまくいかない→考えすぎる→さらにうまくいかない」――という悪循環を断ち切るためにも、失業保険に関してしっかり研究してみてはいかがでしょう。
本書では、失業保険の基本システムはもちろん、ケーススタディを随所にまじえながら、ズバリ、どんな状況でどのように行動すればトクできるかまでを詳しく解説しています。「会社の辞め方次第で、もらえる失業保険の額が何十万円も違ってくる」ケースが数多くあるのです。

また、雇用保険制度は、この10年めまぐるしく変わっているため、「前に失業したときは、こうだった」などと、不確かな情報をもとに行動すると、とんでもない判断ミスを犯しかねません。

そこで、本書では、２０２０年と２０１７年４月以降に改正された最新の雇用保険法のポイントについても１章で詳しく解説しています。また、２０１６年と２０１７年４月までの法改正の概要も最終章にまとめています。

さらに、専門家が書いたこれまでの類書には一切載っていない「とっておきの裏ワザ」も5章で紹介しましたので、「エッ、そんなうまい方法があるの！」と、きっと驚かれるはずです。

本書を読み終えた頃には、きっとあなたにも「なるほど、失業なんてたいして怖くない」と感じてもらえるはずです。最強のセーフティーネットである「失業保険」についての詳しい知識とノウハウさえ備えていれば、もはや「失業」などまったく恐れるにたらないといっても過言ではないでしょう。

では、本題に入っていく前に、法改正の中身を理解しやすくするためにも、失業保険の基本的なポイントを３つだけ予習しておきましょう。

①「失業保険」（正式には雇用保険の失業給付金）では、「賃金日額」（在職中の1日あたりの平均給料）の45～80％がもらえる（給料が安かった人ほど80％に近くなる）

②「所定給付日数」（失業手当がもらえる日数）は、「被保険者期間」（雇用保険に加入していた年数）で決まる

③「所定給付日数」は、退職理由によって変わる（自己都合なら90～１５０日・会社都合なら90～３３０日）

《おことわり》

本書に掲載されたデータは、一部有効年月日を記載した箇所を除いて、2020年8月1日現在のものです（失業給付金の基本手当を算定する基礎となるデータは、毎年8月1日に改定されます）。

また、雇用保険の運用については、各職業安定所の裁量に任されている部分が大きいため、ケースによっては本書の記載とは異なる判断がくだされる可能性もあります。

重要なことにつきましては、そのつどご自身で所轄の職業安定所などにご確認されたうえで行動されることをお勧めいたします。

プロローグ　失業してトクする法

1 すぐわかる「改正雇用保険法」のポイント

2 いざというとき必ず役立つ「失業保険の基礎知識」

3 失業保険の受給額を最大にする「会社の辞め方」

4 1日も早く失業保険をもらうための「受給手続き」のコツ

5 受給額が倍増する「失業保険の裏ワザ」12

6 50万円はトクできる「公共職業訓練」受講術

7 「失業保険の素朴な疑問」に答えるQ&A

カバー／齋藤　稔（G-RAM）
イラスト／鈴木真紀夫
本文DTP／(有)一企画

1章

すぐわかる「改正雇用保険法」のポイント

1

自己都合の給付制限を2カ月に短縮

2020年4月法改正の最大の目玉がコレ。**給付制限の短縮**です（実務上は、法改正を伴わない運用変更。同年10月1日から実施予定）。

雇用保険に加入していても、退職後に失業手当をすぐもらえるのは、原則として会社都合で退職（または期間満了）した人だけです。自己都合で退職すると、ハローワークで受給手続きをしても、最初の手当を受け取れるのは、3カ月の給付制限が満了した後でした。

手続き後7日間の待期を含めると、最初の手当を受け取るまでに130日程度はかかる計算。これでは、貯金が潤沢にない人は、転職先をじっくりと探すのはことのほか難しく、もうどこでもいいから一刻も早く就職しなければと焦って、転職に失敗する人は後をたちません。

そこで今回、この給付制限の期間を3カ月から1カ月だけ短縮して、2カ月にすることとなりました（ただし、5年間のうち2回まで。3回目以降は従来通り3カ月）。たった1カ月とはいえ、無収入期間が短くなるのは、転職志望者にとっては大きなメリットです。

「安易な離職を防止する」という目的で導入された給付制限期間は、当初1カ月でした。それが1984年に3カ月に変更されて以来、36年間も続いてきました。

しかし、失業手当を受給する人が年々減少の一途をたどっていることに対する危機感からくるセーフティーネット機能の強化に加え、さまざまなスタイルの働き方へと転職を促すという国の思惑もあいまって、ようやく実現したものです。

2020年4月法改正・その1　自己都合退職時の給付制限を2カ月に短縮

(1) 給付制限が**2カ月**となる場合

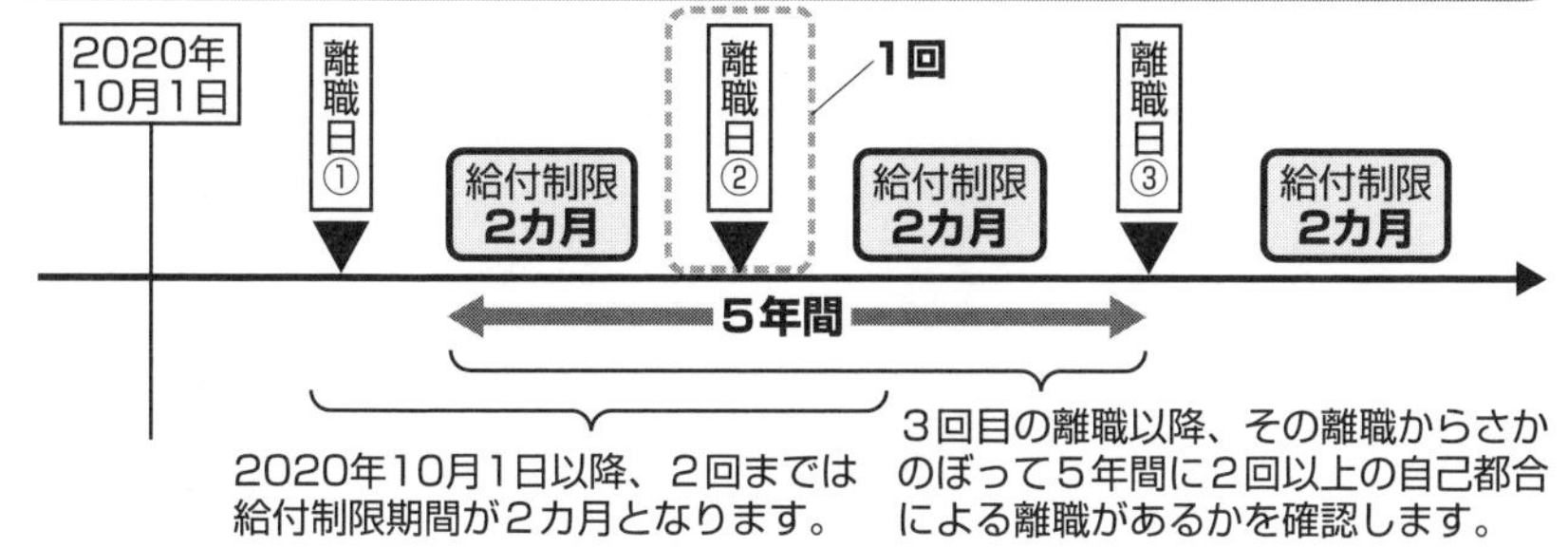
2020年
10月1日
離職日①
給付制限
2カ月
離職日②
1回
給付制限
2カ月
離職日③
給付制限
2カ月
5年間
2020年10月1日以降、2回までは給付制限期間が2カ月となります。
3回目の離職以降、その離職からさかのぼって5年間に2回以上の自己都合による離職があるかを確認します。

(2) 給付制限が**3カ月**となる場合

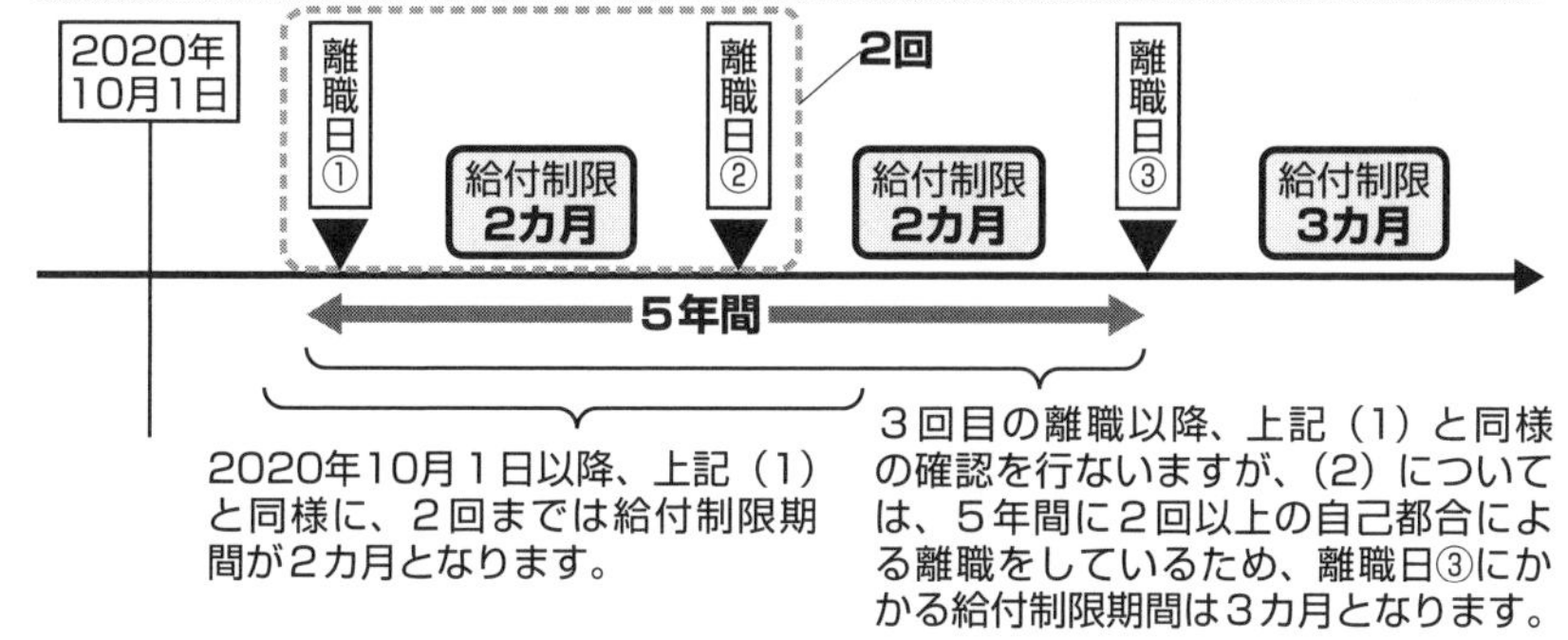
2020年
10月1日
離職日①
給付制限
2カ月
離職日②
2回
給付制限
2カ月
離職日③
給付制限
3カ月
5年間
2020年10月1日以降、上記(1)と同様に、2回までは給付制限期間が2カ月となります。
3回目の離職以降、上記(1)と同様の確認を行ないますが、(2)については、5年間に2回以上の自己都合による離職をしているため、離職日③にかかる給付制限期間は3カ月となります。

(3) 2020年9月30日以前に自己都合で離職している場合

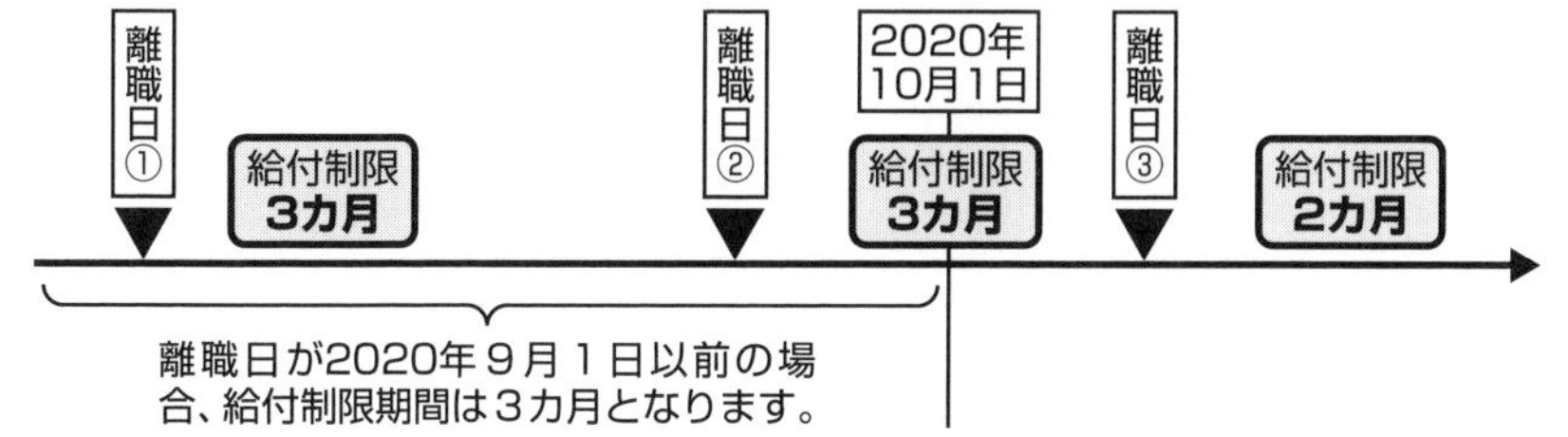
離職日①
給付制限
3カ月
離職日②
2020年
10月1日
給付制限
3カ月
離職日③
給付制限
2カ月
離職日が2020年9月1日以前の場合、給付制限期間は3カ月となります。

※2020年9月30日以前の自己都合による離職は、2020年10月1日以降の離職にかかる給付制限期間に影響ありません。

2 受給資格判定時の日数基準見直し

退職後に雇用保険から失業手当をもらえるのは、退職前の24カ月（2年間）のうち、12カ月以上雇用保険に加入して勤務していた人です。

ただし、会社都合で退職した人に限っては、退職前12カ月に6カ月以上、雇用保険に加入して勤務していれいれば、失業手当を受け取ることができます。

そこで問題になるのは、この「1カ月」と換算される月の要件なんですが、改正前は「賃金基礎日数（出勤義務のある日）が月11日以上ある」月のみが算定対象になるのがルールでした。

そうしますと、たとえば、パートで週2～3日勤務の人は、月10日しか勤務しない月も出てきます。そのため、たとえ期間は1カ月丸まるあったとしても、賃金日数が「11日以上ない」として、受給資格を判定する「1カ月」には入らないという不都合が起きてしまいます。

左ページ下図左をみてください。その結果、本人は「6カ月勤務した」と思っても、実際は「5カ月勤務」と換算されて、会社都合でも「受給資格なし」とされてしまいます。

雇用保険は週20時間勤務以上（かつ31日以上継続雇用見込み）で加入しますので、週2～3日勤務の人には丸1カ月間欠勤なしで勤務しても被保険者期間には算定されない理不尽なケースが出てくるわけです。

そこで、今回の法改正では、たとえ「月11日以上勤務」を満たせない場合でも「**月80時間以上勤務**」を満たしていれば、その月は被保険者期間の1カ月に換算されることとなりました。

■ 2020年4月法改正・その2　受給資格判定の日数基準見直し

失業等給付の受給資格の
判定する際の基礎となる
被保険者期間

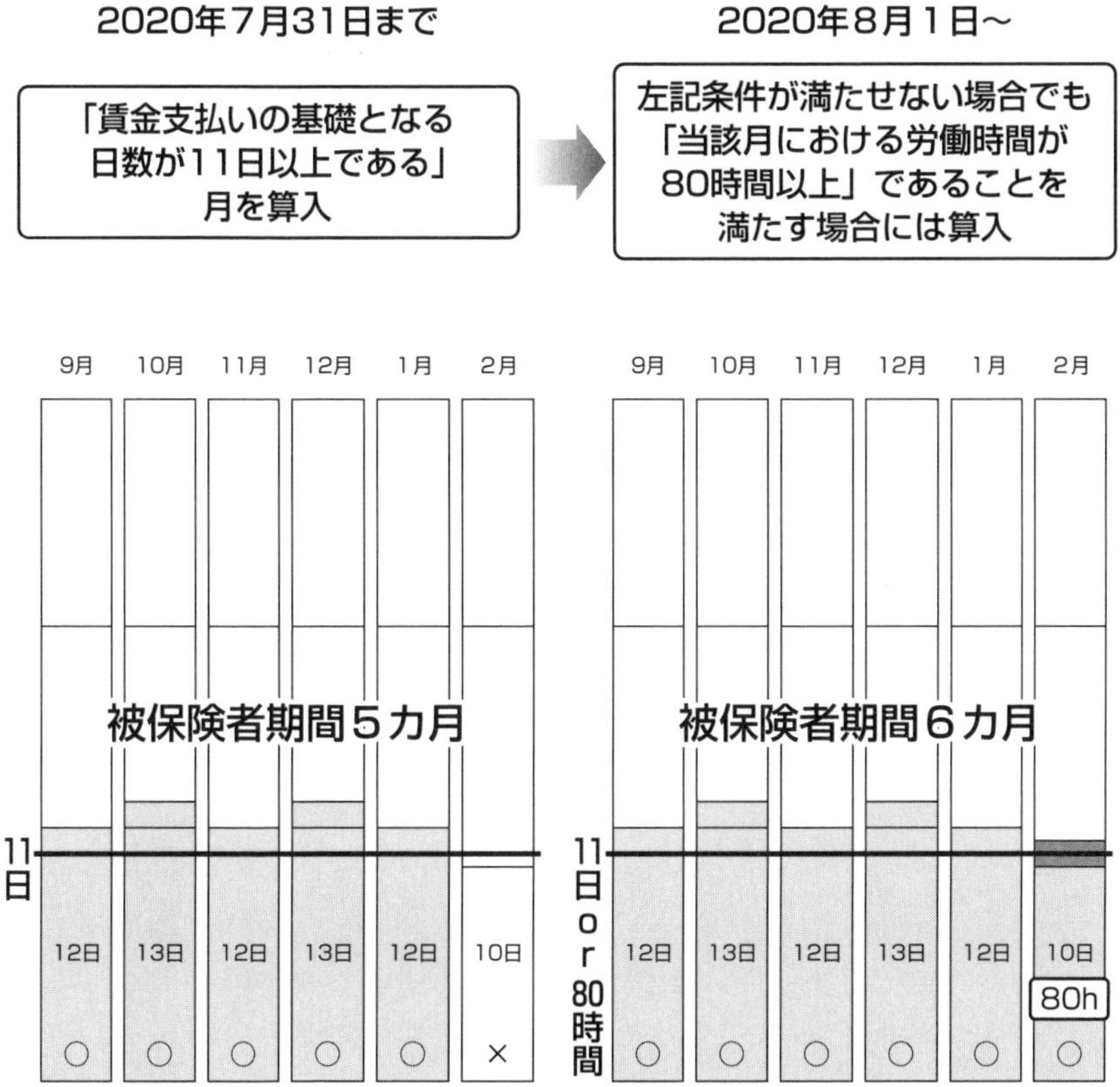

3 複数事業所に勤務する65歳以上の雇用保険適用

2020年4月法改正のもうひとつの目玉が**65歳以上のマルチジョブホルダー（MJH）への雇用保険の適用**です。複数事業所に勤務する人のことで、一言でいえば「副業者」ですが、勤めの合間に内職をしている人ではありません。雇用されて短時間勤務の仕事を複数かけもちしている人を意味します。

このタイプの労働者は、雇用保険の対象にはならないことが多く、セーフティーネットの網からこぼれ落ちているのではないかと常々指摘されていました。

運よく加入できたとしても、一事業所での仕事を退職後も、別の仕事を継続していると「失業状態にはない」とみなされて、失業手当は1円ももらえません。

そこで今回、短時間の仕事を複数かけもちせざるをえない人が比較的多い65歳以上の高年齢被保険者に限って、MJHが雇用保険に加入でき、なおかつ複数掛け持ちするうちのひとつの仕事を退職した後に失業手当を支給する一定のルールが整備されたのです。

左ページの中段をみてください。1カ所で週20時間以上勤務が従来の雇用保険加入要件でしたが、65歳以上に限っては「複数勤務での勤務時間数が週20時間以上」であれば、雇用保険に加入できるようになります。

一方、退職後の給付については、複数勤務のうちひとつの仕事を継続していたとしても、結果的に合算した労働時間が週20時間を下回る場合には、失業手当がもらえるというルールです。

逆に、加入はできてもひとつの仕事を退職後も、残りの仕事が合算週20時間以上続けていれば、失業手当はもらえないということになります。

■ 2020年4月法改正・その3　複数事業所に勤務する65歳以上の雇用保険適用

高年齢求職者給付金とは？

65歳以上の被保険者

65歳

一般被保険者 → 高年齢被保険者 → 65歳以上で雇用保険を適用される者（短期雇用特例被保険者及び日雇労働被保険者は除く）

失業 → 離職日前１年間に被保険期間が６カ月以上ある

↓ ハローワークで失業認定を経て一括給付

被保険者であった期間	1年未満	1年以上
給付金の額	基本手当日額の30日分	基本手当日額の50日分

2021年12月31日まで

１カ所に週20時間以上
勤務すると雇用保険加入（適用）
→加入している事業所を
退職すると給付

2022年１月１日～

複数事業所での勤務時間数が
合算20時間以上なら加入
→合算勤務時間数が20時間
未満になったら給付

＜適用の場面＞
AとBを合算して20時間以上であるため、
申し出により適用

＜給付の場面＞
合算して20時間を下回る → 支給 ○

＜適用の場面＞
AとBを合算して20時間以上であるため、
申し出により適用

＜給付の場面＞
BとCを合算して20時間以上 → 不支給 ×

- 合算対象は、週の所定労働時間6時間以上の事業所で、事業所の数は2つとする
- 一事業所を離職した場合には、他に合算して所定労働時間が20時間以上となるような働き方をしている事業所がないかを確認する
- 一事業所において週20時間以上労働することを前提として設定されている現行の賃金日額の下限の適用を外す

4 財政的な基盤整備を行なう

雇用保険財政は、現状では安定的に推移しています。しかし、育児期間中に失業に至らないように設けられた育児休業給付は、制度の浸透が進むにつれて給付額が増えており、すでに失業手当に匹敵するほどの給付となっています(原則として休業前賃金の67％支給)。

育児休業給付は、景気動向にかかわらず今後も継続していくため、雇用情勢が悪化した場合、失業給付の増額とともに雇用保険財政を直撃しかねません。そこで、育児休業給付は、失業給付とは分離して保険料率を設定するなど独立した給付体系として確立しようというのが左ページ（1）～（2）の改正のねらいです。

この見直しと合わせて、雇用保険料を臨機応変に変更できる弾力条項（法改正しないで料率を変更するルール）も見直されました。これが左ページ（4）です。景気動向の影響をあまり受けない育児休業給付や教育訓練訓練給付の部分を、弾力倍率（緊急で保険料を上げ下げ可能になる基準）の計算対象から外し、また、これらの支出1年分を積立金から先に確保しておくことによって、従来通りの指数に基づいて保険料の上げ下げを臨機応変に行なうとしています。

さらに、2016年度から3年間に限って暫定的に10分の1に引き下げられていた国庫負担を本来の4分の1に戻す予定でしたが、国が打ち出した経済財政運営の方針により、暫定措置をさらに2年間継続することが決定。そのうえ事業主負担の雇用二事業の保険料は引き下げになったのが（3）と（4）です。

（5）は、遺族が受け取れる各種給付に関して、時効消滅を国が宣言しないという改正です。

2020年4月法改正・その4　給付安定のための基盤整備

（1）育児休業給付を失業等給付から独立。子を養育するために休業した労働者の生活及び雇用の安定を図るための給付と位置付ける【2020年４月施行】

（2）育児休業給付の保険料率（1,000分の４）を設定。経理を明確化し、育児休業給付資金を創設。
　失業等給付に係る保険料率を財政状況に応じて変更できる弾力条項について、より景気の動向に応じて判定できるよう算定方法を見直す【2020年４月施行】

（3）２年間（令和２～３年度）に限り、雇用保険の保険料率及び国庫負担を引き下げ【2020年４月施行】
※ 保険料率 1,000分の２引き下げ、国庫負担 本来の55%を10%に引き下げ

（4）雇用保険二事業に係る保険料率を財政状況に応じて1,000分の0.5引き下げる弾力条項について、さらに1,000分の0.5引き下げ可能に【2021年４月施行】

（5）保険給付に係わる法令上の給付額に変更が生じた場合の受給者の遺族に対する給付には、時効消滅を援用しないこととする【2020年４月施行】

5 勤労統計調査の是正による追加給付

2019年1月、厚労省が定期的に発表している毎月勤労統計の調査手法の不正が発覚しました。

従業員500人以上の事業所はすべて調査することになっていたにもかかわらず、東京都については2004年から当該事業所の3分の1のみ抽出して調査を行ない、その際に残り3分の2が存在しないかのような不正処理を行なっていたことが判明。

その分だけ統計上の賃金が低く出てしまい、結果的に、この賃金データをもとに算定されている雇用保険や労災保険の給付額が低く支給されてしまいました。

この点を是正すべく、厚労省では、不正発覚当時に雇用保険を受給していた人は順次窓口で対象者に通知して不足分を追加給付。

すでに受給終了した人に対しては、対象者の住所に「お知らせ」を通知し、それに振込先等を明記して返答すると後日不足額が振り込まれます。

追加給付の対象は、2004年以降2019年3月までですので、10年前に失業手当をもらった人も、対象者である可能性大です。

ただし、基本手当の場合、追加給付の平均額は13・45円と試算されていますので、過度の期待は禁物です。

育児休業給付は2019年8月から、基本手当は同年10月から、それぞれ厚労省からお知らせの発送がスタートしていますので、「引っ越したので、まだ何もきていない」という人は、厚労省のトップページから登録フォームを探して、そこに転居先住所を登録して送信すればOKです。

■ 2020年4月法改正・その5　勤労統計の不適切調査にかかわる追加給付

(2)お客様の情報

氏　名	コウロウ　タロウ	生年月日	XXXX年XX月XX日	性別	男

受給時期

1	XXXX年XX月XX日 ～ XXXX年XX月XX日	5	
2		6	
3		7	
4		8	

※受給時期は、給付金ごとに最大で8つまで記載しており、給付を受けた概ねの期間や、受給が決まった日等を示したものです。なお、追加給付が生じない給付金分については、記載しておりません。各給付金の受給時期の詳細については、同封の雇用保険制度の各種給付金の概要リーフレットをご確認ください。

(3)お支払いまでの流れ

①同封の「払渡希望金融機関指定（変更）届」をご記入の上ご返信いただき、内容を確認した後、お客様の口座へのお支払手続を進めてまいります。

お客様 → （「払渡希望金融機関指定（変更）届」の返信）振込口座を登録する → 厚生労働省

厚生労働省 → （支給決定通知を送付）口座にお支払い → お客様

②事前に追加給付額を試算されたい場合には、厚生労働省のHPにて簡易的に試算するツールをご用意していますので、ご活用ください。

https://www.mhlw.go.jp/stf/tuikakyuuhu_kanimeyasukeisan.html　追加給付 簡易計算　検索

なお、追加給付額の目安は、給付の種類や受給の時期などによって様々ですが、**一人当たりの平均では1,400円程度**と見込んでおります。

対象者には、上記のような書類が送られてくるので、それに必要事項を記入して返送すればOK。
受給当時とは住所が変わっている人は、厚労省の専用ページで届け出できる。専用ページは、厚労省のトップページ右上に専用のバナーがあるので、そこからたどっていくと便利。受取予想額も計算できるツールもある。

6 専門実践教育訓練給付の拡充

厚労大臣指定の資格講座を受講して修了すると、受講費用の20％最高10万円が在職中でも支給される教育訓練給付。その上級者コースとして、２０１４年に創設された専門実践教育訓練給付が２０１７年４月法改正で大幅に拡充されました。目玉は**資格取得の支援**。

看護師や建築士、保育士など何年もスクールに通わないと取れない資格取得講座の受講費用を40％から50％へ、年間上限額を32万円から40万円へと、それぞれアップ。その結果、資格取得まで至った場合はプラス20％の最高70％まで支給されることになりました。

加えて、45歳未満の離職者が資格取得すると支給される支援給付金が基本手当の50％から80％へと大幅増額されました（198～199ページ参照）。

この法改正に少し遅れて行なわれたのが、厚労省の省令としての運用基準の見直しでした。

左の表をみてください。専門実践教育訓練は雇用保険に10年以上加入（途中失業手当をもらっていても合算可。支給要件期間と呼ぶ）が支給対象者でした。

これではかなり対象者が限られてくるため、この支給要件期間を3年以上に短縮。一度教育訓練給付を受給した場合も、その前回受給日から「10年以上経過」しないと支給対象にはなりませんでしたが、その基準も「3年以上経過」と緩和されました。

さらに、妊娠・出産等の理由により教育訓練給付の受講を開始できない人は、これまで申請によって適用対象期間を最大4年まで延長できたのを、このときの省令改定によって、最大20年まで延長できるようになりました。いずれも２０１８年1月1日以降適用です。

■ 2017年運用基準改正　専門実践教育訓練給付の対象者拡大

2017年12月31日までの支給対象者の要件

専門実践教育訓練給付金の支給対象者は、次の①または②に該当し、厚生労働大臣が指定する専門実践教育訓練を修了する見込みで受講している方と修了した人。

① 雇用保険の被保険者

専門実践教育訓練の受講開始日に雇用保険の被保険者の方のうち、支給要件期間（※1）が**10年以上**（初めて教育訓練給付金の支給を受けようとする人については2年以上）ある人

② 雇用保険の被保険者であった人

専門実践教育訓練の受講開始日に被保険者でない人のうち、離職日の翌日以降、受講開始日までが1年以内（※2）であり、かつ支給要件期間が**10年以上**（初めて教育訓練給付金の支給を受けようとする人については2年以上）ある人

●上記要件に加え、2014年10月1日以降、教育訓練給付金を受給したことがある場合は、前回の教育訓練給付金受給日から今回受講開始日前までに**10年以上**経過していることが必要。

※1 支給要件期間とは、受講開始日までの間に被保険者等として雇用された一定の要件を満たす期間をいう。

※2 離職日の翌日以降1年間のうちに妊娠、出産等の理由により引き続き30日以上教育訓練の受講を開始することができない場合は、ハローワークに申請することにより、離職日の翌日から受講開始日までの教育訓練給付金の対象となり得る期間（以下、「適用対象期間」という）を**最大4年**まで延長することができる。

改正後の支給対象者の要件

2018年1月1日以降に受講開始する専門実践教育訓練から適用される。

改正点 a

①、②ともに、支給要件期間が**3年以上**（初めて教育訓練給付金の支給を受けようとする方については2年以上）ある人は支給対象となる。

改正点 b

2014年10月1日以降、教育訓練給付金を受給したことがある場合であっても、前回の教育訓練給付金受給日から今回受講開始日前までに**3年以上**経過している方は支給対象となる。

改正点 c

適用対象期間については、受講を開始できない日数分を延長し、延長後の期間が4年を超える場合は、最大4年までしか延長できなかったが、2018年1月1日以降、**最大20年**まで延長が可能になる。

7 教育訓練給付のさらなる拡充

スキルアップにかかった費用の20%最高10万円まで支給してくれる教育訓練給付の一般コースも、専門実践に続いて改定されています。

2019年10月以降、一般コースのなかでも特にキャリアアップ効果が高いと認められた**「特定一般教育訓練給付」コースを受講して修了した場合、かかった費用の4割、最高20万円まで給付**されるようになりました。

対象者は、一般コースと同じく、雇用保険の加入期間が3年以上ある人（初めて支給を受けようとする人は1年以上）です。

専門実践は4年目も支給

少しややこしいのですがもう一点、この特定一般コースの設置と同時に改定されたのが**専門実践の支給上限額のアップ**です。

業務独占資格・名称独占資格を取得する場合、専門職大学で4年間学ばなければなりませんが、専門実践教育訓練給付では、通常3年課程までしか利用できませんでした。

それが2019年4月1日以降は、4年目も給付対象となることとなりました。その結果、管理栄養士の養成課程など法令上最短4年の専門実践教育訓練では、10年間の支給上限額168万円（56万円×3）に、4年目受講相当分として上限56万円が上乗せされることになりました。

2019年運用基準改正・その1　教育訓練給付に特定一般コースを創設

一般教育訓練給付金と特定一般教育訓練給付金の違いはなんですか?

	一般教育訓練給付金	特定一般教育訓練給付金
給付内容	受講費用の20% （上限年間10万円）	**受講費用の40% （上限年間20万円）**
訓練前キャリアコンサルティングと受給資格確認	不要	必要（※）

※ 講座の受講開始1カ月前までに、訓練前キャリアコンサルティングを受け、ジョブ・カードを作成し、ハローワークにおいて、受給資格確認を行うことが必要です。

2019年運用基準改正・その2　専門実践は4年目も給付

4年課程の教育訓練を受けた場合	160万円（資格取得等した場合、224万円）（※）

※ 支給の上限額は、**年間40万円**（資格取得等した場合、年間56万円）となる。
通常、3年課程の教育訓練を受けた場合の上限は120万円（資格取得等をした場合、168万円

〈支給例〉
【例】訓練期間：4年間、入学料 10万円 、6カ月ごとの受講料：50万円
◆教育訓練経費とは、受講者が教育訓練施設に対して支払った入学料と受講料の合計。
◆支給額は受講者が支払った教育訓練経費の50%（資格取得等した場合、追加で教育訓練経費の20%（合計70%））。
◆専門実践教育訓練給付金は受講開始日から6カ月ごとの期間で支給額を決定する。
下記の例では、受講開始日から6カ月ごとの期間をそれぞれ第1期～第8期としています。

	教育訓練経費	支給額
第1期	60万円（入学料含む）	**30万円**
第2期	50万円	**10万円（※1）**
第3期	50万円	**25万円**
第4期	50万円	**15万円**
第5期	50万円	**25万円**
第6期	50万円	**15万円**
第7期	50万円	**25万円**
第8期	50万円	**15万円**
資格取得等した場合	—	**64万円（※2）**
合計	410万円	**224万円**

※1 50万円×50%=25万円だが、第1期と合わせた年間の上限が40万円であるため、40万円−30万円=10万円
※2 410万円×20%=82万円だが、資格取得等した場合の上限が、224万円であるため、224万円−160万円=64万円
注意
次の人は給付上限上乗せの対象外となりますので、ご注意ください。
★既に専門実践教育訓練を受講したことがある人（専門実践教育訓練の講開始日10年以内の期間内に、別の専門実践教育訓練を受講したことがある人）
★高収入の在職者である人（法令上訓練期間が最短4年の専門実践教育訓練の3年目の受講が終了した際に、3年目の後期の賃金に基づき算出する賃金の日額が、基本手当の賃金日額の50%（3年目の後期の支給単位期間の末日において60～64歳の者については45%）屈折点における額以上である人）

8 育児休業給付が子2歳まで延長

勤めていた会社を退職せずに、育児休業を取得して給与が出ないときには、雇用保険から休業前賃金の67%を給付してくれるのが育児休業給付。

少子化対策待ったなしのなか、この支給期間が「子が1歳6カ月に達するまで」から2017年10月1日以降「**子が2歳に達するまで**」と延長されました。ただし、無条件で「子が2歳になるまで」支給されるわけではなく、子が1歳6カ月に達する時点と、2歳に達する時点のそれぞれの翌日に保育所に入れないなどの理由に該当していることが必要です。

対象となるのは、子の誕生日が2016年3月31日以降の場合です。

■ 2017年運用基準改正
育児休業給付が最長2年支給へ

例）支給対象となる期間の延長を2回行ない、子が2歳に達する日前まで育児休業を行った場合

（注）育児休業給付金は、育児休業を開始した日から起算した1カ月ごとの期間（その1カ月の間に育児休業終了日を含む場合はその育児休業終了日までの期間。これらの各期間を「支給単位期間」という）について支給される。

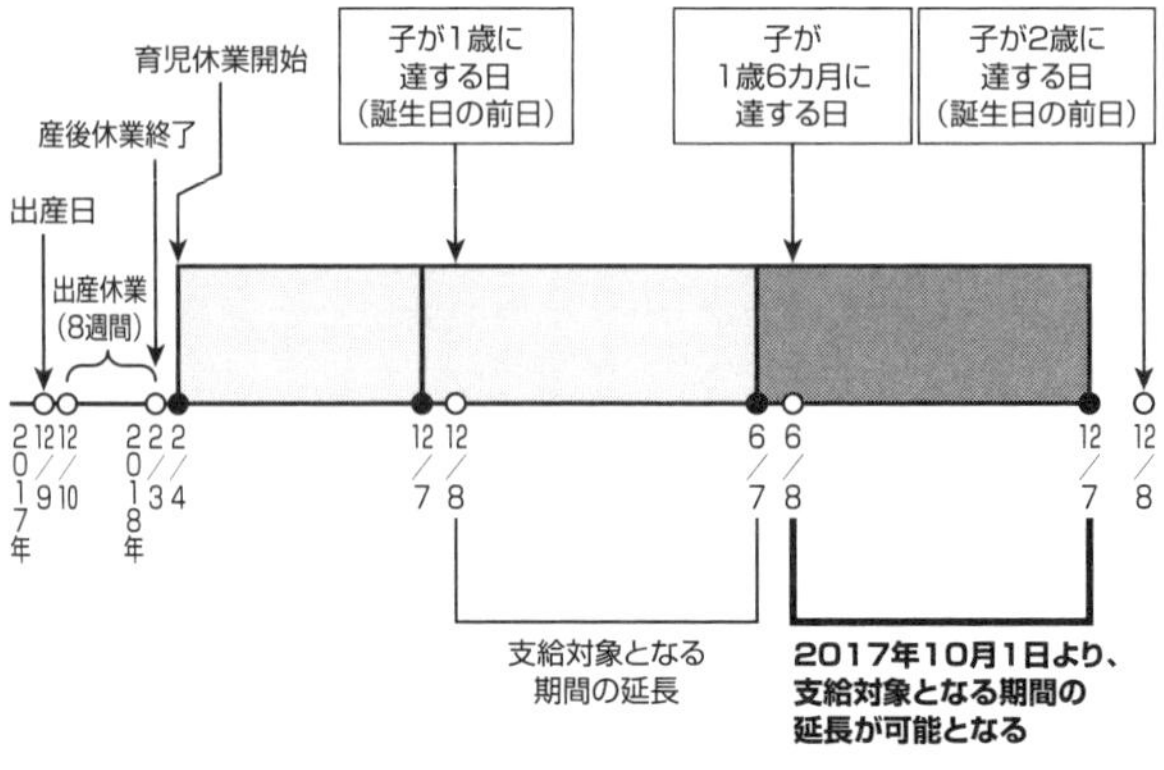

9 移転費・広域求職活動費の要件緩和

２０１７年法改正の後に行なわれた運用基準の変更のひとつが移転費・広域求職活動費の支給要件緩和です。

ハローワークの紹介により遠隔地にある会社を訪問して面接を受けた場合、交通費や宿泊費を支給してくれる「**広域求職活動費**」。実際に採用されてその遠隔地へ引っ越すときに、交通費や引越費用にあてられる手当を支給してくれるのが「**移転費**」。

どちらも給付制限期間中は支給対象外でしたが、２０１８年１月からは、給付制限期間中でも支給されるようになりました。ＵターンやＩターンする人は、自己都合退職でも、いち早く手当をもらえるわけです。

なお、移転費のほうは、ハローワークの紹介だけでなく民間職業紹介事業者の紹介で就職した場合も支給対象になる変更が行なわれています。

■ 2017年運用基準改正
広域求職活動給付と移転費の支給要件緩和

広域求職活動費	移転費
遠隔隔地にある求人事業所を訪問して求人者と面接等をした場合 鉄道賃、船賃、航空賃、車賃と、宿泊料が支給	職業に就くため、または公共職業訓練等を受講するために、住居所を変更する場合 鉄道賃、船賃、航空賃、車賃、移転料及び着後手当が支給

2018年1月1日～

↓

給付制限期間中でも支給可

↓（移転費）

ハローワークだけでなく、特定地方公共団体または職業紹介事業者の紹介でも対象に

10 逆風を追い風に変える実用知識

2020年4月法改正と、それに付随した2017年10月以降の法改正の特徴を一言で表すと「重要課題を先送りした小手先の改革」です。

リーマンショック後の2009年をピークに、失業給付の支出は減少傾向に転じ、それにつれて雇用保険財政の積立金は、増え続けていきました。

2013年度末には、ついに積立金が6兆円を突破するほどに雇用保険財政は潤っていました。

こんな好況時こそ、財政状態が悪化したときに抑制せざるをえなかった失業時の生活保障＝セーフティーネット機能を回復させるまたとないチャンスでした。

ところが、この間の国の方策は、それとは真逆のものでした。景気回復までの暫定措置として導入した非自発的離職者に対する給付増などリーマンショック後の緊急対策は、労働者側が恒久的な制度としての整備を要求したにもかかわらず、ただ時限的措置として継続。

一方で、再就職手当や教育訓練給付など周辺部分の機能のみ給付増額の大判振る舞い。雇用保険の最も重要な課題である失業者の生活安定に寄与するセーフティーネット機能は、ほとんど手付かずのままでした。

それでいて、無意味に巨額積立金を保持することに対する批判をさけるためなのか、雇用保険料を史上空前の水準まで下げて収入を減らし続けたかと思うと、一時的に引き下げていた失業給付に対する国庫負担を本来の割合（4分の1）に戻すことも先送り。増え続ける非正規雇用で働く労働者に対する雇用保険上での支援などの面では、なにひとつ有効な手を打てないままでした。

そうした〝逆噴射〟が行なわれた結果、2016年度まで6兆円を超えていた積立金残高が2019年には4兆円まで激減。それでも依然として安定した財政状況にあるということは、もはや雇用保険のセーフティーネットとしての存在自体が薄まっているのではないかと思わざるを得ません。

とりわけ2007年に、6カ月以上加入で失業手当がもらえるのは会社都合で退職した人だけになり、自己都合退職者が受給するためには、12カ月以上加入が求められるよう改正されことによる影響は甚大でした。

65歳以上は失業保険をフル活用

これにより、どうせ雇用保険なんかもらえないので、一日も早く再就職するしかないという風潮が蔓延。失業率・求人倍率は大きく改善したといわれますが、その実態は建設業や介護サービス業など一部の分野が全体の数字を大きく押し上げているのが実態だといわれています。

事務職・管理職の正規雇用の求人は、倍率0・2〜0・4程度しかありません。なので「雇用情勢は絶好調」という政治家の言葉を信じて希望条件のところに転職しようと思えば、相当苦労するでしょう。

そうしたなかにあって、2020年の法改正で実現した給付制限期間の1カ月短縮、受給資格期間を算定するときの要件に勤務時間数を設定したことや、65歳以上のダブルワーカーにも失業手当を受給できるしくみを創設したことなどは、労働者にとっては小さいながらも貴重な改善です。

雇用保険制度そのものの根本的な改革は当面期待できそうにありませんので、こうした小さな制度の改定を自分に有利なよう活用していくことが大切です。

同時に、周辺部分で大判振る舞いをしている教育訓練給付などもうまく活用してスキルアップしたり、65歳以上になったら、年金だけでは足りない部分は、雇用保険もフルに活用して乗り切っていく方法を身につけることも必要でしょう。

政府は、先頃70歳までの就業確保の努力義務を企業に課すことを決めていますが、それに先立って、2016年からは、65歳以上で転職しても新規に雇用保険

■ 失業等給付に係る積立金残高及び受給者実人員の推移

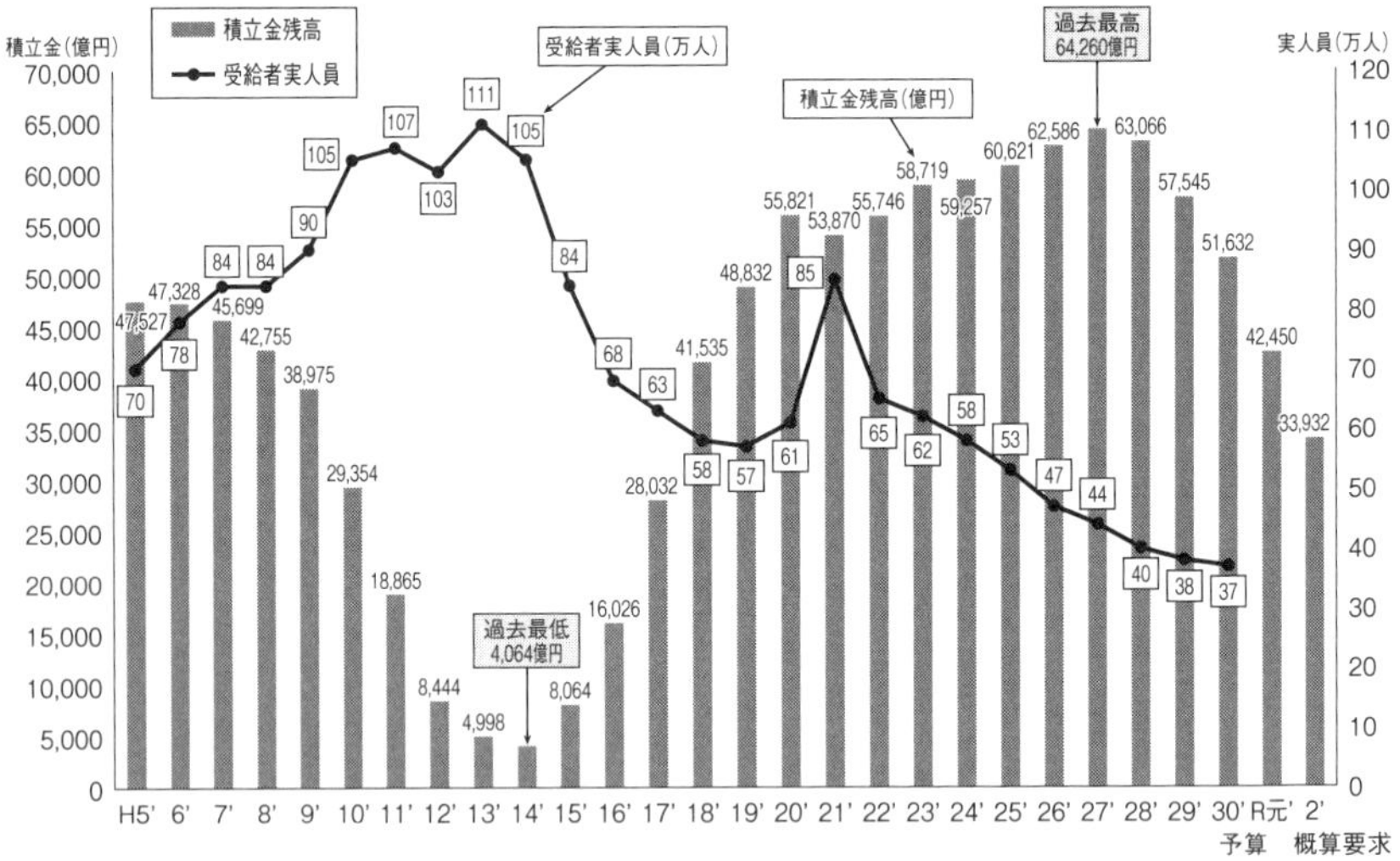

（資料出所）厚生労働省「雇用保険事業統計」、厚生労働省雇用保険課作成資料

雇用保険財政は、2002年に積立金が4064億円と枯渇寸前まで悪化したが、その後の給付抑制を目的とした法改正を何度も行なった結果2016年度には6兆3000億円と過去最高を記録したが、受給者数は減少の一途をたどり、セーフティーネット機能が著しく劣化してしまった。

に加入でき、退職後は失業手当を受給できるようになっています。

この65歳以上を対象にした「高年齢求職者給付金」なら、退職理由にかかわらず6カ月勤務で受給資格が得られるうえ、定期的にハローワークに通わなくても、一度の失業認定で給付金は全額支給！

公的年金財政の先行きが案じられるなかで、うまく雇用保険を活用できる人は、生涯にわたってトクし続けることになるでしょう。

ほんのちょっとした知識があなたの不安解消に役立つ場面は少なくありません。失業したときの雇用保険についての知識こそが、より確実にあなたの生活の安定化に役立つのです。

2章

いざというとき
必ず役立つ
「失業保険の基礎知識」

11 最低12カ月、保険料を支払えば失業手当がもらえる

会社を辞めたとき、「**失業保険**」（雇用保険の失業給付金）をもらうには、どんな条件をクリアしていればいいのか知っていますか？

「フツーに会社勤めしている人だったら、だれでももらえるでしょう」と安易に考えがちですが、必ずしもそうとは限りません。

会社を辞めた後に失業給付金をもらうためには、大前提となるのが「雇用保険に加入している」ことです。

〝社会保険〟（健康保健や厚生年金など）が完備されている会社に正社員として勤めていれば、まず間違いなく雇用保険にも加入しているでしょう。しかし、アルバイトや契約社員・派遣社員・歩合制の外務員・業務委託（雇用契約でもなく完全歩合制の外部スタッフ扱い）などといった形態で働いている人の場合は、雇用保険に加入していないケースも珍しくありません。

また、中小零細企業のなかには、そもそも社会保険に加入していない会社（もちろん違法）もあります。

さらには、会社はちゃんと雇用保険の適用事業所にはなっているものの、「海外の現地法人勤務になったときに雇用保険を脱退して、帰国後もそのままになっている」とか、「取締役に就任した時点で脱退した」（取締役は雇用保険に加入できない）といったケースもごくまれにあります。

そこで、チェックしたいのが給与明細。この天引項目のなかに「雇用保険料」があればひとまずセーフですが、それがなければアウトの可能性大です（それでもセーフにする裏ワザを7章のQ１で詳説）。

そのうえで、失業保険をもらうには、次の条件をク

リアしなければなりません。

《自己都合で退職する人》

⊙雇用保険に加入していた期間が、会社を辞めた日以前の2年間に12カ月以上あること

《会社都合で退職する人》

⊙雇用保険に加入していた期間が、会社を辞めた日以前の1年間に6カ月以上あること

たとえ自分から辞表を出して辞めても、入社時に雇用保険に加入していて12カ月以上勤めてさえいれば、失業保険をもらう資格が生じるわけです。

では、自己都合で退職すると、ひとつの会社に6カ月しか勤めていない人はもらえないのでしょうか？

その場合でも、それ以前にほかの会社にもう6カ月勤めていて、その両方を通算した12カ月が、後の会社を辞めた日から過去2年の範囲内に収まれば、この条件を満たしていることになります。

■ 受給資格を獲得するための条件とは？（自己都合で退職した場合）

①被保険期間が過去2年間に12カ月以上ある

②被保険期間は退職日の翌日から1カ月ずつさかのぼっていく

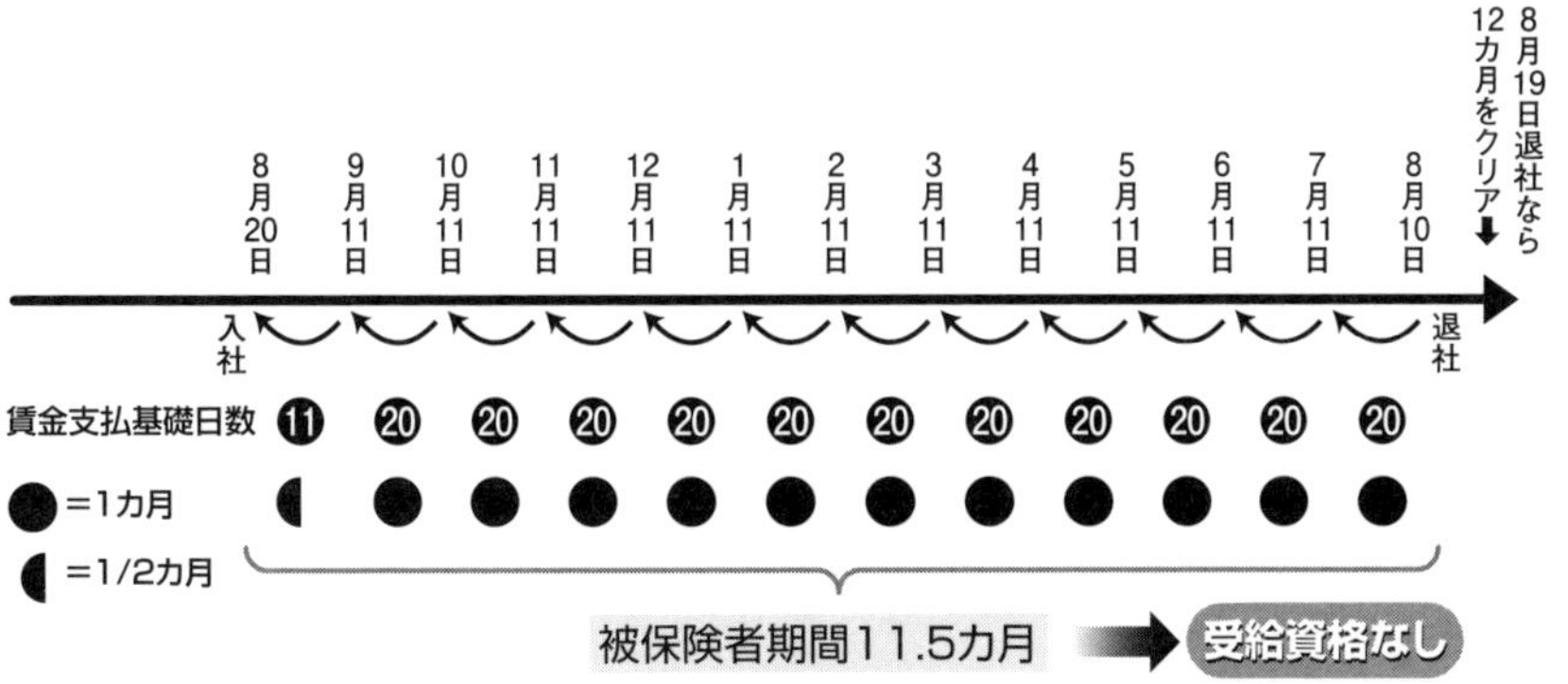

被保険者期間は、期間が丸1カ月あり、なおかつ賃金支払基礎日数が11日以上ある（または月80時間以上勤務した）場合のみ1カ月と換算。期間が1カ月に満たない場合は、その期間が15日以上あり、なおかつ賃金支払基礎日数が11日以上ある（または月80時間以上勤務した）場合に限って、1/2カ月に換算する。上のケースでは、8月19日以降に退社するか、もしくは、入社日が8月11日以前であれば、被保険者期間はトータル12カ月となって、受給資格をクリアできる。

12 もらえる失業手当の額は給料の50～80％

では、失業したときの手当は具体的にいくらくらいもらえるのでしょうか？

詳しい計算方法を見ていきましょう。

まず、失業手当を算定する基準となる「在職中の給料の平均額」を出します。これは、退職前6カ月間にもらった給料の平均額を算出するのですが、そのときに1カ月あたりの平均給与額ではなく、「1日あたりに換算した平均賃金額」を求めるのが大きな特徴です。

この1日あたりの平均賃金を「**賃金日額**」と呼び、計算式は次のようになります。

賃金日額＝退職前6カ月間の給料の総額（ボーナスを除く）÷180（30日×6カ月）

この「給料」とは、基本給のことではなく、残業代や各種手当などをすべて含んだ給料をさします。したがって、実際に支給された手取り額ではなく、社会保険料や税金等を差し引く前の額をもとにしてください。

そうして出た賃金日額とあなたの年齢を表Aにあてはめると、退職後にもらえる「**基本手当日額**」（1日あたりの失業手当）がわかります。

ただし、表Aで※のゾーンに該当した人は給付率50～80％（60歳以上65歳未満は45～80％）となっていて、「**給付率**」（賃金日額から基本手当日額を導き出すかけ率）がはっきりしていません。

そこで、このゾーンの人については、左ページの②にあげた計算式に「賃金日額」をあてはめて正確な「基本手当日額」を出してください。

【失業手当の算出方法】

■ 失業手当を1日にいくらもらえる？

①「賃金日額」を求める

賃金日額 ＝ 退職前6カ月の給料の総額（ボーナスを除く） ÷ 180

②「基本手当日額」を求める

①で求めた「賃金日額」を〈表A〉にあてはめ、その「給付率」をかけると「基本手当日額」が出る。ただし、※印のゾーンについては、以下の計算式で正確な「基本手当日額」を出す。（1円未満の端数は切り捨て）

なお、「賃金日額」と「基本手当日額」は〈表B〉のように下限額が定められている。

【※1のケース】

$$y=0.8w-0.3\{(w-5{,}110)\div 7{,}470\}w$$

【※2のケース】

$$\begin{cases} y=0.8w-0.35\{(w-5{,}110)\div 6{,}190\}w \\ y=0.05w+4{,}520 \end{cases}$$

のいずれか低いほうの額

w＝賃金日額・y＝基本手当日額

表A

【1】離職時の年齢が30歳未満・65歳以上

	賃金日額	給付率	基本手当日額
	2,746円～ 5,110円	80%	2,196円～4,087円
※1	5,110円～12,580円	80～50%	4,088円～6,290円
	12,580円～13,890円	50%	6,290円～6,945円
	13,890円～	――	6,945円（上限額）

【2】離職時の年齢が30歳以上45歳未満

	賃金日額	給付率	基本手当日額
	2,746円～ 5,110円	80%	2,196円～4,087円
※1	5,110円～12,580円	80～50%	4,088円～6,290円
	12,580円～15,430円	50%	6,290円～7,715円
	15,430円～	――	7,715円（上限額）

【3】離職時の年齢が45歳以上60歳未満

	賃金日額	給付率	基本手当日額
	2,746円～ 5,110円	80%	2,196円～4,087円
※1	5,110円～12,580円	80～50%	4,088円～6,290円
	12,580円～16,980円	50%	6,290円～8,490円
	16,980円～	――	8,490円（上限額）

【4】離職時の年齢が60歳以上65歳未満

	賃金日額	給付率	基本手当日額
	2,746円～ 5,110円	80%	2,196円～4,087円
※2	5,110円～11,300円	80～45%	4,088円～5,085円
	11,300円～16,210円	45%	5,085円～7,294円
	16,210円～	――	7,294円（上限額）

表B

賃金日額下限額	基本手当日額下限額
2,746円	2,196円

（2023年8月1日改定）

給付率についても、少し解説しておきましょう。

そもそも基本手当日額が賃金日額によって50～80％と幅があるのは、給料が安かった人ほど80％に近い額になる一方、給料が高かった人は50％に近い額となるように設定されているからです。

ようするに、極端な安月給の人でも生活に困らないように給付率を80％と高く設定し、逆に高給取りの人は最高でも50％までしか出しませんよ、という主旨です。その中間層の人の給付率は、金額が大きくなるにつれて50％に近づいていく、なだらかな下降曲線を描くグラフになっています。

また、この基本手当日額は、「どんなに給料の安い人でもこの額以上」（下限額）と、「どんなに給料が高い人でもこの額まで」（上限額）がそれぞれ決まっていることも覚えておいてください。ちなみに、基本手当日額の下限額は2023年8月現在2196円です。

2003年の4月末前までは、どんなに給料が安い人でも、一般被保険者でさえあれば、3400円程度は保証されていたのですが、法改正によってこの下限額が極端に安い短時間労働被保険者（週30時間未満勤務の人向け／2007年にこの区分は廃止）と統一されたために、こんなに低い額になってしまいました。

では逆に、平均して月60万円もの高給をもらっている人はどうなるでしょうか？

計算上は賃金日額2万円で基本手当日額1万円にもなりますが、こちらも最高額が決まっていて、一定額以上の人はその最高額が適用されます。基本手当日額の最高額は年齢に応じて細かく設定されていて、30歳未満・65歳以上の人は6945円、30歳以上45歳未満の人は7715円、45歳以上60歳未満の人は8490円、60歳以上65歳未満の人は7294円です。

なお、例外的に60歳以上65歳未満で高い給料をもらっていた人では、基本手当日額が賃金日額の45％となるケースもあります。

13 失業手当がもらえる期間は90～330日

「1日あたりの失業手当」がわかったら、今度は「**所定給付日数**」（失業手当がもらえる日数）を調べてみましょう。

基本的な仕組みを退職理由別に見ていきます。

自己都合で退職した場合

仕組みは、いたってシンプルです。

詳しくは43ページの表を見ていただきたいのですが、「**被保険者期間**」（雇用保険の加入期間）が10年未満までは90日、10年以上で120日、20年以上で150日となっています。

自己都合で退職する場合、被保険者期間が1年の人と20年以上の人の差はたった60日しかありません。したがって、「長年勤めたからといって、その分だけ所定給付日数が大幅に増えるわけではない」ことは、この際にしっかりと頭に入れておくべきでしょう。

会社都合で退職した場合

こちらは、〝加入年数〟と〝年齢条件〟の2つの要素によって所定給付日数が決まるシステムになっています。

もっとも手厚い給付となっているのが、45歳以上60歳未満のゾーンです。この年代の場合、被保険者期間が1年以上あれば、それだけで所定給付日数は一挙に180日となります。

これは、自己都合で20年勤めてももらえない日数。

つまり、自己都合なら逆立ちしてももらえない日数が、会社都合ならたったの1年でももらえるわけですから、いかに〝中高年の会社都合で退職した人〟が優遇されているかがわかります。

その後も5年（または10年）をクリアするごとに、240日、270日と所定給付日数は段階的にアップしていき、この年代の場合、被保険者期間が20年以上ある人は330日もらえるようになっています。

リストラにあった中高年が優遇される

会社都合退職の場合、給付日数に大きな開きが出がちな属性は、「被保険者期間が5年」と「年齢が45歳」です。

たとえば「30歳以上」の人が「被保険者期間5年」を待って退職すると、所定給付日数は120日だったのが180日と1・5倍増。また、被保険者期間が「5年以上」の人が30歳になるのを待って退職したら、120日だったのが180日と所定給付日数は60日も増えます。「45歳以上」の人の場合、被保険者期間が「1年以上」をクリアしただけで所定給付日数は90日から180日へと倍増します。

また、被保険者期間が1年以上ある人の場合、60歳に到達するかどうかも大きなポイントになります。

被保険者期間20年の場合、59歳で退職すると所定給付日数は最高の330日。この人がちょうど60歳になってから退職してしまうと所定給付日数は240日と、こちらは逆に年齢が1歳高くなるだけで90日分も所定給付日数は減ってしまうことになります。

なお、ここで注意したいのは、〝複数の会社での被保険者期間を通算した〟ときの所定給付日数です。

ひとつの会社を3年勤めて辞めた後、失業手当を1円ももらわないままほかの会社に2年勤めると、当然、被保険者期間は「3＋2」で5年となるはずです。

ところが、もし3年勤めた会社を辞めてから失業手当をもらわないまま再就職した場合でも、次の会社に転職するまでの失業期間が1年を超えていると、被保険者期間は2年になってしまいます。

1年を超えて空白期間がある場合には、その前の加入期間は通算できないからです。

■ 所定給付日数

〈自己都合で退職した人〉

年齢＼被保険者期間	10年未満	10年以上20年未満	20年以上
（制限なし）	90日	120日	150日

〈会社都合で退職した人（特定受給資格者）〉

年齢＼被保険者期間	1年未満	1年以上5年未満	5年以上10年未満	10年以上20年未満	20年以上
30歳未満	90日	90日	120日	180日	—
30歳以上35歳未満	90日	120日（90日）	180日	210日	240日
35歳以上45歳未満	90日	150日（90日）	180日	240日	270日
45歳以上60歳未満	90日	180日	240日	270日	330日
60歳以上65歳未満	90日	150日	180日	210日	240日

（　）内は、2017年3月31日までに退職した人の所定給付日数

〈障がい者などの就職困難者〉

年齢＼被保険者期間	1年未満	1年以上
45歳未満	150日	300日
45歳以上65歳未満	150日	360日

〈高年齢求職者給付金（65歳以上の離職者）〉

初回失業認定日に以下の日数分の基本手当を一時金として、即日、支給決定

被保険者であった期間	高年齢求職者給付金の額
1年以上	50日分
1年未満	30日分

※算定対象期間（原則は離職前1年間）に被保険者期間が通算して6ヶ月以上あれば受給できる

14

退職のタイミングで給付日数が最大90日も変わる

さて、雇用保険のだいたいの基本がわかったところで、1円でも多く失業手当をもらう方法を研究してみましょう。

もっともカンタンでてっとり早いのは、会社を辞める時期を少し遅らせて所定給付日数を増やす方法です。

自己都合の場合

たとえば、自己都合で退社する人が雇用保険の被保険者期間があと2カ月でちょうど10年になるのに、それを待たずに退社してしまうと、どうなります?

10年以上なら120日分もらえるのに、90日分しかもらえず結果的に30日分もソンしてしまうのです。

こんなときは退社する時期をあと2カ月後にズラす程度のことは、基本的な仕組みさえ知っていればだれでも考えつくものですが、これまで何の知識もなかった人はそれすら見逃しがちです。

自己都合で退職する人の場合に気をつけたいのが、できるだけ「被保険者期間が10年・20年の区切りをクリアした時期に辞める」ことです。

クリアするごとに30日分ずつ所定給付日数が増えるシステムになっていますから、そこをクリアできるかどうかがポイントになるわけです。

会社都合の場合

一方、会社都合で退職する人は、被保険者期間と年齢の両方のボーダーラインとにらめっこしながらトクする退職時期を研究しなければなりません。

被保険者期間では1年・5年・10年・20年と4つ、年齢では30歳・35歳・45歳・60歳・65歳の5つの区切りがあります。そのどちらかが微妙なボーダーライン上にあるときは、それを超えてから（ただし、60歳と65歳は超える前に）退職するのが賢明です。

たとえば、下の図のような5つのケースでは最大90日も違ってきます。

もちろん、突然会社が倒産してしまったような場合には、もはや自分の意志では何ともすることができませんが、それ以外の〝希望退職〟（離職前1年以内に導入され、なおかつ、募集期間が3カ月以内のものに限る）に応じるようなケースならば自分の意志で多少は退職時期を前後にズラすことができるはずですので、事前にしっかりと研究しておきたいものです。

■所定給付日数が変わる5つのケース（会社都合退職した場合）

UPするケース

① 30歳以上35歳未満 の人が
5年以上（10年未満）※ になると ➡ 120日が 180日 に!

② 45歳以上60歳未満 の人が
1年以上（5年未満）※ になると ➡ 90日が 180日 に!

③ 5年以上10年未満※ の人が
30歳以上（35歳未満） になると ➡ 120日が 180日 に!

④ 20年以上※ の人が
45歳以上（60歳未満） になると ➡ 270日が 330日 に!

DOWNするケース

⑤ 20年以上※ の人が
60歳以上（65歳未満） になると ➡ 330日が 240日 に…

※被保険者期間

15 退職直前の残業や休日出勤で失業手当が増える

「いろいろ計算してみたけど、少し退職時期をズラしただけでは所定給付日数は増えそうもなかった」という人もまだあきらめてはいけません。所定給付日数はムリでも、1日あたりに換算した失業手当である「基本手当日額」そのものを増やすことはできるかもしれないからです。

「基本手当日額は賃金日額の50～80％と決まっているから、さすがにこの額を変える方法はない」――そう頭から決めつけてかかりがちですが、よく考えてみるとそんなことはないのです。

とくに注目したいのが、賃金日額は在職全期間を通した平均賃金ではなく、あくまで「退職前の6カ月間にもらった給料の平均にすぎない」という点です。

ということは、退職前はできるだけ残業や休日出勤をして、その分の手当を稼いでおけば、それだけ基本手当算定のもとになる〝賃金日額〟もアップし、結果的に〝基本手当〟も増えるわけです。

たとえば、35歳で毎月平均してだいたい36万円の給料をもらっている人がそのままのペースで仕事をして退社すると、賃金日額は1万2000円となり、もらえる基本手当は約6000円となります。

ところが、左上の図のように、もし最後の6カ月だけでも必死に残業と休日出勤をこなして月3万円ずつ給料を増やしておくと、どうなります？

賃金日額は約1000円アップし、その結果、基本手当日額も約500円アップすることになり、結果的に所定給付日数180日の人ならもらえる総額は9万円も増える計算になります。

■ 失業手当の支給額の計算方法
〈基本給・月額36万円をもらっていた35歳の人（5年勤務・会社都合）のケース〉

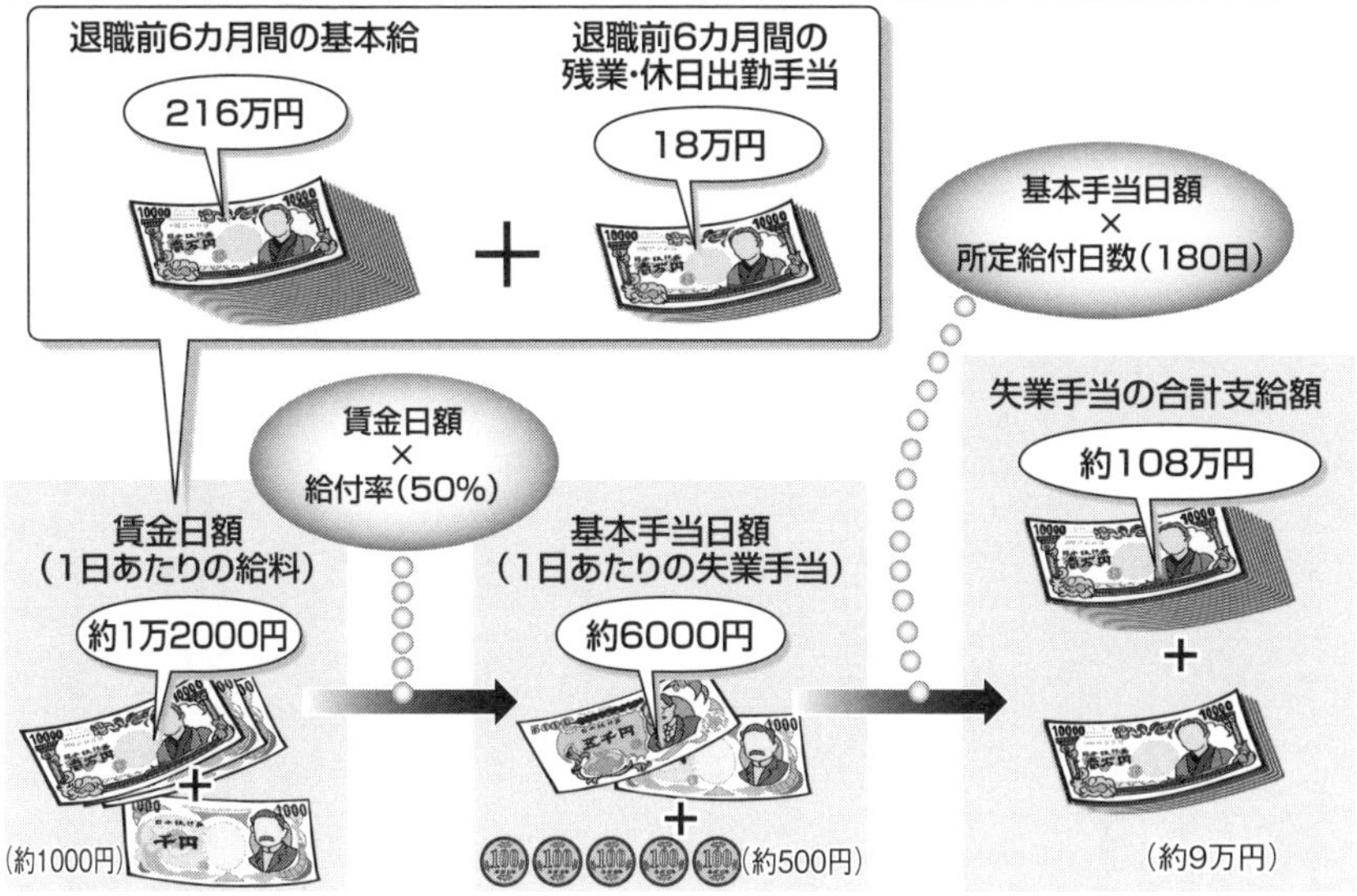

4～6月の残業・休日出勤はソン？

普通の人は退職が決まったら、定時でサッサと帰りたくなるものですが、それが大きな失敗のモト。「ウチはいくら残業しても1円も出ない」という人にはこの方法は使えませんが、そうでなければ会社が認めてくれる時間ギリギリまで残業や休日出勤をして、給料を1円でも増やすべきなのです（残業しなくてもすでに基本手当日額が上限額の人は、この方法を使っても退職後に失業手当は増えないので注意）。

ただし、残業作戦を敢行しようとする時期がちょうど4～6月の時期にあたってしまったときは注意が必要です。〝退職後にいまの健康保険を任意継続するつもりの人〟（7章のQ9参照）は、在職中の4～6月の給料をもとに健保の保険料が決まります。したがって、ちょうどこの時期に残業代を稼ぎすぎると、健康保険料も高くなってしまう可能性があるのです。

〝退職後は国民健康保険に加入する人〟は別にして、「残業作戦はできるだけ4～6月を避けてやる」のが賢い退職計画といえるのです。

16 辞めたときの年齢で給付総額が10万円も変わる

基本手当日額を増やす方法を考えるとき、意外に見落としがちなのが退職時の年齢です。

「年齢条件は、会社都合の場合の所定給付日数にだけ反映されるので、基本手当日額には一切関係ない」と思い込みがちですが、じつはそんなことはないのです。

「基本手当日額にはあらかじめ〝上限額〟が決まっていて、その額よりも高いときは〝上限額〟がその人の基本手当日額となる」ことを思い出してください。この上限額は、退職時の年齢によって決められているわけですから、年齢はおおいに関係あるのです。

総額10万円も増える？

ひとつ例をあげてみましょう。

45歳の誕生日まであと1カ月で退職したAさんの場合、過去半年の給料を180で割った額は1万8000円（平均月給54万円）だったとします。

この額に給付率50％をかけると計算上の基本手当日額は9000円ですが、そこで「月27万円はもらえる」などと早合点してはいけません。

実際には、30歳以上45歳未満の上限額は7715円なので、Aさんの基本手当日額もこの額となります。

ところが、もしAさんが満45歳の誕生日（厳密には誕生日の前日）を待って退職した場合、45歳以上60歳未満の上限は8490円なので、Aさんの基本手当日額は775円もハネ上がるのです。

「たった775円の差」と思われるかもしれませんが、Aさんの所定給付日数が150日（被保険者期間

■ 基本手当日額の上限は？

　各年齢のボーダーライン上の人は誕生日を待って退職するだけで、失業してからもらう手当の上限額が増える（ただし、59歳の人は60歳の誕生日前に退職しないと逆にソンをする）。

年　齢	基本手当日額の上限額
30歳未満	6,495円
30歳以上45歳未満	7,715円
45歳以上60歳未満	8,490円
60歳以上65歳未満	7,294円

775円up

775円up

1,196円down

20年以上の自己都合退職者）ならば、もらえる総額は11万円以上もの差が出ることになるのです。

　20代や30代で高給取りという恵まれた人は少ないでしょうが、40代になるとそこそこの給料をもらっている人も珍しくありませんので、ボーダーライン上の人は退職時の年齢のことも頭に入れたうえで基本手当を計算しておきたいものです。

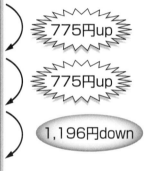

17 公共職業訓練を受けると、受給可能期間が延長される

所定給付日数を増やすには、とにかく〝雇用保険の加入年数〟（被保険者期間）を長くするしかないわけですが、たとえ被保険者期間が短い人でも結果的に給付日数を増やす〝超ウルトラC〟がひとつだけあります。

それは、失業手当をもらっている間に職安の紹介で「**公共職業訓練**」を受講することです。

というのも、失業して雇用保険受給中の人が公共職業訓練を受講した場合、たとえその受講途中で所定給付日数が切れたとしても、「失業手当の支給が訓練修了まで延長される」システムになっているからです。

なかなか職にありつけない人がやみくもに就職活動を続けても、失業期間が長くなるばかりで、いずれ雇用保険も切れてしまいます。そこで、そんな人は一度公共の職業訓練施設が用意したプログラムを受講して技術や技能を身につけてから就職活動したほうが、就職できる可能性は高くなるわけで、そのために公共職業訓練を受講中に限って失業給付金の支給を延長しようという制度が用意されているわけです。

この制度を「**訓練延長給付**」と呼んでおり、以下の3つの期間について適用されます。

(1) 訓練などを受けるために待期している期間
(2) 訓練などを受講している期間（最長2年）
(3) 訓練などの修了後に再就職が困難な期間（最長30日）

現実には(2)以外はほとんど適用されることはありませんが、(2)だけにしてもかなりオトクです。（数年前から、長期間休止していた(3)が都市部の地域で復活し

■「訓練延長給付」とは?

所定給付日数の3分の2を受給するまでに「公共職業訓練」を受講しはじめると、所定給付日数が切れた後も引き続き、職業訓練が終わるまで失業手当が支給される(詳しくは、174ページ参照)。

〈所定給付日数(90日)が切れる数日前に3カ月コースの受講をはじめたケース〉

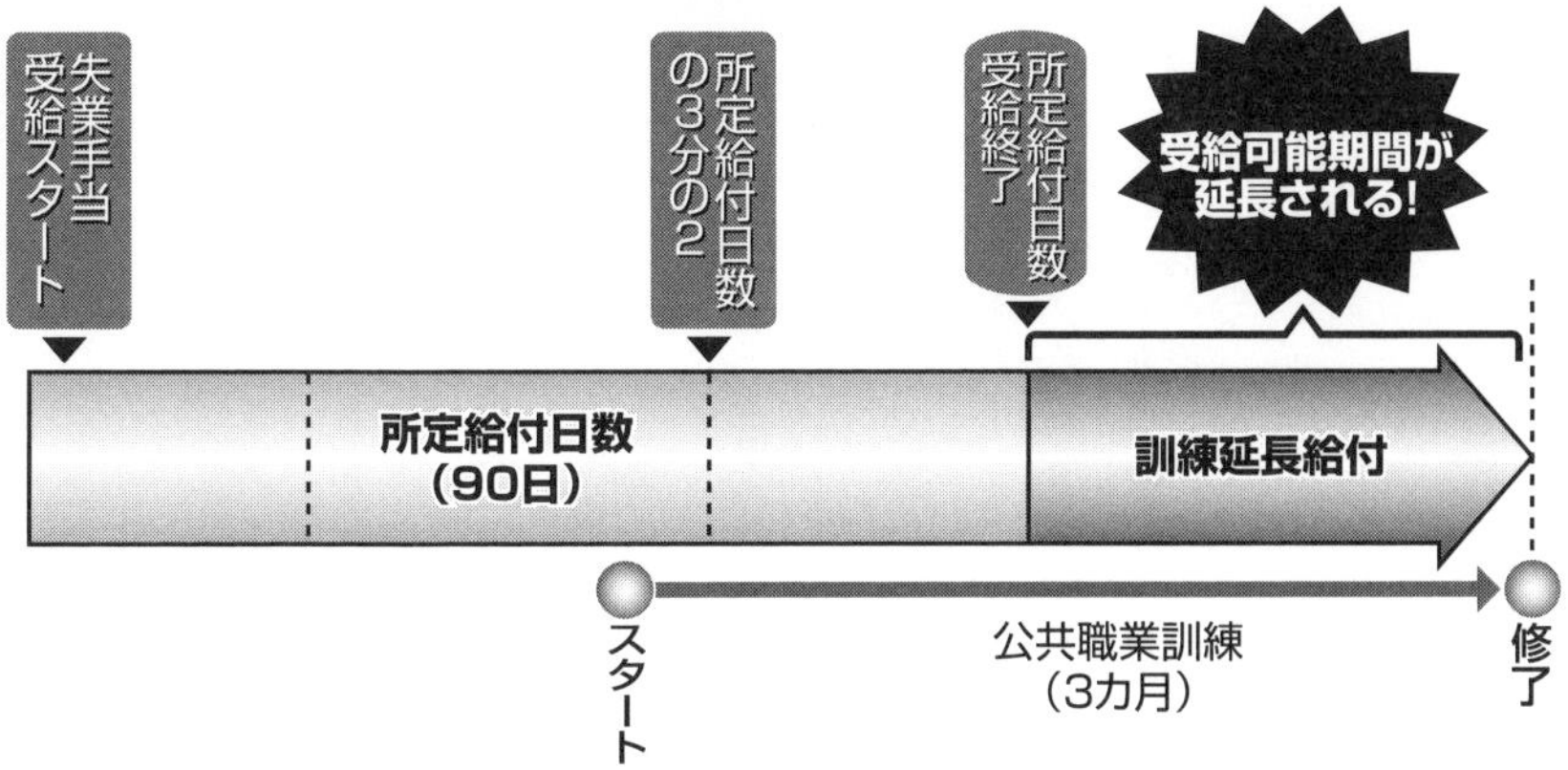

ている)

公共職業訓練は、ほとんどが3カ月または6カ月コースですが、なかには1年コースや2年コース(おおむね30歳以下の若年者が対象)もあります。

つまり、この制度をうまく活用すれば、所定給付日数が90日の人でもそれにプラスして公共職業訓練を受講する3カ月から6カ月にもわたって失業手当の支給が延長となり、理論的には180日から270日分も受給できる可能性もあるわけです。もし運よく2年コースに入校できれば、90日の人でもなんと最長で810日前後も失業手当を受給できることになります。

ただし、より長く失業手当をもらうために、受給資格切れ直前になってから訓練を開始しようとするズルを防止するため、現在は、一定の給付日数を残していないと、延長給付はされなくなっています。

具体的には、原則として、所定給付日数の3分の2の手当をもらうまで(上限150日)に訓練を開始しないと延長給付の対象にはなりません。詳しくは、174ページをご参照ください。

18 公共職業訓練を受けると、「給付制限」がカットされる

もしあなたが自己都合で退職し、貯金もあまりないので3カ月間の給付制限をのりきれそうもないとしたら、どうしますか?

そんな場合にも役立つのが「**公共職業訓練**」です。

雇用保険法には、正当な理由なく自己都合によって退職した人に「**給付制限**」（給付が先送りにされるペナルティー）を課すことが明記されていますが、この条文をよく読むと、ただし書きがあり「公共職業訓練を受ける期間」については、給付制限が適用されないことになっているのです。

ただし、安易にこの公共職業訓練をあてにするのは禁物です。

公共職業訓練は入校時期があらかじめ決まっていて（4月・7月・10月・1月が多い。募集はその2～3カ月前から）、その入校時期に合わせてタイミングよく会社を辞めて、すぐに職安へ手続きに行かないと、当然のことながら入校を待っている期間は給付制限を受けねばなりません。

また、受講申し込みをしても、コースによっては競争率が高くて入校許可がおりないことも多いので、会社を辞める前からめぼしいコースの入校時期などについてしっかりと研究しておきたいものです。

給付制限をのりきるだけの貯えのある人は、所定給付日数をある程度消化してから公共職業訓練を受講したほうがより長い期間にわたって失業手当を受給できますので、むしろあわてて入るとソンといえるのですが、そうでなかったら緊急避難的な策としてこんな方法もあることを覚えておいてソンはないでしょう。

3章

失業保険の受給額を最大にする「会社の辞め方」

19

職安で有利な判定を引き出すための3つのポイントとは？

興味深い実例をひとつ紹介しましょう。

Tさんは、30歳のとき、8年間勤めた大手銀行を辞め、小さな商社に転職しました。

希望に胸をふくらませての転職でしたが、困ったことに約束していた給料が支払われたのは最初の1カ月だけ。翌月から一方的な減給を受けたのです。

「納得がいかなかった私は、求人広告の条件との違いを追及したところ、社長は、『はじめから約束していた賃金は支払うつもりはなく、求人広告は単に人を集めるテクニックで、支払う予定の賃金以上の金額を故意に掲載した』というのです。

しかも、『それはどこの企業もやっていることで、法律には触れない』と開き直る始末でした。事実、その会社にいた先輩も同じことをされていました」（Tさん）

そこでTさんは退職を決意し、友人の社会保険労務士に相談して以下のような作戦を4つ立てました。

(1) 社長との会話はすべて気がつかれないように録音する

(2) 「減給は納得がいかないし、同意できない」とハッキリと告げる

(3) 「はじめからその給料は支払うつもりはなかった」という発言をもう一度引き出して録音する

(4) 実際に数カ月間減給をガマンする

そうした周到な準備の末に、Tさんが退職を申し出たところ、会社側は「退職は次の社員を募集する8月末で、辞表を書くこと」の2点を要求してきました。

それに対してTさんは、「辞表は『あなたが約束の賃金を支払わないので辞めます』と一筆そえることを条件に書きました」という徹底ぶり。

退職後、Tさんは職安にすべてを話しました。

「録音テープに提出前の辞表のコピーをそえて相談しましたが、職安の係官は、離職票を見て『減給になっていることが明白である』との判断から、録音テープと辞表のコピーは不要のまま、給付制限を課せられることなく失業手当の支給が認められました」

＊

さて、あなたはTさんのケースをどう読まれたでしょうか?

かなり雇用保険の知識のある人でないと、彼が退職にあたっていかにうまく立ち回ったかを理解するのは難しいでしょう。

そこで、ポイントをあげて彼の行動の意味を詳しく解説してみましょう。

①辞表を提出しない

納得のいかない減給を受けたTさんですが、もし勢いに任せて「こんな会社辞めてやる！」などと辞表をたたきつけてしまったら、その時点で彼は「自己都合」の退職となり、雇用保険をもらうにあたっては2カ月間の「給付制限」（２０２０年9月30日以前退職者は原則3カ月）が課せられてしまいます。

また、自己都合と会社都合では所定給付日数に大きな差が出ることもあります。

たとえば、30歳以上35歳未満で被保険者期間が5年以上10年未満のケースでは、自己都合退職だと90日しか失業手当がもらえませんが、これが会社都合になったとたん１８０日になるのですから。

さらに、Tさんの場合は、前の会社に8年も勤務していたので受給資格にはまったく影響ありませんでしたが、自己都合退職にされてしまうと、被保険者期間が1年以上ないために受給資格そのものが得られなくなるケースも出てきます。

ですので、いくら「約束が違う」とはいえ、入社したばかりで辞表をたたきつけてしまうと、退職後には1円ももらえなくなってしまいます。

しかし、会社が「減給が不満なら辞めろ」という態度を取っているようなケースでは、本人はどうすることもできません。

②正当な理由がある

そこでTさんが注目したのは、たとえ自分から辞表を出して辞めたとしても、職安で「離職を余儀なくされた」と認められれば、「特定受給資格者」として、会社都合退職者と同じ扱いを受けることでした。

つまり、給付制限がなくなるうえに、被保険者期間や年齢によっては、所定給付日数も増えるのです。

具体的な「賃金に関して『離職を余儀なくされた』と認められる要件」としては、以下のような2つの運用基準が示されています。

(1) 採用条件（賃金・労働時間・勤務地・職種など）と実際の労働条件が違った

(2) 賃金が一定以上（残業手当を除いた給料がそれまでの85%未満に）低下したため離職した

Tさんの場合、この両方のケースに該当しますから、退職後にこの事実を職安で認めてもらえさえすれば、めでたく会社都合と同じ扱いになるはずなのです。

③証拠を残す

問題はここからです。実際に退職にあたって「離職を余儀なくされた」としても、職安でその証拠を提示したうえでそのような事実があったことを明確に証明しないと、自己都合の判定は覆らない可能性も十分に考えられます。

この「離職を余儀なくされた」かどうかの判定は非常に微妙ですので、「口で説明しただけで、職安係官が認めてくれるかどうか」にはかなり不安が残るのです。

そこでTさんは、「社長との会話を録音する」「実際に減俸を受けた事実を記録に残す」などといった証拠作戦を展開しました。その結果、退職後に職安でその証拠を提示したおかげで見事「離職を余儀なくされた」との判定を勝ち取ったのです。

■ あなたの退職理由は？

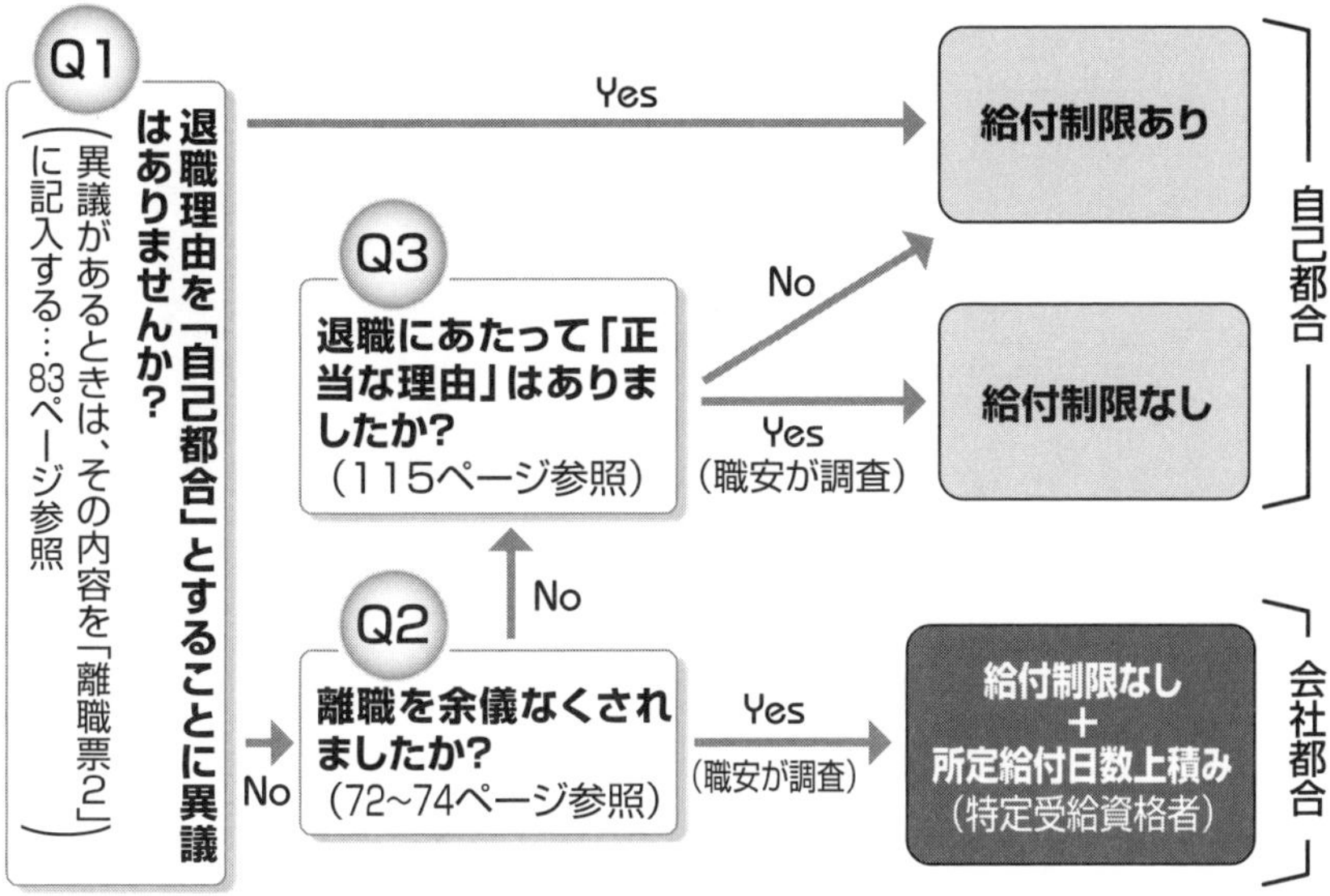

コロナ禍における受給のコツ

コロナ禍で退職したのに、自己都合退職とされてしまった。そんな人でも、受給手続き時に、以下のどれかに該当していると認められれば、会社都合として被保険者期間が通算6カ月で受給可能となります。

⑴　シフトに入れず給与が15%超減ったために退職→減収前のシフト勤務表と減収後のシフト勤務表等勤務状況及び各月給与明細で変動を証明
⑵「経営が苦しいので、辞めてくれないか」と退職勧奨をされ、その求めに応じて退職→メールや録音等の証拠提出
⑶　職場で感染者が発生した、または本人に基礎疾患があるため、感染による重症化予防のために退職した→事業主の証明、医師の診断書、お薬手帳等で証明
⑷　基礎疾患のある家族、または妊娠中や高齢（60歳以上）の家族と同居していて、その家族が感染・重症化しないために退職→母子手帳や、世帯全員の住民票で高齢者の年齢を証明

※⑶と⑷は、新型コロナ感染症が収束するまでの暫定措置

20

「自己都合」と「会社都合」、退職理由の違いとは?

ここで失業保険の重要な要素となっている退職理由について改めて詳しく解説しておきましょう。

まず基本的なことからいいますと、雇用保険法では「自己都合」とか「会社都合」といった言葉で明確に退職者を区別していません。どうなっているかというと、ケース別に措置を決めているにすぎないのです。

雇用保険法から「給付制限」に関する記述を引用してみましょう。

「被保険者が自己の責めに帰すべき重大な理由によって解雇され、または正当な理由がなく自己の都合によって退職した場合」(雇用保険法33条第1項)となっていて、これに該当する者には「1カ月以上3カ月以内」の給付制限が課せられると記されています。

つまり、「**自己都合**」の退職者とは、「自己の責めに帰すべき重大な理由によって解雇された者」または「正当な理由がなく自己の都合によって退職した者」のことなのです。

前者は〝懲戒解雇〟などの「労働者が自らの過失や故意によって会社に損害を与えたために会社から解雇されたケース」を指し、後者は「単に自分の意志で転職を希望して退職したケース」を指します。

そして、もう一方の「**会社都合**」については、平成13年4月施行の改正雇用保険法によって、所定給付日数が優遇される「**特定受給資格者**」として明確に規定されるようになりました。

具体的には左の表の通りです。

ようするに、**Ⅰ**は「突然会社が倒産したとか、勤めていた事業所が閉鎖されたケース」を指し、**Ⅱ**は「自分には何の落ち度もないのに一方的に解雇されたケース」や「著しく労働条件が悪くて退職せざるをえなかったケース」などを指します。

Ⅰの具体的なケースとしては、自分が勤めていた支店や工場が移転することになったものの、その移転先にこれまで通り自宅から通勤するのはムリになった場合なども含まれます。ただし、それが「離職を余儀なくされた」かどうかの判断は難しいもの。

たとえば、「自宅から会社まで30分で着いていたのに、移転先は1時間半もかかる」というケースは、どうなるのでしょうか？

都会では片道1時間半くらいかけて通勤している人はザラにいますので、その程度の負担をもって「離職を余儀なくされた」とはいえないかもしれません。

そこで厚生労働省では、「通勤困難」と認められる基準として「往復4時間以上」をあげています。

※事業所移転の通知を受けてから1年以内、実際に移転してから3カ月以内の離職でないと、特定受給資格者とは認められない。また、事業所が移転したことによる転勤のケースは、就業規則等で全国に転勤することが明記されていれば、特定受給資格者とはならない（ただし、「往復4時間以上」であれば、給付制限はつかない）。

■「特定受給資格者」とは？

「会社都合」で退職を余儀なくされた人のことで、以下のいずれかに該当すると、所定給付日数が最大180日も優遇される。

Ⅰ「倒産」等により離職した者

① 倒産（破産、民事再生、会社更生等の各倒産手続の申立て又は手形取引の停止等）に伴い離職した者

② 事業所において大量雇用変動の場合（1カ月に30人以上の離職を予定）の届出がされたため離職した者及び当該事業主に雇用される被保険者の3分の1を超える者が離職したため離職した者

③ 事業所の廃止（事業活動停止後再開の見込みのない場合を含む）に伴い離職した者

④ 事業所の移転により、通勤することが困難となったため離職した者

Ⅱ「解雇」等により離職した者（ただし、自己の責めに帰すべき重大な理由によるものを除く）、その他の厚生労働省令で定める理由により離職した者

（詳細は72～74ページ参照）

21 解雇以外でも会社都合になる判定基準とは?

倒産やリストラに比べて退職理由を判断しにくいのが、「特別な事情があって離職を余儀なくされた」ケースです。

たとえば、労働条件があまりに劣悪だったり、会社から不当な扱いを受けてやむをえず会社を辞める人も少なくありません。

そこで、倒産やリストラ以外でも「離職を余儀なくされた」ケースとして左ページのような基準が示されています。

会社から一方的に解雇をいいわたされた場合は、故意に会社に損害を与えたなどの「自己の責めに帰すべき重大な理由」さえなければ、問題なく「会社都合」になりますが、それ以外でもここにあげられたケースにあてはまる人は会社都合と同じ扱いになるわけです。

まず、労働条件に関して比較的多いのは②の「〜明示された労働条件が事実と著しく相違したことにより離職した」ケースでしょう(ただし、就職をしてから1年未満に離職した場合のみ)。

「著しく相違」となっていますから、少し手当がケズられた程度では認められない恐れはおおいにありますが、「月給30万円で週休2日のはずだったのが、入社してみると月給20万円で休みは日曜だけで残業手当も一切つかない」——といったケースでは、この条項にあてはまる可能性はかなり高いといえます。

また、給料に関しては③と④も重要なポイントです。ただ「給料を減らされたので辞めた」人すべてを「会社都合」と認めるわけにはいきません。

そこで、この点に関して、厚生労働省では以下のように、より具体的な基準を示しています。

(1) 賃金の3分の1を超える額が支払期日までに支払われなかった月が2カ月以上続いた、または退職前半年の間に3カ月以上あった

(2) 残業手当を除いた賃金が、それまでの85%未満になった

「会社の資金繰りが悪化し、給料の遅配が続いた」とか、「辞めさせるためにわざと15%を超えて基本給をカットされた」といったケースがあてはまりそうです。

なお、給料が下がったケースでは「低下の事実が予見しえなかった場合に限る」とされています。何年も前から会社の業績が悪化していたなど、「給料低下が容易に予想されうる」ケースでは、この条件にあてはまらない可能性もありえますから、不安な人は会社を辞める前に職安へ相談しておいたほうがいいでしょう。

■「会社都合」(特定受給資格者)と判定される主な退職理由

① 解雇(自己の責めに帰すべき重大な理由による解雇を除く)により離職した者
② 労働契約の締結に際し明示された労働条件が事実と著しく相違したことにより離職した者
③ 賃金(退職手当を除く)の額の3分の1を超える額が支払期日までに支払われなかった月が引き続き2カ月以上となったこと、又は離職の直前6カ月の間に3カ月以上あったこと等により離職した者
④ 賃金が、当該労働者に支払われていた賃金に比べて85%未満に低下した(又は低下することとなった)ため離職した者(当該労働者が低下の事実について予見し得なかった場合に限る)
⑤ 離職の直前6カ月間のうちに3月連続して45時間、1月で100時間又は2〜6月平均で月80時間を超える時間外労働が行なわれたため、又は事業主が危険若しくは健康障害の生ずるおそれがある旨を行政機関から指摘されたにもかかわらず、事業所において当該危険若しくは健康障害を防止するために必要な措置を講じなかったため離職した者
⑥ 事業主が法令に違反し、妊娠中若しくは出産後の労働者又は子の養育若しくは家族の介護を行なう労働者を就業させ、若しくはそれらの者の雇用の継続等を図るための制度の利用を不当に制限したこと又は妊娠したこと、出産したこと若しくはそれらの制度の利用の申出をし、若しくは利用をしたこと等を理由として不利益な取扱いをしたため離職した者
⑦ 事業主が労働者の職種転換等に際して、当該労働者の職業生活の継続のために必要な配慮を行なっていないため離職した者
⑧ 期間の定めのある労働契約の更新により3年以上引き続き雇用されるに至った場合において当該労働契約が更新されないこととなったことにより離職した者
⑨ 期間の定めのある労働契約の締結に際し当該労働契約が更新されることが明示された場合において当該労働契約が更新されないこととなったことにより離職した者(上記㈯に該当する者を除く)
⑩ 上司、同僚等からの故意の排斥又は著しい冷遇若しくは嫌がらせを受けたことによって離職した者
⑪ 事業主から直接若しくは間接に退職するよう勧奨を受けたことにより離職した者(従来から恒常的に設けられている「早期退職優遇制度」等に応募して離職した場合は、これに該当しない)
⑫ 事業所において使用者の責めに帰すべき事由により行なわれた休業が引き続き3カ月以上となったことにより離職した者
⑬ 事業所の業務が法令に違反したため離職した者

22 月45時間を超える残業が続いて辞めれば、会社都合なの？

「離職を余儀なくされた」と認められるものには、「常識では考えられないくらい長時間の残業を強いられた」ケースも当然含まれます。

該当する条項を、「特定受給資格者」の範囲を定めている雇用保険法施行規則から、引用してみましょう。

イ　離職の日の属する月の前六月のうちいずれか連続した三箇月以上の期間において労働基準法第三十六条第一項の協定で定める労働時間の延長の限度等に関する基準に規定する時間を超える時間外労働が行なわれたこと。

ロ　離職の日の属する月の前六月のうちいずれかの月において一月あたり百時間を超える時間外労働が行なわれたこと。

ハ　離職の日の属する月の前六月のうちいずれか連続した二箇月以上の期間の時間外労働時間を平均し一月あたり八十時間を超える時間外労働が行なわれたこと。

ニ　事業主が危険又は健康障害の生ずるおそれがある旨を行政機関から指摘されたにもかかわらず、事業所において当該危険又は健康障害を防止するために必要な措置を講じなかつたこと。

これらのいずれかに該当すれば「会社都合」なのですが、予備知識がないと意味がわからないのは、イの「労働時間の延長の限度等に関する」の部分です。

法定労働時間は週40時間

会社が労働者に「**法定労働時間**」（原則週40時間）を超えて労働をさせるには、労働者の代表と会社が「**三六協定**」（労基法36条に関する協定）を結んで、それを労働基準監督署に届け出ないといけません。

そして、この協定で一定期間（週、または月および1年間）における時間外労働の上限を定めるようになっていますが、労働基準法ではその上限の目安も定められていて、それを超えて時間外労働をすることは基本的に禁止されているのです（ただし、一定期間のみ、一定の手続きを経ていれば許される場合もある。また、「工作物の建設などの事業」や「自動車の運転の業務」など、一部適用除外の職種もある）。

下の表を見てください。1カ月に45時間など、ここに示されている限度時間を超えて残業させられている人が、そんな長時間労働に耐え切れず退職した場合は、「労働基準法に基づき定める基準に規定する時間を超える時間外労働が行なわれたため離職した者」に該当するというわけです（ただし、離職前に3カ月以上続いたこと〈有給休暇や体調不良等のやむをえない理由により時間外労働が行なわれていない月は除く〉が条件）。

このほかにも、労働者の安全や健康を守るために必要な措置を講じておらず、その点について行政指導されたり改善命令が出されたにもかかわらず、改善されなかったために退職した人も「離職を余儀なくされた」と認められます。

この表現からすれば、「単に必要な措置を講じていない事実があるだけでは、これに該当すると認められない」可能性もあります。そうした事実を「行政機関から指摘された」ことと「指摘されたにもかかわらず、1カ月が経過しても改善されなかった」ことの2つの要件がそろっていることが必要です。

■ 時間外労働の限度時間

労働期間	限度時間
1週間	15時間
2週間	27時間
4週間	43時間
1カ月	45時間
2カ月	81時間
3カ月	120時間
1年	360時間

23

「理不尽な配転命令」で退社したら、会社都合になるの？

自己都合なのか会社都合なのか判定しづらいのが、会社がわざと社員を自分から辞めさせるように仕向けるケースです。

「事業主から直接もしくは間接に退職することを勧奨された」のなら、会社都合であることは明らかです。

この点について厚生労働省では、「形式は任意退職であっても、退職を強要されたり、希望退職の募集に応募する場合などのように、被保険者が離職せざるをえない状況に置かれた場合は、これに該当する取扱いとする」としています。

ちなみに、ここでいう「希望退職」とは、離職前1年以内に導入された制度で（名称のいかんは問わないが、恒常的に設けられている〝早期退職者制度〟は対象外）あり、かつ募集期間が3カ月以内のものをさします。

ただし、難しいのはここから。

「直接・間接的な退職の強要はなく、また希望退職にも応じなかったが、結果的に辞めざるをえないようなひどい処遇をされた」ようなケースはどうなるのでしょうか。

たとえば、「何十年も営業畑一筋に歩んできたのに、突然それまでまったく経験のないソフトウェアの開発業務を担当する部署に配転された」ようなケースです。

会社は「通常のジョブ・ローテーションの一貫」と主張するかもしれませんが、働く側からすれば、それは「配転に名を借りた退職の強要」以外の何物でもありません。

そこで厚生労働省が示している基準では、この点を次のような表現でフォローしています。

事業主が労働者の職種転換などに際して、当該労働者の職業生活の継続のために必要な配慮を行なっていないため離職した者

営業一筋の社員をまったく畑違いの開発部門に配転するのは、「職業生活の継続のために必要な配慮を行なっていない」に該当しますから、「離職を余儀なくされた」と容易に判定できるはずです。

もっとも、退職強要の意図がそれほど明白なケースばかりではありません。なかには、「通常のジョブ・ローテーションの一貫」ともいえなくもないケースも少なくないはずです。

そこで、厚生労働省ではこの点に関して、さらに次のような3つの基準を示しています。

(1) 10年以上ひとつの職種に就いていたのに、十分な教育訓練もないまま配転させられた

(2) 特定の職種に就くことで採用されたのに、別の職種に配転させられ、残業手当を除いた賃金が下がった

(3) 配転命令が権利濫用となるようなケース

たとえば、「開発部門の専門技術者として採用されたのに、警備部門に配転された」ケースなら、明らかに「離職を余儀なくされた」と認定されそうです。

また、(3)については「介護の必要な家族を抱える労働者が遠隔地に転勤を命じられた」ようなケースがこれに該当します。

きわめつけは、「言葉の暴力などによって退職を強要される」ケースです。

61ページで紹介したガイドラインには、「⑩上司、同僚などから故意の排斥、または著しい冷遇もしくは嫌がらせを受けたことによって離職した者」と規定されています。

狭い部屋に閉じ込められて、来る日も来る日も何の意味のないレポートを書かされたり、毎日のように上司や同僚から〝無能よばわり〟され続けたといった場合は、明らかに「離職を余儀なくされた」ケースに該当するといえるでしょう。

24 契約期間満了で退職しても、給付制限はつくの？

では、契約期間満了で退職すると、どうなるのでしょうか。

契約期間の短い不安定な雇用に就いている人が、その不利な条件を拒否して、正社員をめざして転職する場合でも給付制限がつくとしたら、著しいハンディキャップを負うことになってしまいます。

そこで、一定以下の契約期間を定めて働く人に限っては、どちらが契約更新を拒否したかにかかわらず、給付制限はつきません。これが「契約期間満了」です。ただし、契約期間満了は、あくまで自己都合として扱われ、所定給付日数が増える特定受給資格者（会社都合）には該当しないのがもうひとつのポイントです。

特定受給資格者に該当するのは、以下の3つの要件をすべて満たしている人に限られます。

(1) 過去に契約を1回以上更新している
(2) 現在の職場に3年以上勤務している
(3) 会社から契約を更新しないと通告された

「契約を1回以上更新し、なおかつ現在の職場に3年以上勤務している」人は、一般の正社員と同等に扱われ、純粋にどちらから退職の意思表示がなされたかによって、会社都合か自己都合かが決まるわけです。

例外的に、定年退職者の場合は、契約更新なし・3年未満勤務の人と同じく、自己都合（所定給付日数割増なし）ですが、給付制限はなしの扱いとなります。

※1　派遣社員に限っては、以下のような扱いとなりますので、くれぐれも注意してください。

■ 契約期間満了で退職すると給付制限はつく？

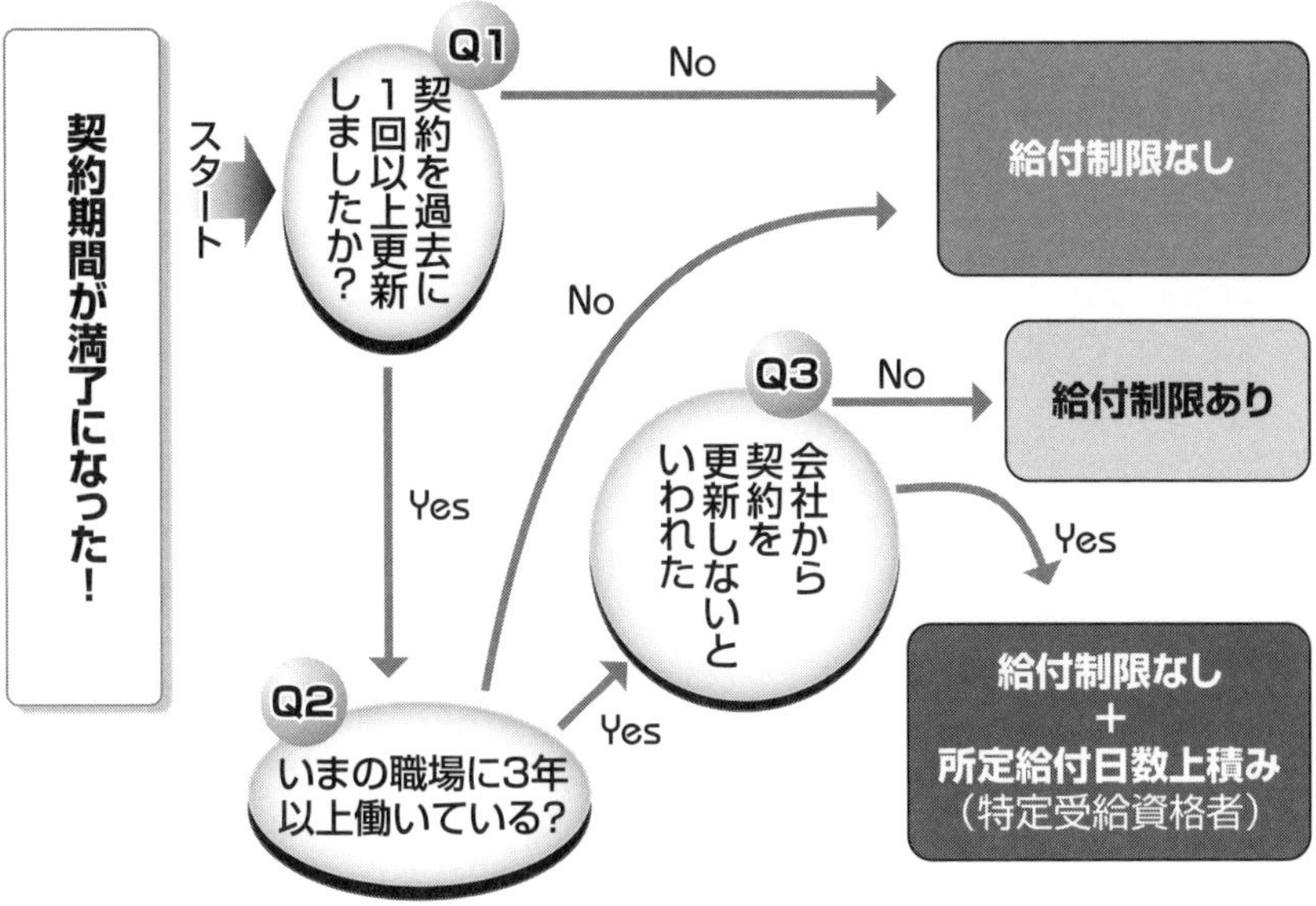

・本人が今後も同じ派遣会社からの仕事を希望していて、なおかつ派遣会社が次の派遣先を探す努力をした（92ページ参照）にもかかわらず、次の派遣先がみつからない場合にのみ、給付制限なしの扱いとなる。逆にいえば、本人が、同じ派遣会社からの仕事は今後希望しないと意思表示したときには、給付制限はつく。

※2　平成19年と平成21年の二度の法改正により、以下の要件を満たした非正規労働者は特定受給資格者となる救済措置が設けられました。

・期間の定めのある労働契約の締結に際し当該労働契約が更新されることが明示された場合において当該労働契約が更新されないこととなったことにより離職した者

要するに、「契約は6カ月だけど、1年以上働いてもらうから」という約束（口頭でもOK）で勤め始めたのに、「ごめん。やっぱり6カ月で更新なしね」と会社からいわれたときには、会社都合扱いになるというわけです。

25 職安で行なわれる退職理由判定のヒドイ実態とは？

では、退職後に職安に出かけて「離職票に書かれた退職理由が事実と異なる」と申し出た場合、職安ではどのような対応がなされるのでしょうか？

ひとつ事例をあげておきましょう。

11年勤めた会社を辞めたKさんの場合

Kさんは、41歳のときに11年勤めた会社を退社しました。離職票に書かれた退職理由は「自己都合」でしたが、実際には限りなく会社都合に近いものだったといいます。

退職前の2年間になんと8回も配転が行なわれ、その間地方にも飛ばされるという冷遇を受けていたKさんですが、地方に赴任中のあるとき、東京にある子会社の社長から「ウチへ来て手伝ってくれないか」と声がかかりました。

転籍にあたって提示されたのがかなりの好条件だったため、Kさんは一も二もなく快諾してその子会社へ出向することになりました。

ところが、実際にその子会社へ行って仕事を始めたとたん、親会社の社長がのり込んできてその子会社の経営に口出しし、好条件はどこへやら、たちまち苛酷なノルマを課せられ、劣悪な労働条件で働かされる日々が始まったのです。

「結局、後から考えると、親会社の社長と子会社の社長が私を辞めさせるために仕組んだワナだったんですよ」と悔しそうに振り返るKさんですが、そのときは「もうこれ以上ガマンできない」とキレてしまい、ついに会社に辞表を提出。

問題はここからです。

退職後、Kさんは職安へ出かけて事情を説明しました。ところが、窓口の係官は「配置転換や業務内容だけでは、自己都合を会社都合に変えるだけの説得材料にはならない」といって、彼の主張をアッサリしりぞけたのです。

「係官は『雇用保険とは、そこまでのケースをカバーするものではないんです。ツラい部分はどうしても避けられない』と、じつはこれが本音なんだといいたげに小声で話し始めたりもしましたので、もう少しネバろうと考えておりましたら、係官はどういう事実があれば『自己都合』を『会社都合』に変えることができるのか、資料を出して提示してきました」

社内イジメの証拠が必要!?

その資料のなかに「社内イジメ」という項目があったので、Kさんは「それに当てはまらないのですか?」と聞いてみたところ、なんと係官は「該当すると思うなら、その証拠を出してください」といい出したのです。

いったい、どんな「証拠」を出せばイジメと認めてもらえるのか。聞いてビックリの話はここからです。

以下は、職安の係官とKさんの会話です。

係　官「言葉の暴力のようなものはあったのですか?」

Kさん「それはかなりありました」

係　官「それを証明できるものを出すことができますか?」

Kさん「どんなものですか?」

係　官「同僚3名にあなたが辞めざるをえなくなった社内イジメの実態を文書で書いてもらうことです」

Kさん「私が書いて3名に読んでもらって承認を得る方法ではダメですか?」

係　官「ダメです」

Kさん「できるかどうかわかりませんが、検討してみます」

係　官「では、今度の認定日には私のところに来てください」

ここまでのやりとりは時間にして約30分。職安ではひとりの失業者に対する時間は5分が平均といわれていますから、それでもかなり丁寧に話を聞いてくれたほうなのですが、結局、内容はまったく意味のないものでした。

「同僚3名の証明書を提出することは、いまさらムリだと思います」とガッカリするKさんですが、冷静になって考えてみれば、そんな無理難題をふっかけるほうがおかしいのです。

辞めた人を助けるために、わざわざいま自分が勤めている会社を告発する人がいるでしょうか。

本来、職安は退職理由の判定にあたっては、「退職者が主張しているような事実があったのかどうか」を確認しなければならないはずなのに、この係官はそのテマを惜しんだあげく、ほとんど不可能ともいえる「証拠」の提示まで失業者サイドに求めているのです。

もちろん、こうした係官のほうが少数で、そのほか大多数の係官ならばもっとまともに話が通じると思いたいですが、運が悪いとそういうことも十分にありえるのです。

※職安での退職理由の判定の実態は、地域や担当者によってもかなり対応が異なるようです。

「上司からセクハラされて退職したら、職安の係官が元の勤務先にいきなり電話したあげく『本人はそんなことしていないといってます』と却下された」というような、明らかに係官の対応が怠慢なケースがあります。かと思えば、「クビになったのに自己都合にされましたが、すでに離職票にサインしてしまったのであきらめてました。それでも、ダメモトで係官に異議を申し立ててみたら、ちゃんと調査してくれて会社都合にしてくれました」という素晴らしいケースもあります。

いずれにしても具体的な証拠の提出が求められるケースがほとんどです。とくに、社内イジメなど客観的な判断が難しいケースでは、同僚の証言(1人でOKのところもある)の提出を求めるのが一般的です。微妙な理由で退職する人は、退職前に同僚(できれば複数)に証言を頼んでおくといいでしょう。

■ 給料が下がって退職するときのタイミング

大幅に減収となったため退職しても、退職のタイミングによっては「特定受給資格者」とはならないケースもあります。この点に関して、厚労省が示している基準が非常にややこしいので、以下にわかりやすく図説しておきます。

①離職の日の属する月以後の6カ月のうちいずれかの月に支払われる賃金と当該月より前6カ月のうちいずれかの月に支払われる賃金とを比較し、85%未満に低下することとなった場合

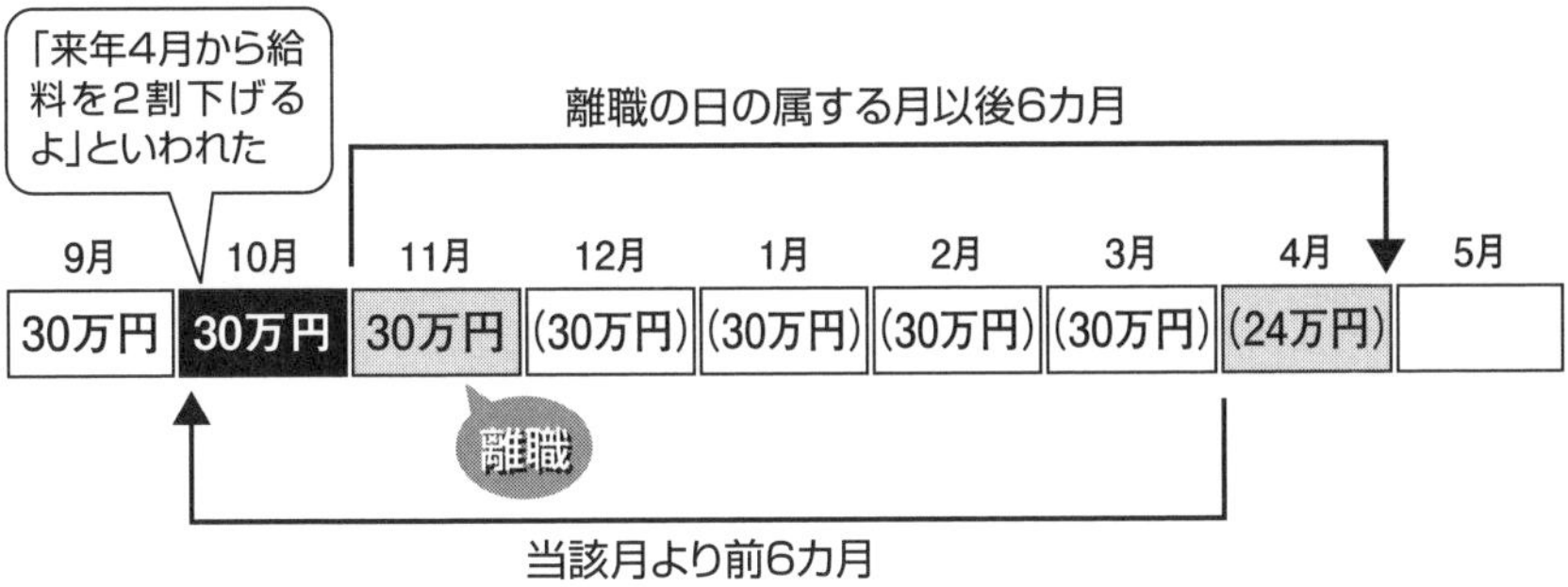

②離職の日の属する月より前の6カ月及び離職の日の属する月のいずれかの月の賃金と当該月より前6カ月間のうちいずれかの月に支払われる賃金とを比較し、85%未満に低下することとなった場合

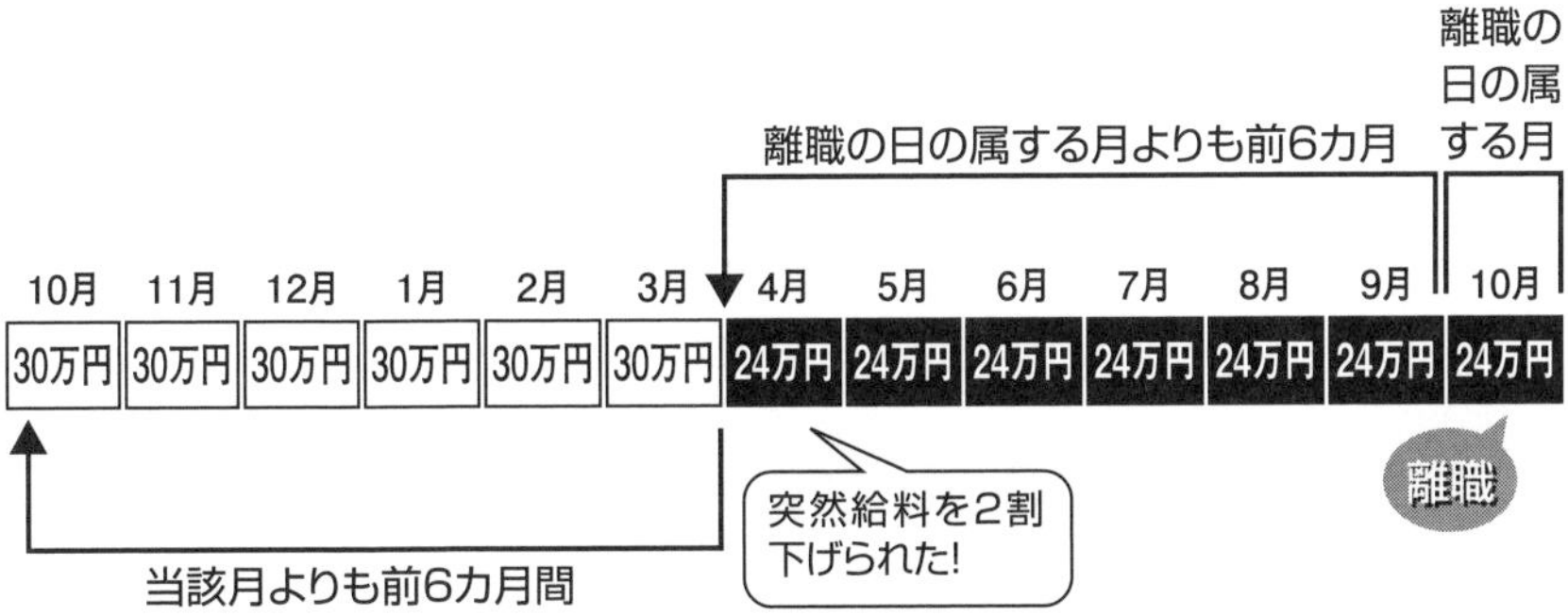

※①、②ともに、比較の基準となっているのは、「当該月（減収となった月）よりも前6カ月」となっている点に注意。たとえば9月に10%、翌年4月からは、さらに10%と、二段階で給与を下げられた場合、4月よりも「前6カ月」は、前年10月から翌年3月となって、最初に減収となった9月分が比較基準から除かれてしまい、「減収は10%」とみなされる。もし会社から給与を85%未満に引き下げることに合意を求められたときには、その減収の措置が6カ月の期間内に行なわれることをあらかじめ確認しておかないと、退職後に会社都合を獲得することはかなり難しくなる

■ 特定受給資格者になるための条件は？

Ⅰ 倒産などで退職した場合（以下のいずれかに該当する者）

特定受給資格者と認められる要件	具体的な解釈
(1)倒産(破産、民事再生、会社更生等の各倒産手続の申立て又は手形取引の停止等)に伴い離職した者	①破産手続開始、再生手続開始、更生手続開始(更生特例法に基づく更生手続開始を含む)、整理開始若しくは特別清算開始の申立て等がなされたこと又は不渡手形の発生(1回を含む)の事実が生じたことを理由として離職した場合が該当。ただし、再建型の倒産手続の場合は、民事再生計画や会社更生計画が決定されるまでの間に離職を事業主に申し出た場合が該当。 【証拠となる資料】裁判所において倒産手続の申立てを受理したことを証明する書類など ②業務停止命令(業務停止命令時において業務停止期間について定めのないもの又は1カ月以上のものに限る)により当該営業業務が全て停止されたことにより、事業所の倒産がほぼ確実となったため離職した場合(業務が再開されるまでの間に離職を事業主に申し出た場合に限る)が該当。 【証拠となる資料】業務停止命令の事実がわかる資料など
(2)事業所において大量雇用変動の場合(1カ月に30人以上の離職を予定)の届出がされたため離職した者及び当該事業主に雇用される被保険者の3分の1を超える者が離職したため離職した者	①事業規模若しくは事業活動の縮小又は事業の転換等に伴い、雇用対策法第27条第1項の規定による離職に係る大量の雇用変動の場合(1カ月に30人以上の離職を予定)の届出が安定所にされ(されるべき場合を含む)大量の人員整理が行なわれることが確実となったために離職した場合が該当。 ②事業規模若しくは事業活動の縮小又は事業の転換等に伴い、当該事業主に雇用される雇用保険被保険者のうちの相当数の人員整理(事業主都合による解雇や勧奨退職、希望退職応募等により離職した者が、当該離職者の離職日の1年前の日(1年前より後に人員整理が開始された場合は当該人員整理開始日)と比較し、適用事業所の3分の1を超えることとなる場合)が既に行なわれたために離職した場合が該当。
(3)事業所の廃止に伴い離職した者	①事業所が廃止されたため、当該事業所を離職した場合が該当。 ②事業所が廃止されたのでもなく、裁判上の倒産手続が執られているのでもないが、事実上当該事業所に係る事業活動が停止し、再開される見込みがないときにおいて、当該事業所を離職した場合が該当。 ③会社法等の商事関係法令に基づく解散の議決が行なわれたため、離職した場合が該当。 【証拠となる資料】解散の議決が行なわれた議事録(写)など
(4)事業所の移転により、通勤することが困難となったため離職した者	通勤困難(通常の方法により通勤するための往復所要時間が概ね4時間以上であるとき等)な適用事業所の移転について事業主より通知され(事業所移転の1年前以降の通知に限る)、事業所移転直後(概ね3カ月以内)までに離職した場合がこの基準に該当。 【証拠となる資料】事業所移転の通知、事業所の移転先がわかる資料及び離職者の通勤経路に係る時刻表など

Ⅱ 解雇などで退職した場合（以下のいずれかに該当する者）

特定受給資格者と認められる要件	具体的な解釈
(1)解雇(自己の責めに帰すべき重大な理由による解雇を除く)により離職した者	自己の責めに帰すべき重大な理由により解雇された場合を除き、事業主から解雇され離職した場合が該当。 【証拠となる資料】解雇予告通知書、退職証明書、就業規則など
(2)労働契約の締結に際し明示された労働条件が事実と著しく相違したことにより離職した者	被保険者が労働契約の締結に際し、事業主から明示された労働条件(以下この項目において「採用条件」という)が就職後の実際の労働条件と著しく相違したこと又は事業主が労働条件を変更したことにより採用条件と実際の労働条件が著しく異なることとなったことを理由に、就職後1年を経過するまでの間に離職した場合が該当。この場合の「労働条件」とは労働基準法第15条及び労働基準法施行規則第5条において労働条件の明示が義務づけられているもの(賃金、労働時間、就業場所、業務等)をいう。ただし、事業主が、正当な手続を経て変更したことにより、採用条件と実際の労働条件が異なることとなった場合には、この基準には該当しない。(他の特定受給資格者に該当する場合(賃金や時間外労働の時間等)は、各々の判断基準で判断する) 【証拠となる資料】採用条件及び労働条件がわかる労働契約書や就業規則など 労働協約による変更は労使が合意した書面、就業規則による変更は労働組合等の意見を聴取した事実がわかる資料など
(3)賃金(退職手当を除く)の額の3分の1を超える額が支払期日までに支払われなかった月が引き続き2カ月以上となったこと、又は離職の直前6カ月の間に3月あったこと等により離職した者	下記の①又は②の月が連続して2カ月以上あり、最初の月から起算して1年以内に離職した場合(この事実があった後、通常の賃金支払の事実が3カ月以上継続した場合を除く)、又は離職の直前6カ月の間に下記①又は②の月が3月以上あったことにより離職した場合が該当。 ①現実にその月(賃金月)中に支払われた額(何月分であるかを問わない)がその者が本来その月(賃金月)中に支払を受けるべき額の3分の2に満たない月(支払われた休業手当等の額が、その者に支払われるべき賃金月額の3分の2に満たない月も該当) ②毎月決まって支払われるべき賃金の全額が所定の賃金支払日より遅れて支払われた月 また、上記①又は②の月が混在し、2カ月連続した場合又は離職の直前6カ月の間に3月以上となった場合もこの基準に該当。 【証拠となる資料】労働契約書、就業規則、賃金規定、賃金台帳、給与明細書、口座振込日がわかる預金通帳など

（73ページに続く）

（72ページからの続き）

特定受給資格者と認められる要件	具体的な解釈
(4)賃金が、当該労働者に支払われていた賃金に比べて85%未満に低下した(又は低下することとなった)ため離職した者(当該労働者が低下の事実について予見し得なかった場合に限る)	下記の①又は②のいずれかに該当したため離職した場合が該当。 ①離職の日の属する月以後の6カ月のうちいずれかの月に支払われる賃金と当該月より前6カ月のうちいずれかの月に支払われる賃金とを比較し、85%未満に低下することとなった場合 ②離職の日の属する月より前の6カ月及び離職の日の属する月のいずれかの月の賃金と当該月より前6カ月間のうちいずれかの月に支払われる賃金とを比較し、85%未満に低下した場合 ただし、低下する又は低下した時点から遡って1年より前の時点でその内容が予見できる場合及び出来高払制のように業績によって、各月の賃金が変動するような労働契約の場合にはこの基準に該当しない。また、懲戒や疾病による欠勤がある場合や60歳以上の定年退職に伴い賃金が低下し、同一の適用事業主に再雇用される場合も該当しない。 なお、この場合の「月」とは、賃金締切日の翌日から次の賃金締切日までの期間をいい、「賃金」とは、毎月決まって定期的に支給される賃金(残業手当など業務の繁閑により支給額が変動するもの等を除いたもの)をいう。 【証拠となる資料】労働契約書、就業規則、賃金規定、賃金低下に関する通知書など
(5)離職の直前6カ月間のうちに3月連続して45時間、1月で100時間又は2～6月平均で月80時間を超える時間外労働が行なわれたため、又は事業主が危険若しくは健康障害の生ずるおそれがある旨を行政機関から指摘されたにもかかわらず、事業所において当該危険若しくは健康障害を防止するために必要な措置を講じなかったため離職した者	①離職直前の6カ月間(賃金締切日を起算日とする各月)の間に45時間を超える時間外労働が3月連続してあったため離職した場合、100時間を超える時間外労働が1月あったため離職した場合、又は2～6月平均で月80時間を超える時間外労働があったため離職した場合等が該当(ただし、労働時間については、有給休暇や体調不良等のやむを得ない理由により時間外労働が行なわれていない月がある場合には、これを除いて算定)。 【証拠となる資料】タイムカード、賃金台帳、給与明細書など ②労働基準法、労働安全衛生法、育児・介護休業法等の労働者保護法令や保安関係法令(いずれも一定のものに限る)において、職業生活を継続する上で危険又は健康障害の発生するおそれのある旨の法令違反について、所管の行政機関により改善に係る指摘がなされた事実があり、改善に係る指摘後、一定期間(概ね1カ月程度)経過後においても当該法令違反に係る改善が行なわれていないことを理由に離職した場合が該当。なお、労働災害により被害を受けたことにより離職した場合は改善に係る指摘がない場合もこの基準に該当。
(6)事業主が法令に違反し、妊娠中若しくは出産後の労働者又は子の養育若しくは家族の介護を行なう労働者を就業させ、若しくはそれらの者の雇用の継続等を図るための制度の利用を不当に制限したこと又は妊娠したこと、出産したこと若しくはそれらの制度の利用の申出をし、若しくは利用をしたこと等を理由として不利益な取扱いをしたため離職した者	下記の①～③のいずれかに該当したため離職した場合が該当。 ①育児・介護休業法の規定に基づき、育児休業、介護休業、看護休暇、介護休暇の申出をしたが、正当な理由なく拒まれたため、休業開始予定日までに休業又は休暇を取得できなかった場合 ②妊娠・出産をしたこと、産前休業を請求し、又は産前産後休業をしたこと、並びに育児休業、介護休業、看護休暇、介護休暇の申出又は取得したことを理由とする不利益取扱いを受けた場合 ③事業主が、育児・介護休業法、労働基準法、雇用の分野における男女の均等な機会及び待遇の確保等に関する法律(船員については、船員法を含む。)の労働者保護法令(一定のものに限る。)に違反し、又は措置されなかった場合
(7)事業主が労働者の職種転換等に際して、当該労働者の職業生活の継続のために必要な配慮を行なっていないため離職した者	①採用時に特定の職種を遂行するために採用されることが労働契約上明示されていた者について、当該職種と別の職種を遂行することとされ、かつ、当該職種の転換に伴い賃金が低下することとなり、職種転換が通知され(職種転換の1年前以内に限る)、職種転換直後(概ね3カ月以内)までに離職した場合が該当。この場合の「賃金」とは、毎月の決まって固定的に支給される賃金(残業手当など業務の繁閑により支給額が変動するもの等を除いたもの)をいう。 【証拠となる資料】採用時の労働契約書、職種転換・配置転換の辞令(写)、賃金台帳など ②採用時に特定の職種を遂行することが明示されていなかった者であって一定期間(10年以上)同一の職種に就いていたものについては、職種転換に際し、事業主が十分な教育訓練を行なわなかったことにより、労働者が専門の知識に発揮できる機会を失い、新たな職種に適応することが困難なため離職した場合が該当。したがって、事業主が職種を遂行する上で必要な教育訓練を実施し、同職種に他の職種より転換した者が適応できている場合においては、原則として、この基準に該当しない。 【証拠となる資料】採用時の労働契約書、配置転換の辞令(写)など ③労働契約上、勤務場所が特定されていた場合に遠隔地(通常の交通機関を利用して通勤した場合に概ね往復4時間以上要する場合。④において同じ)に転勤(在籍出向を含む)を命じられ、これに応じることができないため離職した場合が該当。 【証拠となる資料】採用時の労働契約書、転勤の辞令(写)など ④権利濫用に当たるような事業主の配転命令がなされた場合 家族的事情(常時本人の介護を必要とする親族の疾病、負傷等の事情がある場合をいう)を抱える労働者が、遠隔地に転勤を命ぜられたため離職した場合等が該当。 【証拠となる資料】転勤の辞令(写)など

（74ページに続く）

（73ページからの続き）

特定受給資格者と認められる要件	具体的な解釈
(8)期間の定めのある労働契約の更新により3年以上引き続き雇用されるに至った場合において当該労働契約が更新されないこととなったことにより離職した者	期間の定めがある労働契約が更新され、雇用された時点から継続して3年以上雇用されている場合であり、かつ、労働契約の更新を労働者が希望していたにもかかわらず、契約更新がなされなかった場合に離職した場合が該当。なお、定年退職後の再雇用時に契約更新の上限が定められている場合などあらかじめ定められていた再雇用期限の到来に伴い離職した場合はこの基準には該当しない。 なお、上記の「継続して3年以上雇用されている場合」について、派遣労働者の方で、派遣就業と派遣先での直接雇用を繰り返すことについて派遣元が積極的に関与するなど一定の要件を満たす場合は、派遣先で直接雇用されていた期間も含める場合がある。 また、定年後の継続雇用を希望していたにもかかわらず、就業規則に定める解雇事由又は退職事由（年齢に係るものを除く。以下同じ）に該当したため60歳以上65歳未満の定年により離職した場合が該当（解雇事由又は退職事由と同一の事由として就業規則又は労使協定に定める「継続雇用しないことができる事由」に該当して離職した場合を含む）。 【証拠となる資料】労働契約書、雇入通知書、就業規則、契約更新の通知書、タイムカードなど
(9)期間の定めのある労働契約の締結に際し当該労働契約が更新されることが明示された場合において当該労働契約が更新されないこととなったことにより離職した者（上記(7)に該当する者を除く）	期間の定めのある労働契約の締結に際し、当該契約の更新又は延長を行なう旨が雇入通知書等により明示されている場合（労使で契約を更新又は延長することについて確約がある場合）であり、かつ、労働契約の更新を労働者が希望していたにもかかわらず、契約更新がなされなかった場合に離職した場合が該当。 なお、労働契約において、契約更新条項が「契約を更新する場合がある」とされている場合など、契約更新に条件が付されているときは、ここでいう契約更新の明示（契約更新の確約）があるとはいえないので、この基準に該当しない。 【証拠となる資料】労働契約書、雇入通知書、就業規則など
(10)上司、同僚等からの故意の排斥又は著しい冷遇もしくは嫌がらせを受けたことによって離職した者	①上司、同僚等の「故意」の排斥又は著しい冷遇もしくは嫌がらせを繰り返し受けたことにより離職した場合が該当。 例えば、特定個人を対象とした配置転換又は給与体系等の変更が行なわれた場合が該当。 管理者が、部下の職務上の失態があった場合等に注意、叱責することは通常起こり得ることから、そのことだけをもってはこの基準に該当しない。 【証拠となる資料】特定個人を対象とする配置転換、給与体系等の変更があった場合には、配置転換の辞令（写）、就業規則、労働契約書、賃金台帳など ②事業主が男女雇用機会均等法第11条に規定する職場におけるセクシュアル･ハラスメント（以下「セクハラ」という）の事実を把握していながら、雇用管理上の措置を講じなかった場合に離職した場合が該当。 この基準は、当該労働者が事業主（又は人事担当者）、雇用均等室等の公的機関にセクハラの相談を行なっていたにもかかわらず、一定期間（概ね1カ月）経過後においても、事業主が雇用継続を図る上での必要な改善措置を講じなかったため離職した場合が該当。 その他、事業主が直接の当事者であり離職した場合や対価型セクハラに該当するような配置転換、降格、減給等の事実があり離職した場合も該当。 ただし、視覚型セクハラ（事業所にヌードポスター等を掲示し、女性従業員が苦痛に感じて業務に専念できないこと）については、例えば「隣の席の上司が、自分ひとりに繰り返し卑わいな写真を見せて反応を見て喜んでおり、同僚に相談しても信じてもらえない」ような特定の労働者を対象とするものを除き、それにより離職を決意するに至るとは通常考えられないことから、原則として、この基準に該当しない。
(11)事業主から直接もしくは間接に退職するよう勧奨を受けたことにより離職した者（従来から恒常的に設けられている「早期退職優遇制度」等に応募して離職した場合は、これに該当しない）	①企業整備における人員整理等に伴う退職勧奨など退職勧奨が事業主（又は人事担当者）より行なわれ離職した場合が該当。 ②希望退職募集（希望退職募集の名称を問わず、人員整理を目的とし、措置が導入された時期が離職者の離職前1年以内であり、かつ、当該希望退職の募集期間が3カ月以内であるものに限る）への応募に伴い離職した場合が該当。 【証拠となる資料】希望退職募集要綱、離職者の応募事実がわかる資料など
(12)事業所において使用者の責めに帰すべき事由により行なわれた休業が引き続き3カ月以上となったことにより離職した者	経済情勢の変動その他により正常な事業活動を継続することが困難となった場合に、一時的に全日休業し、規定により休業手当の支払が3カ月以上連続していた場合に該当。ただし、休業手当の支給が終了し、通常の賃金支払がなされるようになってから離職した場合はこの基準に該当しない。 【証拠となる資料】賃金台帳、給与明細書など
(13)事業所の業務が法令に違反したため離職した者	事業所が法令違反の製品を製造し、あるいは販売する等被保険者の就職当時の事業内容と相違し、又は、その製品の製造、あるいは販売を禁止する法令が新たに公布されたにもかかわらず、従来どおりの製造、あるいは販売を継続している等、事業所の業務が法令に違反した場合であり、当該法令違反の事実を知った後、3カ月以内に離職した場合が該当。なお、事業所において製造する製品が品質管理上の問題があった場合等はこの基準には該当しない。 【証拠となる資料】事業主の業務が法令に違反した事実がわかる資料

4章

1日も早く失業保険をもらうための「受給手続き」のコツ

26 受給手続きに必要な書類とは？

会社を辞めたら、誰でもちょっぴり不安に思うのが雇用保険の受給手続きでしょう。

「失業手当」をもらうには「とりあえず職安へ行けばいい」ということくらいわかっていても、手続きに必要な書類さえ定かでなく、職安ではどんな対応が待っているのかわからずにオロオロする人も少なくないはずです。

そんな不安いっぱいの初体験をラクラクこなすために、この章では、「受給までの手続きのやり方・手順」について詳しく解説しておきます。

まず、真っ先に知っておきたいのは、手続きに必要な書類についてです。国から何がしかのゼニをもらうわけですから、「雇用保険に加入していたことを証明する書類」はもちろん、「在職中にもらっていた給料の額や退職理由がわかる書類」も必要です。

会社を辞めるときには、それらの書類をしっかり確保しておかないと退社後すぐに手続きに行けませんので、何と何が必要なのかを知って事前にチェックしておくべき。

そこで、失業手当受給手続きに必要な書類アイテムを以下にあげておきましょう。

①雇用保険被保険者証

雇用保険に加入していたことを証明する書類がコレ（80ページ参照）。

氏名、生年月日はもちろん、被保険者番号や交付年月日、被保険者となった年月日、被保険者の種類のほか、働いている事業所名などが記載されています。

被保険者資格を確認するための書類で、受給手続きには直接必要ありませんが一応確保しておきたい書類です。

自分で保管していることもありますが、会社が保管している場合は、退職日に返却してくれるのが一般的です。もし自宅になければ、会社から返却してもらっているかどうか確認しておきましょう。

②離職票

失業手当をもらうにあたって〝ゼニのモト〟ともいえる書類が「**離職票**」です。

勤めていた会社は、退職者が出ると「この人は被保険者としての資格を喪失しましたよ」と、事業主用の書類を添えて職安に届け出ます。その手続きを経て職安から事業主経由で発行されるのが、この書類なのです。

退職後、会社がその手続きを職安で行なって初めて発行されるものですから、「雇用保険被保険者証」のように会社を辞めた当日にはもらえず、退職後だいたい1週間前後に、退職者の自宅に郵送されてくるのが一般的です。

会社サイドの手続きは、被保険者が退職した翌日から起算して10日以内にしなければならないと定められていますから、遅くともそのくらいまでには手元に届くはず。もし、会社がグズグズしていたら、一刻も早く送ってくれるよう催促しましょう。

離職票は、次のように**【離職票1】**と**【離職票2】**の2枚に分かれています。

【離職票1】

「**被保険者資格喪失確認通知書**」（**被保険者通知用**）と題された書類です（81ページ参照）。

被保険者番号や離職者氏名、事業所名、離職年月日、生年月日など、基礎的なデータが記載されています。「個人番号」（マイナンバー）欄だけは来所時に自分で記入するようになっています。

また、この書類には、失業手当を振り込んでほしい口座がある金融機関の確認印を押してもらう欄がありますが、手続き当日に、振り込んでほしい金融機関の通帳（本人名義）を持参すれば、事前に、この確認印をもらっておく必要はありません。

【離職票2】

退職理由や退職前6カ月間の給料の額などが記載されています。ここに記載された内容をもとに基本手当日額や所定給付日数が決まります（82・83ページ参照）。

この書類は、会社が職安に提出する際に、事前に離職者に見せて署名捺印をもらうようになっています。そのときに、「〝退職理由〟および〝各月の給料の額〟（手取額ではなく各種手当を含んだ額）に間違いがないかどうか」などをしっかりと確認しておきましょう。

希望退職に応じたので、自分では当然「会社都合扱いの退職」だと思っていたら、この書類で「転職希望」とされていたり、また、給料の額に一部の手当が反映されていないといったこともありえますので油断は禁物です。

もしそれらが事実と違っていたら、内容の確認を求められたときに、この書類にその旨をしっかり書いておきましょう。

なお、「**休業補償**」や「**解雇予告手当**」はここに記

載される「賃金」には含まれません（たとえば、11月に解雇されて、12月分の解雇予告手当をもらった場合、その分はこの書類の賃金欄には記載されないことになっています）。

③そのほか自分で用意するもの

職安へは、以上の雇用保険関係書類のほかにも、以下のものも持っていきます。

(1)　個人番号確認書類（いずれか1種類）

マイナンバーカード、通知カード、個人番号の記載のある住民票（住民票記載事項証明書）

(2)　本人確認書類

・運転免許証、運転経歴証明書、マイナンバーカード、官公署が発行した身分証明書・資格証明書（写真付き）などのうち、いずれか1種類

・または、公的医療保険の被保険者証、年金手帳、児童扶養手当証書などのうち2種類（コピー不可）

(3)　写真2枚

手続きをした後でもらう「雇用保険受給資格証」に貼るための写真も提出します。サイズは「タテ3センチ×ヨコ2・5センチ」で、正面上半身が写ったものが2枚必要です。

(4)　印鑑

実印でなくてもよく、認め印でOK（スタンプ印は不可）です。以後も職安に行くときは必携です。

(5)　預金通帳またはキャッシュカード

失業手当の振り込みを希望する金融機関の支店名や口座番号が必要になるケースもありますので本人名義の預金通帳またはキャッシュカードを持っていきましょう（インターネットバンクや外資系銀行は不可の場合もあり）。

<キリトリ>

雇用保険被保険者資格取得等確認通知書
（被保険者通知用）

足立　公共職業安定所長

被保険者番号	確認（受理）通知年月日	資格取得年月日	取得時被保険者種類
			（1又は9 一般 4又は5 高年齢 2又は3 短期）

被保険者氏名　　生年月日（元号－年月日）（2 大正 3 昭和 4 平成）

事業所名略称　　転勤の年月日

様式第7号

雇用保険被保険者証

足立　公共職業安定所長

被保険者番号

被保険者氏名　　生年月日（元号－年月日）（2 大正 3 昭和 4 平成）

注　意

1　この被保険者証は、新たに他の事業主に雇用され雇用保険の被保険者となったときは、必ず新たに勤務することとなった事業所に提示しなければならないものであるから、大切に保管すること。
2　この被保険者証を滅失し、又は損傷したときは、公共職業安定所に申請して再交付を受けること。
3　被保険者証は、二重に交付を受けると、不利な扱いとなることもあるので、二重に交付を受けることのないように注意すること。
4　この被保険者証は、氏名を変更したときには、事業主（失業等給付を受けている期間中の場合は公共職業安定所又は地方運輸局の長）に提出すること。
5　失業して失業等給付を受けようとする場合（離職時においては妊娠、出産、育児、疾病、負傷、親族の看護等の理由により一定期間職業に就くことができない場合及び６０歳以上の定年等による離職後一定期間求職申込みをしないことを希望する場合であって、その後に失業等給付を受けようとするときを含む。）は、離職後速やかに事業主を通じて公共職業安定所より離職票の交付を受けること。
　失業等給付を受ける場合の具体的手続については、離職票の第２面を参照すること。

注　意

1　この被保険者資格取得等確認等通知書は、資格取得年月日等を通知するものである。
2　被保険者となったことの確認に係る処分に不服のあるときは、この処分のあったことを知った日の翌日から起算して６０日以内にこの処分を行った公共職業安定所の所在地を管轄する都道府県労働局雇用保険審査官（以下「審査官」という。）に対して審査請求をすることができる。
3　審査請求に対する審査官の決定に不服がある場合には、決定書の謄本が送付された日の翌日から起算して６０日以内に労働保険審査会（以下「審査会」という。）に対して再審査請求をすることができる。ただし、審査請求をした日から３箇月を経過しても決定がないときは、決定を経ないで審査会に対して再審査請求をすることができる。
4　この処分に対する取消訴訟は、この処分についての再審査請求に対する裁決を経た後に、国を被告として（訴訟において国を代表する者は法務大臣となる。）審査会の裁決があったことを知った日の翌日から起算して６箇月以内に提起することができる（裁決があった日から１年を経過した場合を除く。）。
　ただし、(1) 再審査請求をした日から３箇月を経過しても裁決がないとき、(2) 再審査請求についての裁決を経ることにより生じる著しい損害を避けるため緊急の必要があるときその他その裁決を経ないことにつき正当な理由があるとき、のいずれかに該当するときは、裁決を経ないで取消訴訟を提起することができる。また、(1) 処分、処分の執行又は手続の進行により生ずる著しい損害を避けるため緊急の必要があるとき、(2) その他審査官の決定及び審査会の裁決を経ないことにつき正当な理由があるとき、のいずれかに該当するときは、審査官の決定及び審査会の裁決を経ないで取消訴訟を提起することができる。

様式第6号(1)
交付番号　（　　）
交付年月日　290104

雇用保険被保険者　離職票－1
資格喪失確認通知書（被保険者通知用）

99-99999999　（短）

（なるべく折り曲げないようにし、やむをえない場合には折り曲げマーク（▶）の所で折り曲げてください。）

帳票種別　14200

1. 被保険者番号　4800-010566-2
2. 資格取得年月日　4-190401
3. 離職年月日　4-281231
4. 被保険者種類　1（1又は9 一般　4又は5 高年齢　2又は3 短期　11 高年齢（65歳以上））
5. 再交付表示　（1 再交付）

離職者氏名　コヨウ　タロウ
性別　1（1 男　2 女）
生年月日（元号－年月日）　4 010416（2 大正　3 昭和　4 平成）
喪失原因　2（1 離職以外の理由　2 3以外の離職　3 事業主の都合による離職）
離職票交付希望　1（1 有　2 無）

事業所番号　4801-001186-9
管轄区分　0
事業所名略称　労働市場センター株式会社
産業分類　37　通信業

6. 個人番号
7. 番号複数取得チェック不要（チェック・リストが出力されたが、調査の結果、同一人でなかった場合に「1」を記入。）
8. 住居所管轄安定所

※9. 求職申込年月日　4-　　元号　年　月　日
受給資格等決定年月日
10. 認定日（一般）
11. 認定予定月日（高年齢・短期）　月　日

個人番号はハローワークに来所してから、窓口で申請者本人が記入してください。

12. 賃金日額（区分－日額又は総額）　円
区分（1 日額　2 総額）
…に係る対象者区分（1～6）
14. 離職理由
15. 求職番号

16. 特殊表示区分又は激甚指定期限年月日
17. 金融機関・店舗コード
口座番号

18. 支払区分（0 抹消　1 安定所現金払　2 安定所送金払　3 労働局送金払）
19. 区分－氏名（カナ）　区分（空欄 分かち書き　1 氏名変更）

備考　離職時年齢　27歳
支払方法は未登録です。

公共職業安定所長　（公共職業安定所長印）

※ 所属長　次長　課長　係長　係　操作者

基本手当日額（　　）円
所定給付日数（　　）日
支給番号（　　）

（この用紙は、このまま機械で処理しますので、汚さないようにしてください。）

求職者給付等払渡希望金融機関指定届　（切り取らないでください。）

届出者	フリガナ	コヨウ　タロウ
	1 氏名	雇用　太郎
	2 住所又は居所	富士吉田市竜ヶ丘2－4－3
払渡希望金融機関	フリガナ	
	3 名称	○○銀行　本店／支店
	4 銀行等（ゆうちょ銀行以外）	口座番号　（普通）　1234567
	5 ゆうちょ銀行	記号番号　（総合）　－

金融機関による確認印

◆金融機関へのお願い
雇用保険の失業等給付金を受給者の金融機関口座へ迅速かつ正確に振り込むため、下記のことについて御協力をお願いします。
1　上記届出者に記載された事項のうち「1氏名」欄、「3名称」欄及び「4銀行等（ゆうちょ銀行以外）」の「口座番号」欄（「5ゆうちょ銀行」の「記号番号」欄）を確認した上「金融機関による確認印」欄に貴金融機関確認印を押印してください。
2　金融機関コード・店舗コードを記入してください（ゆうちょ銀行の場合を除く。）。

金融機関コード　店舗コード

▲退職後およそ1週間から遅くとも10日までには自宅に郵送されてくるので、職安で受給手続きをする際に提出する。「求職者給付等払渡希望金融機関指定届」の部分に失業手当を振り込んでほしい金融機関の口座番号などを書き込んだうえ、その通帳を手続き時に持参する。

⑦**離職理由欄**…離職者の方は、主たる離職理由が該当する理由を1つ選択し、左の離職者記入欄の□の中に○印を記入の上、下の具体的事情記載欄に具体的事情を記載してください。

【離職理由は所定給付日数・給付制限の有無に影響を与える場合があり、適正に記載してください。】

事業主記入欄 ｜ 離職者記入欄 ｜ 離職理由 ｜ ※離職区分

1　事業所の倒産等によるもの
□ □…（1）倒産手続開始、手形取引停止による離職
□ □…（2）事業所の廃止又は事業活動停止後事業再開の見込みがないため離職
2　定年によるもの
□ □…定年による離職（定年　　歳）
定年後の継続雇用 { を希望していた（以下のaからcまでのいずれかを1つ選択してください） / を希望していなかった
a　就業規則に定める解雇事由又は退職事由（年齢に係るものを除く。以下同じ。）に該当したため（解雇事由又は退職事由と同一の事由として就業規則又は労使協定に定める「継続雇用しないことができる事由」に該当して離職した場合も含む。）
b　平成25年3月31日以前に労使協定により定めた継続雇用制度の対象となる高年齢者に係る基準に該当しなかったため
c　その他（具体的理由：　　）
3　労働契約期間満了等によるもの
□ □…（1）採用又は定年後の再雇用時等にあらかじめ定められた雇用期限到来による離職
□ □…（2）労働契約期間満了による離職
①　下記②以外の労働者
（1回の契約期間　　箇月、通算契約期間　　箇月、契約更新回数　　回）
（契約を更新又は延長することの確約・合意の　有・無（更新又は延長しない旨の明示の　有・無））
（直前の契約更新時に雇止め通知の　有・無）
労働者から契約の更新又は延長 { を希望する旨の申出があった / を希望しない旨の申出があった / の希望に関する申出はなかった
【契約の更新又は延長の希望の　有・無】
②　労働者派遣事業に雇用される派遣労働者のうち常時雇用される労働者以外の者
（1回の契約期間　　箇月、通算契約期間　　箇月、契約更新回数　　回）
（契約を更新又は延長することの確約・合意の　有・無（更新又は延長しない旨の明示の　有・無））
労働者から契約の更新又は延長 { を希望する旨の申出があった / を希望しない旨の申出があった / の希望に関する申出はなかった
a　労働者が適用基準に該当する派遣就業の指示を拒否したことによる場合
b　事業主が適用基準に該当する派遣就業の指示を行わなかったことによる場合（指示した派遣就業が取りやめになったことによる場合を含む。）
（aに該当する場合は、更に下記の5のうち、該当する主たる離職理由を更に1つ選択し、○印を記入してください。該当するものがない場合は下記の6に○印を記入した上、具体的な理由を記載してください。）
【契約の更新又は延長の希望の　有・無】
□ □…（3）早期退職優遇制度、選択定年制度等により離職
□ □…（4）移籍出向
4　事業主からの働きかけによるもの
□ □…（1）解雇（重責解雇を除く。）
□ □…（2）重責解雇（労働者の責めに帰すべき重大な理由による解雇）
（3）希望退職の募集又は退職勧奨
□ □……①　事業の縮小又は一部休廃止に伴う人員整理を行うためのもの
□ □……②　その他（理由を具体的に　　）
5　労働者の判断によるもの
（1）職場における事情による離職
□ □……①　労働条件に係る問題（賃金低下、賃金遅配、時間外労働、採用条件との相違等）があったと労働者が判断したため
□ □……②　事業主又は他の労働者から就業環境が著しく害されるような言動（故意の排斥、嫌がらせ等）を受けたと労働者が判断したため
□ □……③　妊娠、出産、育児休業、介護休業等に係る問題（休業等の申出拒否、妊娠、出産、休業等を理由とする不利益取扱い）があったと労働者が判断したため
□ □……④　事業所での大規模な人員整理があったことを考慮した離職
□ □……⑤　職種転換等に適応することが困難であったため（教育訓練の　有・無）
□ □……⑥　事業所移転により通勤困難となった（なる）ため（旧（新）所在地：　　）
□ □……⑦　その他（理由を具体的に　　）
○……（2）労働者の個人的な事情による離職（一身上の都合、転職希望等）
□……①　職務に耐えられない体調不良、けが等があったため
□……②　妊娠、出産、育児等のため
□……③　家庭の事情の急変（父母の扶養、親族の介護等）があったため
□……④　配偶者等との別居生活が継続困難となったため
□……⑤　転居等により通勤困難となったため（新住所：　　）
○……⑥　その他（理由を具体的に　転職希望による自己都合退職　）
□ □…6　その他（1－5のいずれにも該当しない場合）
（理由を具体的に　　）

※離職区分：1A　1B　2A　2B　2C　2D　2E　3A　3B　3C　3D　(4D)　5E　／　1A　1B　2A　2B　2C　2D　2E　3A　3B　3C　3D　4D　5E

具体的事情記載欄（事業主用）　自己都合による退職

具体的事情記載欄（離職者用）　事業主が記載した内容に異議がない場合は「同上」と記載してください。
同上

⑯**離職者本人の判断**（○で囲むこと）
事業主が○を付けた離職理由に異議　有り・(無し)

⑰　⑦欄の自ら記載した事項に間違いがないことを認めます。
記名押印又は自筆による署名（離職者氏名）　雇用　太郎　（印：雇用）

◀退職後に「離職表1」とともに自宅に郵送されてくるが、それ以前（退職直前）に会社から内容の確認を求められるので、そのときに「賃金支払状況」や「離職理由」などに間違いがないかをしっかりと確認したうえで、⑮と⑯の欄に記入する。また、離職理由に異議がある場合は、職安へ手続きに行くときに「具体的事情記載欄（離職者用）」に事情を書き込み、⑰欄に署名捺印する。

①通常の会社都合扱い→1A、1B、2A、2B、3A、3B　②会社都合扱いだが、所定給付日数優遇は期間限定（平成34年3月末まで）→2C　③給付制限のつかない「正当な理由あり」退職扱い→2D、3C、3D、2E　④自己都合退職扱い→4D、5E

様式第6号（2）

雇用保険被保険者離職票－2

①被保険者番号	4800-010566-2	③フリガナ	コヨウ　タロウ	④離職年月日	平成 28年 12月 3
②事業所番号	4801-001186-9	離職者氏名	雇用　太郎		

⑤ 名称	労働市場センター株式会社	⑥ 離職者の住所又は居所	〒403-0014
事業所所在地	東京都千代田区霞が関1-2-1		富士吉田市竜ヶ丘2-4-3
電話番号	03-5253-1111		電話番号（0555）23 －8609

事業主 住所 東京都練馬区上石神井4-8-4 氏名 労働市場センター株式会社 代表取締役　労働　邦一	※ 平成29年 1月 4日付で交付した離職票－1（交付番号987654321番）に係る賃金支払状況である。 センター 公共職業安定所長 印

離職の日以前の賃金支払状況等

⑧被保険者期間算定対象期間 Ⓐ一般被保険者等 離職日の翌日 月 日	Ⓑ短期雇用特例被保険者	⑨⑧の期間における賃金支払基礎日数	⑩賃金支払対象期間	⑪⑩の基礎日数	⑫賃金額 Ⓐ	Ⓑ	計	⑬備考
12月 1日～離職日	離職日	31日	12月21日～離職日	11日	95,000			
11月 1日～11月30日	月	30日	11月21日～12月20日	30日	200,000			
10月 1日～10月31日	月	31日	10月21日～11月20日	31日	200,000			
9月 1日～9月30日	月	30日	9月21日～10月20日	30日	200,000			
8月 1日～8月31日	月	31日	8月21日～9月20日	31日	200,000			
7月 1日～7月31日	月	31日	7月21日～8月20日	31日	200,000			
6月 1日～6月30日	月	30日	6月21日～7月20日	30日	200,000			
5月 1日～5月31日	月	31日	月 日～ 月 日	日				
4月 1日～4月30日	月	30日	月 日～ 月 日	日				
3月 1日～3月31日	月	31日	月 日～ 月 日	日				
2月 1日～2月28日	月	28日	月 日～ 月 日	日				
1月 1日～1月31日	月	31日	月 日～ 月 日	日				
月 日～ 月 日	月	日	月 日～ 月 日	日				

⑭賃金に関する特記事項

※公共職業安定所記載欄　⑮欄の記載 有・無　⑯欄の記載 有・無　資・聴

⑮この証明書の記載内容（⑦欄を除く）は相違ないと認めます。（記名押印又は自筆による署名）

（離職者氏名）　印

<注>

注意

1. 基本手当は受給資格者が、高年齢求職者給付金は高年齢受給資格者が、特例一時金は特例受給資格者が、それぞれ労働の意思及び能力を有するにもかかわらず職業に就くことができないときに支給されるものであること。
2. 基本手当、高年齢求職者給付金又は特例一時金の支給を受けようとするときは、住所又は居所を管轄する公共職業安定所又は地方運輸局に出頭し、求職の申込みをした上、この離職票－2及び離職票－1（別紙）を提出すること。
3. 基本手当、高年齢求職者給付金又は特例一時金の支給を受けないときでも、後日必要な場合があるから、少なくとも4年間は大切に保管すること。
4. この離職票－2を滅失し、又は損傷したときは、交付を受けた公共職業安定所に申し出ること。

※基本手当、高年齢求職者給付金又は特例一時金の受給手続を取られる方は、裏面のⅡ「支給を受けるための手続等」をご覧ください。

【注】⑮の欄が退職直前に会社で署名捺印を求められる事業主控などにはあるが、退職後送られてくる「離職表2」にはない

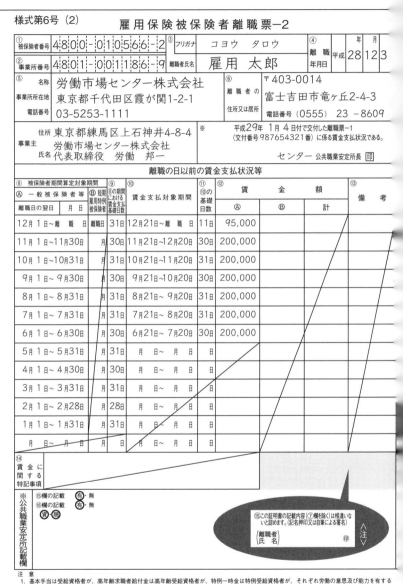

■ 退職理由別・処遇一覧

離職票記号	退職するに至った事情	退職理由	受給者区分	給付制限解除	所定給付日数割増	6カ月で受給資格獲得	受給資格者証記載コード※3
1A	解雇(1B及び5Eに該当するものを除く)	会社都合	特定受給資格者	○	○	○	11
1B	天災その他やむを得ない理由により事業の継続が不可能になったことによる解雇	会社都合	特定受給資格者	○	○	○	12
2A	特定雇止めによる離職(3年以上勤務・会社が更新拒否)	会社都合	特定受給資格者	○	○	○	21
2B	特定雇止めによる離職(3年未満勤務・更新約束あったが履行されず)	会社都合	特定受給資格者	○	○	○	22
2C	特定理由の契約期間満了による離職(3年未満勤務・更新約束なし・本人更新希望)	暫定的※1会社都合	特定理由離職者	○	○※1	○	23
2D	契約期間満了による退職(本人が更新を希望せず)	正当理由		○	×	×	24
2E	定年、移籍出向			○	×		25
3A	事業主からの働きかけによる正当な理由のある自己都合退職	会社都合	特定受給資格者	○	○	○	31
3B	事業所移転に伴う正当理由のある自己都合退職	会社都合	特定受給資格者	○	○	○	32
3C	正当な理由のある自己都合退職(被保険者期間が12カ月以上)	自己都合	特定理由離職者	○	×		33
3D	特定の正当な理由のある自己都合退職(被保険者期間6月以上12月未満)	自己都合	特定理由離職者	○	○	○	34
4D	正当な理由のない自己都合退職	自己都合		×	×	×	40
5E	被保険者の責めに帰すべき重大な理由による解雇	自己都合		×	×	×	50

※1　2025年3月31日まで
※2　国民健康保険料の免除は、2D、4D、5Eのみ対象外
※3　97ページ「雇用保険受給資格者証」の12「離職理由」のコード

27 手続きをしても受給できない3つのケースとは?

手続きに必要な書類がすべてそろったら、一刻も早く職安へ行くのが鉄則です。

のんびりしていて、職安で最初の手続きをするのが遅くなってしまうと、それだけ「基本手当の支給日」もどんどん後にズレて、無収入期間が長くなってしまいます。

また、「**受給期間**」(失業手当がもらえる有効期限)が、原則として「会社を退職した翌日から起算して1年間」と決まっています。それをすぎるといくら未支給の所定給付日数がたくさん残っていても、その時点で受給権は消滅してしまいます。

会社都合で所定給付日数が330日ある人などは、ウカウカしていると期限の1年をすぎて、所定給付日数分の失業手当をもらえなくなってしまう可能性もあります。

なお、次にあげたようなケースの人は、手続きをしても「失業の状態にはない」とみなされて、基本手当を受給できません。

(1) 退職後しばらくは働かずに、のんびりすごすつもりでいる人

(2) ケガや病気の治療中(妊娠中でこれから出産する人も)ですぐに働けない人

(3) 退職後にすぐアルバイトを始めてしまった人

失業手当をもらえるのは、「失業の状態」にあることが前提ですので、(1)のように「働く意志のない人」や、(2)のように「いつでも就職できる能力がない人」

は理論的には受給できないわけです。

また、⑶については、アルバイトを辞めてからなら当然のことながら受給できます。

「定年退職して、しばらくは仕事をせずに充電したい人」や「ケガ・病気の治療中の人」、「現在妊娠していて、これから出産を控えている人（30日以上職に就くことができない場合）」などは、「**受給期間の延長申請**」をしておきましょう。

そうすれば、退職の翌日から1年をすぎても、就職できるようになってから、改めて手続きをして、失業手当を受給できるようになります。

延長できるのは、病気・ケガの治療や出産の場合は最長3年間、定年退職者は最長1年間となります。

原則として、手続きは働けない期間が30日経過した日の翌日から1カ月以内（定年退職は退職日の翌日から2カ月以内）にしなければなりません（※）。

離職票と延長理由を確認できる書類、印鑑を持って職安に行けば、「**受給期間延長申請書**」（87ページ参照）の書き方を教えてくれます。

では、必要書類を持って手続きをするには、どこの職安に行けばいいのでしょうか？

会社で雇用保険に加入していたのだから、会社の所在地を管轄する職安と思うかもしれませんが、離職者が手続きをするのは、あくまで自分の住所地を管轄している職安です。

電話帳や電話番号案内で自分の住んでいる市区町村にある職安を調べて所在地を確認しておきましょう。

なお、職安窓口の受付時間は、土日祝日を除く平日の午前8時30分～午後5時15分までです（地域によっても異なるので要確認）。

午後よりも午前のほうがすいていますから、面倒な手続きを短時間ですませるには、朝イチで行くのが鉄則です。

※平成29年4月1日以降、妊娠、出産等の理由により引き続き30日以上職業に就くことができない場合、「1カ月以内に申請」のルールが撤廃され、受給期間の最後の日までの間であれば、申請が可能になりました。ただし、申請期間内であっても、申請が遅い場合は、受給期間延長を行なっても基本手当の所定給付日数のすべてを受給できない可能性がありますので、ご注意ください。

様式第16号

受給期間延長申請書

※帳票種別　10206

①安定所番号　□□□□□

②支給番号　□□－□□□□□□－□

③職業に就くことができない期間又は求職申込みをしない期間　理由
□□年□□月□□日－□□年□□月□□日－□

（1 妊娠・出産・育児
2 疾病・負傷
3 安定所長がやむをえないと認める理由
4 定年等）

1 申請者	氏名		性別	男・女
	住所又は居所	〒　（電話　）		
2 離職年月日		年　月　日		
3 被保険者番号				
4 支給番号				
5 この申請書を提出する理由		イ　妊娠、出産、育児、疾病、負傷等により職業に就くことができないため ロ　定年等の理由により離職し、一定期間求職の申込みをしないことを希望するため 具体的理由（　）		

6 職業に就くことができない期間又は求職の申込みをしないことを希望する期間	年　月　日から 年　月　日まで	※処理欄	年　月　日から 年　月　日まで
※延長後の受給期間満了年月日	年　月　日		
7 5のイの理由が疾病又は負傷の場合	傷病の名称		診療担当者

雇用保険法施行規則第31条第1項・第31条の3第1項の規定により上記のとおり申請します。
年　月　日
申請者氏名　㊞
公共職業安定所長　殿

備考	

※	所長	次長	課長	係長	係	操作者

28 職安初日の手続きは思ったよりカンタン？

準備万端整って、「いざ出陣！」とばかりに気合を入れて職安へ出かけたら、拍子抜けするかもしれません。職安での最初の手続き自体は意外にカンタンで、ごく短時間ですむからです（ただし、来所者が多いと、待ち時間は長くなるかも……）。

では、職安では何をどうすればいいのでしょうか？

職安では、書類を提出する前に「求職の申し込み」をするようになっています。

失業手当をもらうには、「積極的に就職する意志がある」ことが条件ですから、「仕事探してるんです」とただ口で説明するだけでは、その意志があるとは認めてもらえません。

そこで、失業手当をこれからもらう人については「私はいま、こういう条件の仕事を探しています」ということを職安に登録することが義務づけられています。

職安では求人がきているなかから、その人が登録した条件に近い職を探しては、そのつど求職者に紹介してくれるシステムになっているわけです。

手続きとしては、**「求職申込書」**（90ページ参照）という用紙に、職種、勤務地、月収、勤務時間、休日などについて、自分が希望する条件をひと通り書き込んでいきます。そうしたら次に、これを職業相談窓口へ提出して、窓口の係官と面接します。

書き込んだ条件が未経験の職種だったり、前職と比べて高すぎる月収を希望するなど、その人のキャリアから見て「いくら何でもそれはムリだろう」と思われるケースや、係官から「もう少し現実的な条件を」と指導されるケースもありますが、「口うるさくいわれるのでは……」などという心配はいりません。

最近はどこの職安でも押し寄せる大量の失業者への対応に追われていますから、ひとりの人にさける時間は極端に短くなっていて、面接といってもほんの形だけにすぎないのです。

この面接が終わったら、雇用保険窓口へ行って、持参した書類を提出するだけです。

このときに、「**離職票2**」で退職理由について「異議あり」とした人は係官に詳しい事情を必ず聞かれますので、「解雇のはずが、転職希望にされていた」などと説明してください（事前に離職表2に「具体的事情」を書いておく）。

また、正当な理由があってやむをえず退職した人なども、シッカリと異議を申し立てておきましょう。

事前にいいたいことを文書にまとめておいたり、証拠になりそうなものを用意しておくと、ただ口頭で事情を説明するだけよりも有利な判定を導きやすいのはいうまでもありません。

以上で初日の手続きは終了で、帰りには雇用保険制度についての説明や注意事項が記された「**受給資格者のしおり**」がわたされます。

しおりには、次に職安に来なければいけない「**受給説明会**」の日時も書かれていますので、その日時を忘れずに手帳にスケジューリングしておきましょう。

それから、せっかく職安へ足を運んだついでに、公共職業訓練のパンフレットをひと通りもらっておくことも忘れずに。

要領よくやりたいと思ったら、あらかじめ手続きに来る前に情報収集して志望のコースを絞り込んでおき、係官と面談したときに、いきなり「このコースに入りたいのですが」と聞いてみるといいでしょう。

求職申込書【表面】

受理日 □□□□□□ 年 月 日

21311

ハローワークからの連絡：可［複数選択可　自宅電話 □　携帯電話 ☑　FAX □　Eメール ☑　郵便 ☑］・否 □

公開希望：2

1欄 氏名	フリガナ	アシタ ユウキ
	漢字	明日 勇気
	生年月日	2［1 大正 2 昭和 3 平成］ 57年12月18日生
	性別	男 □・女 ☑
	年齢	28歳
	もより駅	［○○線 △△ 駅・バス停まで徒歩 10 分］
2欄 現住所	〒	000-0000
	住所	東京都○○区○○1-1-1▽▽アパート201号室
	マイカー通勤の希望あり	□
	電話	03-0000-0000（市外局番からご記入ください。（例 03-1234-5678））　呼出［　　］方
	FAX	電話番号に同じ　はい □・いいえ □
	携帯	090-1111-1111
	Eメール	携帯メールアドレスは不可［ashita-y@tomorrow.ne.jp］
3欄 就職についての希望等	希望する仕事	(1) 営業（旅行関係） (2) 営業事務
	希望勤務時間	8時30分～18時30分・時間不問 □ ［パートを希望の場合のみ記入］1日 □□ 時間程度　週 □ 日間程度
	希望就業形態	1［1フルタイム 2パート 3季節労働］
	正社員	希望あり ☑
	派遣	可 □・否 ☑
	請負	可 □・否 ☑
	希望休日	［月 □ 火 □ 水 □ 木 □ 金 □ 土 ☑ 日 ☑ 祝 ☑ 他 □］・不問 □
	週休二日制	毎週 ☑・隔週以上 □・不問 □
	希望勤務地	東京都区内（通勤 電車・マイカー・自転車・徒歩 60 分以内）
	転居の可否	可 ☑［単身 ☑ 家族共 □］・否 □
	希望月収（税込）	20 万円以上
	希望時間額	［パートを希望の場合のみ記入］□□□□□ 円以上
	条件・その他の希望	顧客に直接関われる仕事を希望 営業未経験なので、研修等指導が充実している会社だとよりよいです。
	配偶者	あり □・なし ☑
	扶養家族	0 人
	就業上留意を要する家族（乳幼児・要介護者等）	あり □［　　］・なし ☑
	仕事をする上で身体上注意する点	あり □［　　］・なし ☑
4欄 学歴		中学 □・高校 ☑・高専 □・短大 □・大学 □・大学院 □・その他［　　］　専攻科目［　　］　卒業・修了 ☑・中退 □・在学 □
	自動車免許（普通）	あり ☑［限定なし ☑・AT限定 □］・なし □
5欄 訓練等受講歴		訓練 □・専修・専門 ☑・各種 □　科目・内容：ビジネス科　受講期間：平成○○年～△△年
		訓練 □・専修・専門 □・各種 □　科目・内容：　受講期間：
	免許・資格・特技	普通自動二輪 日商簿記2級

6欄 経験した主な仕事（出来るだけ詳しくご記入ください。）

最近のものから記入（同一事業所であっても、仕事の内容が異なる場合はそれぞれ記入してください。）

職種	一般事務（直近平成22年11月まで）	期間 約 3 年 ヶ月間
内容	ショッピングセンターの派遣社員として、テナント管理に関する事務、営業アシスタントを担当 ・契約書作成、入店証管理、プレゼンテーション資料作成 他	
職種	営業事務（直近平成19年11月まで）	期間 約 3 年 ヶ月間
内容	アパレルメーカーの派遣社員として、営業事務を担当 ・営業アシスタント　・見積書、請求書作成　・経費精算 ・問い合わせ対応　・店内POP作成　他	
職種	（直近 年 月まで）	期間 約 年 ヶ月間
内容		

直近の勤務先

- 事業所名：［（株）☆☆スタッフ］
- 雇用・自営（雇用）
- 雇用形態：［派遣］
- 働いていた（いる）期間：平成19年12月～平成22年11月まで（既退職・在職中）（既退職）
- 退職（予定）の理由：［契約期間満了］
- 退職時（現在）の税込み月収：［18 万円］

どう書いていいかわからないところは空欄のままにして、とにかく窓口へ持っていけばOK

29 失業手当が振り込まれるまでに何日かかるの？

最初に職安で手続きをした日を「**受給資格決定日**」と呼びます。

「これで受給資格が決定したのだから、あとは失業手当が口座に振り込まれるのをじっと待つだけ」といいたいところですが、じつは支給まではまだいくつかのプロセスが残っています。

そこで、ざっと失業手当が振り込まれるまでのスケジュールを整理しておきましょう。

まず、職安で最初の手続きをして書類を提出すると、その時点で「受給資格」が決定しますが、その日から数えて7日間は「**待期**」といって失業手当が支給されない期間になります。

失業しても、もしこの間に再就職することができた人には失業手当は支給されない制度になっており、7日間はすべての受給者に課せられる〝待機期間〟なのです。

実質的には、この待期の7日間を失業状態ですごして初めて受給資格が発生し、待期満了の翌日からが支給対象となるわけです。

しかし、自己都合で退職した人には、さらにこの後、2カ月間※の「**給付制限**」が課せられます。

したがって、失業手当が支給されるのは、会社都合の人なら、「受給資格決定から4週間後」（実際に口座に振り込まれるのはさらに数日後）。

一方、自己都合の人では、「受給資格決定から約3カ月後」となってしまうわけです。

もちろん、どちらのケースもただ待っているだけでは支給されません。

会社都合の人も自己都合の人も、受給資格が決定したら7日間の待期満了後に設定される「**受給説明会**」（受給資格決定日から1～2週間後）に出席しないといけません。

また、「**失業認定日**」（会社都合の人は受給資格決定日から4週間後、自己都合の人はそれに加えて給付制限期間満了の翌日から1～3週間後にも設定）に職安に出頭して初めて、失業手当の支給が始まるのです。

その数日後にようやく、自分の口座に失業手当が振り込まれます。

以後も、「4週間ごとに設定されている失業認定日に出席するたびに、4週間分の失業手当が支給される」という流れです。

最初に振り込まれる分だけは、待期の7日間が不支給なので、原則として3週間分となりますが、場合によっては3週間分に満たないこともあります。

最初に支給される正確な失業手当の日数は、以下の計算で割り出すことができます。

(1) 会社都合の人――待期満了の翌日から最初の失業認定日の前日までの日数分

(2) 自己都合の人――給付制限満了の翌日から2回目の失業認定日の前日までの日数分

いずれにしろ、最初の支給までは、コツコツと就職活動を続けながら、ひたすら首を長くして失業手当の支給を待つしかないわけです。

【派遣社員は注意！】 かつて、派遣会社は、期間満了の1カ月後でないと、離職票を発行しない慣習があった（次の派遣先を探す努力をするため）。即時発行された場合でも、1カ月経過しないうちに受給手続きに行くと、3カ月の給付制限が課せられた。

ところが、平成21年3月31日以降、派遣会社は、**期間満了までに次の派遣先を紹介できなかった場合、すぐに離職票を発行することができるようになり、それを持ってすぐに受給手続きに行っても、給付制限は課せられなくなった**。ただし、派遣会社が期間満了までに次の派遣先を指示しているにもかかわらず、労働者がそれを拒否した場合には、給付制限は課せられる。

■ 失業手当をもらうまでのスケジュールは?

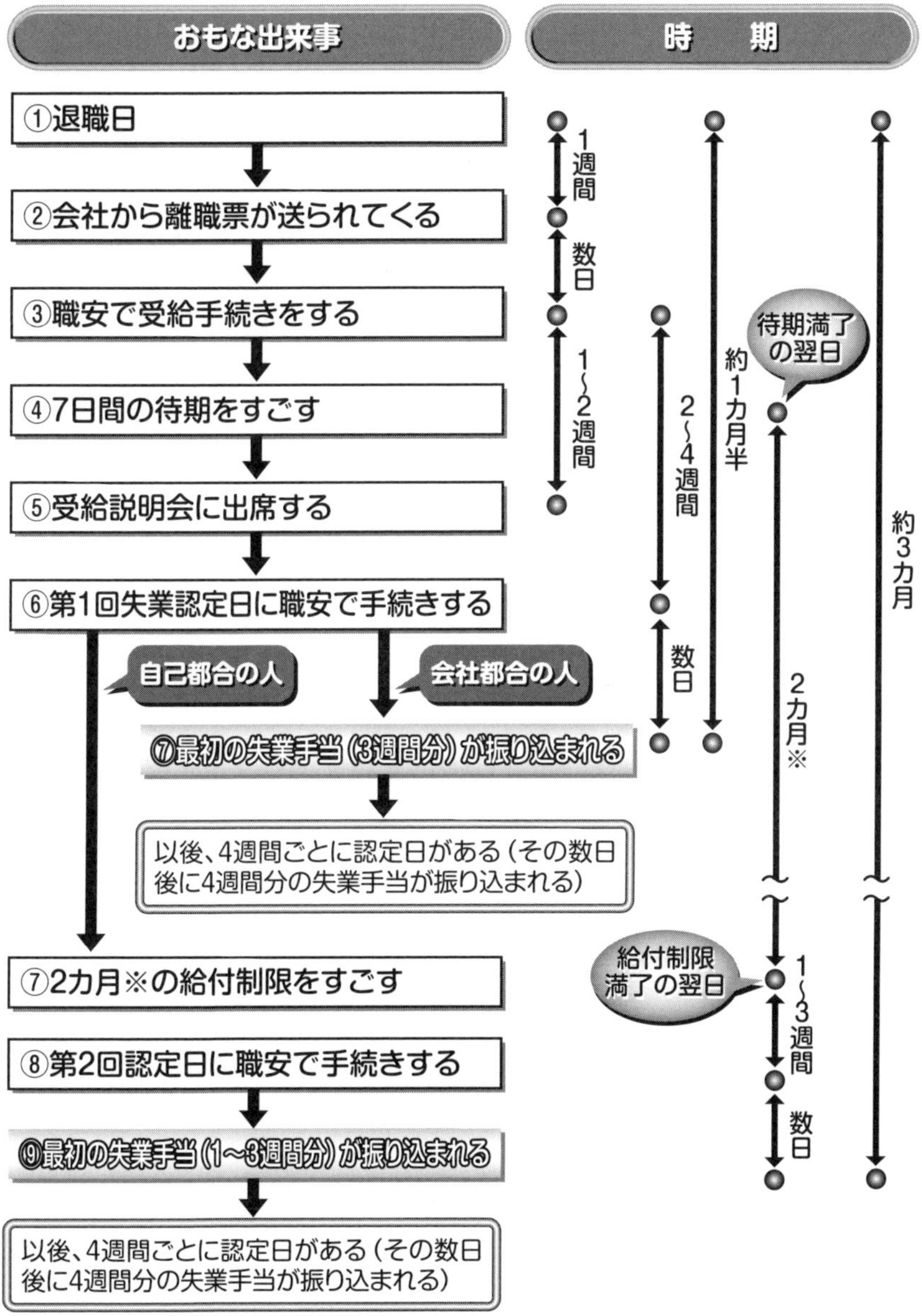
おもな出来事
時　期
①退職日
②会社から離職票が送られてくる
③職安で受給手続きをする
④7日間の待期をすごす
⑤受給説明会に出席する
⑥第1回失業認定日に職安で手続きする
自己都合の人
会社都合の人
⑦最初の失業手当（3週間分）が振り込まれる
以後、4週間ごとに認定日がある（その数日後に4週間分の失業手当が振り込まれる）
⑦2カ月※の給付制限をすごす
⑧第2回認定日に職安で手続きする
⑨最初の失業手当（1～3週間分）が振り込まれる
以後、4週間ごとに認定日がある（その数日後に4週間分の失業手当が振り込まれる）
1週間
数日
1～2週間
2～4週間
数日
約1カ月半
待期満了の翌日
2カ月※
給付制限満了の翌日
1～3週間
数日
約3カ月

※2020年9月30日までの離職者及び過去5年間に3度目以降の離職者の場合は3カ月

30 「受給説明会」でもらう2つの書類とは？

受給資格決定日の後、だいたい1週間から2週間後に設定されるのが「**受給説明会**」です。

〝失業新人〟を1カ所に集めて行なうガイダンスのことで、雇用保険制度の仕組みや受給についての注意事項のほか、職安提出用紙の書き方、公共職業訓練の受講などについての説明が行なわれます。

雰囲気としては自動車免許の更新のときに受ける講習のようなものなのですが、とくに「不正受給」について厳しく注意されるようです。

「職安に申告せずにアルバイトをすると、必ず発覚するシステムになっている」とか「もし無申告が発覚した場合には、支給した3倍の額を返還しなければならない」といった内容のビデオを見せられるケースもあります。

とはいえ、とりたてて面倒なことは何もなく、ようは指定された日時に出席すればいいだけのことで、係官との面談もなければ特別な手続きもありません。

このときに以下2つの書類がわたされます。

①雇用保険受給資格者証

失業手当の受給資格を証明する書類です。

退職した年月日、退職理由、基本手当日額、所定給付日数といった受給者に関する基本的なデータがすべてここに記載されていますから、これを見れば1日あたりいくらで、いつからいつまでもらえるかが一目瞭然です（96・97ページ参照）。

いわば、受給者としての〝免許証〟のようなもの。以後も認定日のたびに提示しなければいけませんので、なくさないように大切に保管しておきましょう。

②失業認定申告書

「待期満了の翌日から認定日の前日までの期間（2回目以後は認定日の翌日から次の認定日の前日までの期間）を、どのような活動をしてすごしたか」を職安へ報告するための書類です（98ページ参照）。

「期間中にアルバイトや内職をしたかどうか」（カレンダーにアルバイトをした日付には○印、内職は×印をする）、また「就職先を探したかどうか」や「どのような方法で就職先を探したか」「どこに応募したか」といった内容の質問に答えを記入しておき、次回の認定日のときに提出します。

失業手当をもらえるのは、「失業状態」にあった人だけですので、職安ではこの書類の記載内容をチェックすることによって「確かにこの人は失業状態にあった」と判定し、前日までの失業手当の支給を決定するわけです。

ちなみに、会社都合の人は、受給説明会に出席すると、残るは失業認定日だけですから、失業手当の支給まであと一息といったところでしょうか。

一方、自己都合の人は、まだ長い給付制限が続きますが、就職活動を根気よく続けながら、失業生活のペースを軌道にのせるようにしたいものです。

※一定以上の求職実績（求人への応募、就職セミナーの受講など）がないと失業手当は支給されませんのでご注意ください（詳しくは101ページ参照）。

■ 雇用保険受給資格者証の見方

◎表面

雇用保険受給資格者証　（第１面）

1. 支給番号	2. 氏名			
1	2			
3. 被保険者番号	4. 性別	5. 離職時年齢	6. 生年月日	7. 求職番号
3		5	6	

8. 住所又は居所
9. 支払方法（記号（口座）番号 - 金融機関名 - 支店名）
9

10. 資格取得年月日	11. 離職年月日	12. 離職理由
	11	12
13. 60歳到達時賃金日額	14. 離職時賃金日額	15. 給付制限
	14	15

16. 求職申込年月日	17. 認定日	18. 受給期間満了年月日
16	17	18
19. 基本手当日額	20. 所定給付日数	21. 通算被保険者期間
19	20	21
22. 離職前事業所名		
23. 再就職手当支給歴	24. 特殊表示（災害時、一括、巡相、市町村）	
23		

◎裏面

【離職理由　11、12、21、22、23、24、25、31、32、33、34の場合】

行数	処理月日	認定（支給）期間	日数	種類	支給金額	残日数	備考
1	0430	16-012345-6		コヨウ タロウ		次回認定日05月28日	
2		待期満了　待期満了日		280408			
3		280409-0429	21	基本手当	¥○○,○○○	69	
4							

「280409-0429」「21」とは、認定期間（平成28年4月9日～4月29日）と認定した支給日数（21日）です。

残っている支給日数です。

【離職理由　40、50の場合】（給付制限のある場合）

行数	処理月日	認定（支給）期間	日数	種類	支給金額	残日数	備考
1	0430	16-012345-6		コヨウ タロウ		次回認定日07月23日	
2		待期満了　待期満了日		280408			
3		給付制限期間280409-280708		離職理由40			
4							

「280409-280708」とは、給付制限を受けた場合に表示され、この期間（平成28年4月9日～7月8日）は基本手当は支給されません。

※裏面に写真を貼付し、認定日ごとの処理状況が記載される

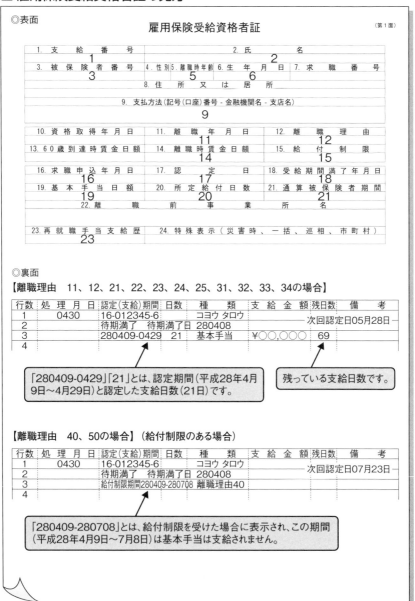

1	支給番号	受給のための番号です。ハローワーク等（ハローワークまたは地方運輸局・海事事務所）へのお問い合わせや、失業認定申告書に記入する番号
2	氏名	名前の読み方が間違っていないか確認（金融機関に登録してある読み方と異なると振り込みができないので、注意）
3	被保険者番号	雇用保険では、今後お勤めの場合もこの番号が使用される
5	離職時年齢	離職時の満年齢
6	生年月日	1桁目の「3」は「昭和」、4は「平成」を表します。「—」の右側は年月日を表す
9	支払い方法	指定された金融機関名、支店名、口座番号
11	離職年月日	離職した日です
12	離職理由	離職理由を番号で表しています。 11、12：解雇（50を除く） 21　　：雇止め（同一の事業主に3年以上雇用） 22　　：雇止め（同一の事業主に3年未満雇用・更新明示あり） 23　　：期間満了（同一の事業主に3年未満雇用・更新可能な旨明示あり） 24　　：期間満了（21〜23以外） 25　　：定年（船員の方を除く）・移籍出向 31、32：正当な理由のある自己都合退職（事業主からの働きかけ等） 33　　：正当な理由のある自己都合退職（31、32、34以外） 34　　：特定の正当な理由のある自己都合退職 40、45：正当な理由のない自己都合退職 50、55：自己の責めに帰すべき重大な理由により解雇
14	離職時賃金日額	原則として、離職される直前の6カ月間に支払われた賃金の合計を180で割った額
15	給付制限	給付制限がある場合、その給付制限期間
16	求職申込年月日	ハローワーク等に離職票を提出し、求職申し込みをした日
17	認定日	左側は週型、右側は曜日を表す
18	受給期間満了日	基本手当を受けることのできる期間の最終日
19	基本手当日額	受ける基本手当の1日分の金額
20	所定給付日数	基本手当を受けることができる上限日数
21	通算被保険者期間	被保険者として雇用されていた通算の期間
23	再就職手当支給歴	過去に再就職手当を受給したことがある場合、最後に支給を受けた日

厚生労働省『受給資格者のしおり』より抜粋

様式第14号

失業認定申告書

（必ず第２面の注意書きをよく読んでから記入してください。）

※ 帳票種別　11203

1 失業の認定を受けようとする期間中に、就職、就労又は内職・手伝いをしましたか。	イ　した 就職又は就労をした日は○印、内職又は手伝いをした日は×印を右のカレンダーに記入してください。 ロ　しない	７月 1 2 3 4 5 6 7 8 9 10 11 12 13 14 15 16 17 18 19 20 21 22 23 24 25 26 27 28 29 30 31	８月 1 2 3 4 5 6 7 8 9 10 11 12 13 14 15 16 17 18 19 20 21 22 23 24 25 26 27 28 29 30 31

（あてはまるものに○をつけ、必要なことがらを記入してください。）

2 内職又は手伝いをして収入を得た人は、収入のあった日、その額（何日分か）などを記入してください。	収入のあった日　８ 月　７ 日	収入額　２０００ 円	何日分の収入か　２ 日分
	収入のあった日　月　日	収入額　円	何日分の収入か　日分
	収入のあった日　月　日	収入額　円	何日分の収入か　日分

3 失業の認定を受けようとする期間中に、求職活動をしましたか。

イ 求職活動をした

(1) 求職活動をどのような方法で行いましたか。

求職活動の方法	活動日	利用した機関の名称	求職活動の内容
(イ) 公共職業安定所又は地方運輸局による職業相談、職業紹介等	8/10	ハローワーク飯田橋	職業相談の結果、株式会社○○への紹介を受けて、8/20面接。採否結果待ち。（8/27 採否通知予定）
(ロ) 民間職業紹介機関による職業相談、職業紹介等 (ハ) 労働者派遣機関による派遣就業相談等 (ニ) 公的機関等による職業相談等	8/17	雇用・能力開発機構東京センター 03-△△△△-△△△△	○○業に職種転換するためのセミナーを受講

(2) (1)の求職活動以外で、事業所の求人に応募したことがある場合には、下欄に記載してください。

事業所名、部署	応募日	応募方法	職種	応募したきっかけ	応募の結果
株式会社△△産業　人事部 （電話番号 03-××××-××××）	8/13	直接の訪問	営業	(イ) 知人の紹介 (ロ) 新聞広告 (ハ) 就職情報誌 (ニ) インターネット (ホ) その他	8/16 不採用通知あり
（電話番号　　　）				(イ) 知人の紹介 (ロ) 新聞広告 (ハ) 就職情報誌 (ニ) インターネット (ホ) その他	

ロ 求職活動をしなかった　（その理由を具体的に記載してください。）

4 今、公共職業安定所又は地方運輸局から自分に適した仕事が紹介されれば、すぐに応じられますか。	イ　応じられる ロ　応じられない	ロに○印をした人は、すぐに応じられない理由を第２面の注意の8の中から選んで、その記号を○で囲んでください。 （イ）　（ロ）　（ハ）　（ニ）　（ホ）

5 就職もしくは自営した人又はその予定のある人が記入してください。	イ 就職	（１）公共職業安定所又は地方運輸局紹介 （２）職業紹介事業者紹介 （３）自己就職 月　日より就職（予定）	（就職先事業所） 事業所名（　） 所在地（〒　）
	ロ 自営	月　日より自営業開始（予定）	電話番号（　）

雇用保険法施行規則第２２条第１項の規定により上記のとおり申告します。

平成 22 年 8 月 24 日　（この申告書を提出する日）

○○ 公共職業安定所長 / 地方運輸局長　殿

受給資格者氏名　雇用　太郎　（雇用）

支給番号（　48010-10-000012-5　）

※公共職業安定所又は地方運輸局記載欄	1. 支給番号	－ －	2. 未支給区分	（空欄 未支給以外 / 1 未支給）	3. 待期満了年月日	年 月 日
	4. 支給期間	（初日）年 月 日 ～ （末日）月 日	5. 内職又は手伝いによる収入	（労働日数）日 （収入額）円	6. 基本手当支給日数	日
	7. 就業手当支給日数	日	8. 就業手当に相当する特別給付支給日数	日	9. 就職年月日－経路	年 月 日 －

次回認定日・時間
月　日　時から 時まで

認定対象期間	月　日～　月　日	※連絡事項	
備考		取扱者印	操作者印

2011.1

31 4週間ごとにある「失業認定日」とは？

失業手当の支給にあたって、一番のキーになるのが「**失業認定日**」です。読んで字のごとく、「受給資格者が本当に失業状態にあったのかどうか」をチェックして、「確かに失業の状態にあった」と職安が認定する日。この認定さえクリアすれば、会社都合の人は晴れて数日後に失業手当が自分の口座に振り込まれるのです。

「わざわざそんなことしなくても、会社を辞めて再就職していないのだから失業状態にあるのは明らかなのに」と一般人は思いますが、役所としては何事も厳正に進めねばなりません。

そこで、一定期間（原則として4週間）ごとに、「認定日の前日までの支給対象となる期間にちゃんと就職活動をしたか」や「アルバイトをしたりしていないか」などを受給者ひとりひとりについてチェックしたうえで支給するシステムになっているわけです。

しかし、実際にはただ出頭して、受給説明会のときにわたされた「**失業認定申告書**」を提出するだけ。受給説明会のときのような時間的な拘束すらなく、窓口で書類提出後ものの数分（混んでいたらもう少し時間がかかる）で名前を呼ばれて、次の認定日が告げられるだけ。

本来なら、係官がひとりひとりの受給者とじっくり面接をし就職活動の状況を聞いたうえで、職安にきている求人のなかからその人の希望に合ったクチを紹介するのですが、どこの職安でも失業者があふれている最近は、ひとりの受給者に対してそれだけの時間をかけるような余裕はとてもないのが現状です。

ただ、失業認定申告書に不審な点がある場合に、面談でその点を追及される可能性はおおいにあります。

32 アルバイトなどをするときの注意点とは?

失業認定日に係官に呼び出されて、期間中の詳しい生活状況を聞かれるのは、「**失業認定申告書**」で申告したアルバイトや内職をした日数が多かったり、認定期間内に就職活動をほとんどしていないケースです。

「アルバイトをした」と申告した日については失業手当は不支給となりますが、その分は支給が後回しになるだけ。

支給が後回しになっても受給期間の1年以内に収まればトータルの給付日数は減りません（就業手当を受給した場合は例外。詳しくは132ページ参照）。

ちなみに、給付制限中に限っては、失業手当の支給がない期間なので、アルバイトをしても後でもらう失業手当は1円も引かれません。

もちろんだからといって毎日アルバイトをしていいわけではなく、アルバイトをした日数が常識的に考えて多すぎると、「就職した」とみなされてしまいます。また、ちゃんと就職活動をしていることが申告書で確認されないと、これまた「失業の状態」にはないとみなされて給付はストップ。

逆にいえば、失業認定申告書にはその点にさえ気をつけて記入しておけば係官から何かいわれる心配はほとんどないのです。

さて、会社都合の人は、これでようやく最初の1～3週間分の失業手当が振り込まれますので気持ち的にもひと区切りつきます。以後は4週間ごとに設定される失業認定日に出席すると、その数日後に4週間分の失業手当が振り込まれるという流れです。

一方、自己都合の場合、初回認定日は「待期が満了した」ことが確認されるだけのためもの。以後は当分、職安に雇用保険の手続きに行く必要はなくなり、待期満了から「2カ月※＋1～3週間」後に設定される第2回認定日に出席してようやく最初の認定分の失業手当（1～3週間分）を受け取ることができます。

それから「指定された失業認定日には、別の用があるので日にちを変えてほしい」というノーテンキな人がたまにいますが、〝特別な事情〟（病気なら医師の診断書を提出）がない限り失業認定日の変更はされませんので、十分に注意したいものです。

よくあるのが、昼間は資格スクールに通っているので認定日に行けないというケース。その場合、「学業に専念している人は失業の状態にはない」とみなされて、給付はたちまちストップされてしまいます（ただし、夜間のコースなら就職活動の合間に勉強しているとして認められる）。

軽く考えずに、失業認定日を最優先にしてスケジューリングするのが鉄則です。

※2020年3月31日までの離職者及び過去5年間に3度目以降の離職者の場合は3カ月

※失業認定を受けようとする期間中に原則として2回以上の求職実績がないと、基本手当は支給されませんので、注意してください。（ただし、最初の認定日における認定対象期間中は1回／待期期間満了後3カ月間の給付制限期間とその直後の認定対象期間を合わせた期間については、原則として3回以上）。なお「求職活動」とは次の通りで、ネットでの求人情報の閲覧・知人への紹介依頼はこれに含まれません。

①求人への応募／②ハローワークが行なう職業相談・職業紹介などを受けたこと、各種講習・セミナーの受講など／③許可・届出のある民間機関（民間職業紹介機関、労働者派遣機関）が行なう職業相談・職業紹介などを受けたこと、求職活動方法などを指導するセミナー等の受講など／④公的機関など（高齢・障害・求職者雇用支援機構、地方自治体、求人情報提供会社、新聞社など）が実施する職業相談などを受けたこと、各種講習・セミナー・個別相談ができる企業説明会などの受講、参加など／⑤再就職に資する各種国家試験・検定などの資格試験の受験。

33 再就職が決まったら、どうすればいい？

めでたく再就職が決まったときには、職安にその旨をできるだけ早く報告するようになっています。

「再就職先が決まった」のは何より嬉しい反面、失業手当をまだほとんどもらっていないうちですと、何だかとてもソンをしたような気になるものですよね。

そこでだれもが気になるのが、「職安に報告するとその時点で基本手当が打ち切りになるのかどうか」という点でしょう。

結論からいいますと、内定したからといって即打ち切りになるわけではありません。失業手当の支給は、就職内定日の前日まではなく、原則として「入社日の前日まで支給される」システムになっています。

ですから、職安への報告を早めたところで、失業手当の支給日数にはまったく影響はないのです。

もちろん、内々定や内定が出たものの、「自分が希望する条件とかけ離れているので、行くかどうかまだ迷っている」段階で報告する義務はなく、そのまま就職活動を続けていき、入社を決意した段階で報告すればいいのはいうまでもありません。

ただし、失業手当をもらうには、就職日の前日にハローワークに来所のうえ、所定の手続きをしなければなりません。

このときに、事前に「**採用証明書**」（受給資格者のしおりについている）に再就職先の会社からの証明をもらっておき、「受給資格者証」と「失業認定申告書」を添付して提出します（印鑑も必要）。

すると、この日が〝最後の失業認定日〟となって入社日の前日までの分の失業手当が支給されるわけです。

34 就職するともらえる「再就職手当」とは？

「入社日の前日まで失業手当が支給される」と聞いて、「だったら、入社日を遅らせたほうがトク」と、悪知恵をめぐらせた人もいるかもしれません。

しかし、いまはそんなことする必要はありません。

なぜならば、失業手当を多く残して再就職した人には〝お祝い金〟がもらえる制度があるからです。

それが「再就職手当」です。

受給者サイドからみたら「そんなエサにつられるもんか」と、つい警戒しがちですが、コレ本当にオトクな給付なんです！

保険金というのは、本来、不幸な目にあった人におりるものなのに、再就職手当は、就職が決まってハッピーな人に保険金がおりるという特異な給付。今後の生活費の心配はしなくていい状況で、十万円単位の現金がポンと一括支給されるわけですから、もらっても焼け石に水で生活費に消えていくだけの失業手当とは、そのありがたみが本質的に異なります。

では、いくらくらいもらえるのでしょうか。支給額の計算は、以下のようになっています。

・所定給付日数の3分の1以上残して再就職→支給残日数の60％にあたる基本手当を支給
・所定給付日数の3分の2以上残して再就職→支給残日数の70％にあたる基本手当を支給

たとえば、所定給付日数90日の人は、就職日に30日分残っていれば、その60％の18日分がもらえる計算。まだ1日ももらわないうちに就職してしまった人なら、

90日の70％にあたる63日分が就職後に一括支給され、日額5000円で計算すると、31万5000円にも！（ただし、再就職手当を計算するときの基本手当は、6290円（60～64歳は5085円）が上限額となる）

注意していただきたいのは、再就職手当には、細かい支給要件がたくさんあることです（下表参照）。

なかでも、頭にたたき込んでおきたい要件は「1年を超えて勤務することが確実であること」。つまり、1年契約で働く非正規雇用の仕事に就いても、支給対象にはならないということです（その場合でも、会社が「1年超見込み」と証明してくれれば受給可能）。

また、給付制限を受けている人が待期満了後の1カ月以内に就職した場合、「職安または、職業紹介事業者の紹介によるもの」に限るという要件もあります。

したがって、退職後、すぐに求人広告で応募した会社に就職したりすると、たとえほかの要件を満たしていても、再就職手当は1円ももらえなくなってしまうのです。

自分勝手な判断をせずに、職安でよく確認してから行動することが大切といえるでしょう。

■ 再就職手当の支給要件（以下のいずれにも該当すること）

① 受給手続き後、７日間の待期満了後に就職、または事業を開始したこと
② 就職日の前日までの失業の認定を受けた上で、基本手当の支給残日数が、所定給付日数の３分の１以上あること
③ 離職した前の事業所に再び就職したものでないこと。また、離職した前の事業所と資本・資金・人事・取引面で密接な関わり合いがない事業所に就職したこと
④ 受給資格に係る離職理由により給付制限（基本手当が支給されない期間）がある人は、求職申込みをしてから、待期満了後１カ月の期間内は、ハローワークまたは職業紹介事業者の紹介によって就職したものであること
⑤ １年を超えて勤務することが確実であること
⑥ 原則として、雇用保険の被保険者になっていること
⑦ 過去３年以内の就職について、再就職手当または常用就職支度手当の支給を受けたことがないこと
⑧ 受給資格決定（求職申込み）前から採用が内定していた事業主に雇用されたものでないこと

転職後の減収分も補てん

再就職手当には、オトクなオマケがついています。それが平成26年に創設された「就業促進定着手当」。就職して大幅な減収になった場合、再就職手当にプラスして、その減収分をカバーしてくれるのです。

支給されるのは、原則として、減収分×6カ月間における賃金支払い基礎となった日数×40％（支給率70％の人は30％）。

再就職手当を60％支給されている人が、就業促進定着手当を40％受給すると、60＋40＝100％となって、再就職後に残した手当のほぼ全額を受け取ることができる計算です。

実際には、日額にも上限があるため、基本手当を全額もらいきるより総額では少ないですが、普通に基本手当を受給し、就職時に再就職手当を受給したうえで、さらに就職後半年経過した頃に申請すると、もうひとつ減収分をカバーするオマケの手当がもらえるトリプル支給となるわけです。

■ 就業促進定着手当

①再就職手当の支給を受けていること
②再就職手当の支給を受けた再就職の日から、同じ事業主に引き続き6カ月以上雇用されていること
③再就職手当の支給を受けた再就職の日から6カ月に支払われた賃金額の1日分の額（A）が離職前の賃金日額（B）を下回ること

支給額＝(B－A)×再就職の日から6カ月間内における賃金支払いの基礎となった日数
（月給制の場合は暦日数、日給制や時給制の場合は労働の日数）

上限額：基本手当日額(※)×基本手当の支給残日数に相当する日数(※2)×40％(※3)

※1　基本手当日額の上限は、6,195円（60歳以上65歳未満は5,013円）
※2　再就職手当の給付を受ける前の支給残日数
※3　再就職手当の給付率が70％の場合は、30％

申請は、就職日から6カ月経過した日の翌日から2カ月以内。申請書（就職先の事業所の証明必要）、雇用保険受給資格者証、出勤簿の写し等を安定所に提出する。

35 再就職先を辞めた場合の失業保険はどうなるの？

再就職手当の手続きは、職安へすみやかに採用証明書を提出（就職日前日までの失業認定を受ける）してから、改めて「**再就職手当支給申請書**」（108ページ参照）を提出します。

「再就職手当支給申請書」には事業主の証明欄がありますから、採用証明書の提出時にこの書類をもらっておいたうえで再就職先に必要事項を記載してもらわなければなりません。

提出期限は、原則として「再就職先の入社日の翌日から1カ月以内」となっています。

この書類はもちろん郵送で受け付けてもらえますが、もし書類に不備があった場合、訂正して再度申請をすると期限までに間に合わなくなってしまう恐れがあります。なので、事前に記載内容をよく確認したうえで、できるだけ早く送付したほうがいいでしょう。

そうやって支給申請書を提出した後、「本当にこの人は再就職の受給資格を満たしているか」について審査が行なわれ、だいたい1カ月から1カ月半後にめでたく再就職手当が振り込まれるという流れです。

したがって、もし「再就職先の仕事が嫌になって辞めたい」と思っても、再就職手当が実際に振り込まれるまでは、何とかガマンして踏みとどまるべきです。

では、再就職先を短期間で退職したときはどうなるのでしょうか？

手当をもらいきらないうちに再就職しても、一度確定した受給権は、退職の翌日から1年間（受給期間）は有効ですから、再就職先を退職後に再度手続きをすれば、まだ支給を受けていない残りの手当（再就職手当を受給していた場合はその日数分を差し引く）がもらえます。

このときに注意したいのが給付制限です。

前回の退職時に受給手続きをしていて、なおかつ初回認定日にも出席していれば、新たな給付制限は課せられません。つまり、前回の離職票のみで受給できるわけで、最悪でも、無収入期間は、前回の退職時に課せられた給付制限満了日までですみます（下図参照）。

ところが、前回の退職時に初回認定日出席までクリアしていない人は、受給権が確定していませんので、再度退職すると、ゼロから手続きをすることになり、新たに給付制限がかかってくるのです。

したがって、すぐに再就職するつもりの人も、初回認定日への出席までは終わらせておくのが鉄則です。

特にそのことが重要になるのが、会社都合で退職した後すぐに再就職する人です。２枚以上の離職票で受給資格を満たす場合、退職理由は、直近の離職票のみによって判定されます。再就職した会社を安易に辞めてしまうと、元の会社都合の好条件が消滅してしまい、自己都合として受給するはめになってしまうのです。

■ 再就職先を12カ月未満で退職した場合の給付制限は?

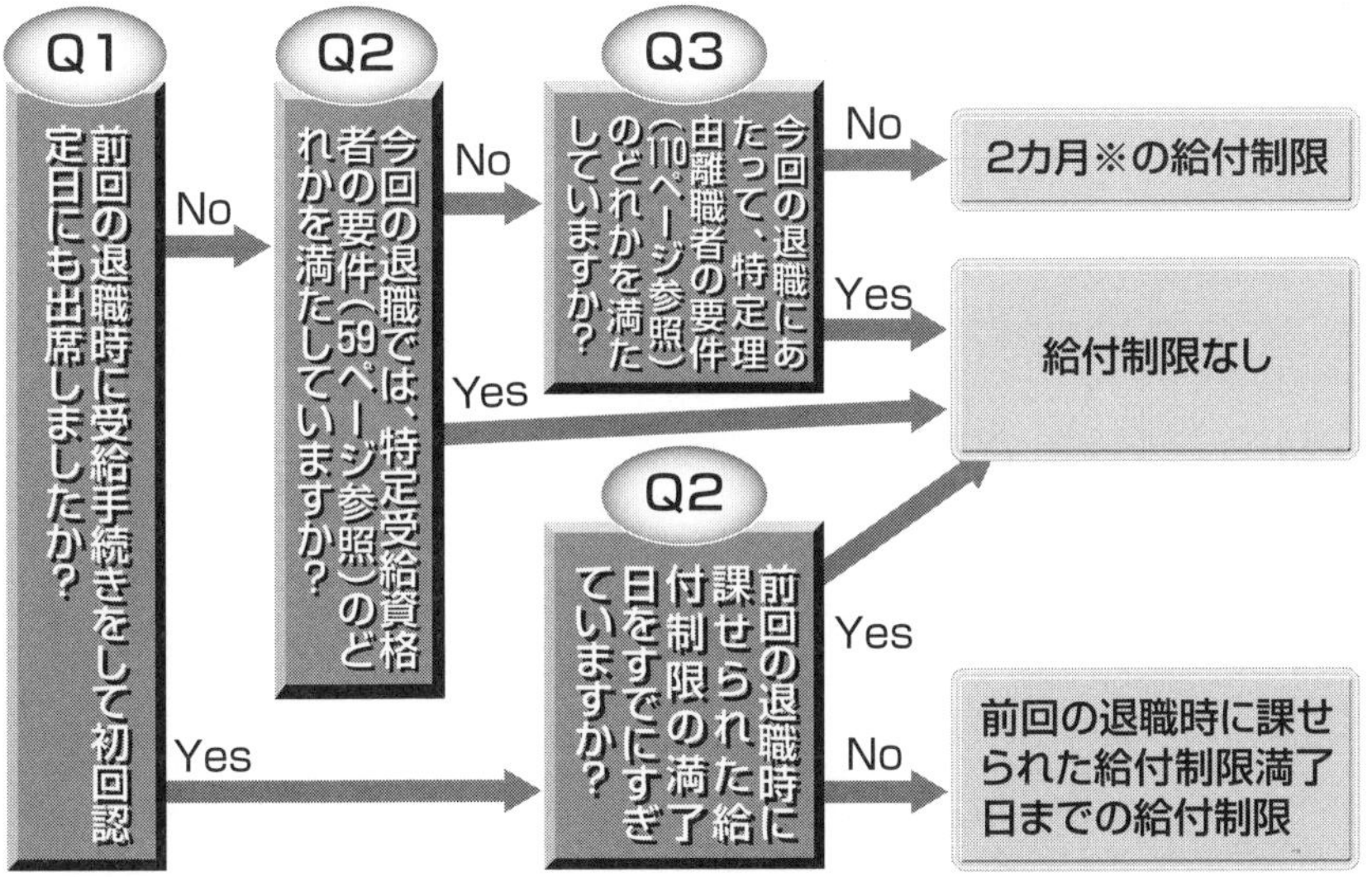

※2020年9月30日までの離職者及び過去5年間に3度目以降の離職者の場合は3カ月

様式 第29号の2

再就職手当支給申請書

※ 帳票種別

11221

1. 支給番号 □□－□□□□□□－□

2. 未支給区分 □ （空欄 未支給以外 / 1 未支給）

3. 番号複数取得チェック不要 □ （チェック・リストが出力されたが、調査の結果、同一人でなかった場合に「1」を記入すること。）

4. 就職年月日 4－□□□□□□ 元号 年 月 日

5. 不支給理由 □□ （1 待期未経過 / 2 残日数不足 / 3 手当等履歴有 / 4 早期支援履歴有 / 5 紹介要件不該当 / 6 安定就業不該当 / 7 離職前事業主 / 8 雇用予約 / 9 安定要件不認定 / 13 調査時点離職）

6. 姓（漢字）

7. 名（漢字）

8. 郵便番号 □□□－□□□□

9. 電話番号（項目ごとにそれぞれ左詰めで記入してください。） 市外局番 － 市内局番 － 番号

10. 申請者の住所（漢字） 市・区・郡及び町村名

申請者の住所（漢字） 丁目・番地

申請者の住所（漢字） アパート、マンション名等

事業主の証明

11. 就職先の事業所（開始した事業）	名称				（雇用保険）事業所番号	－　－	
	所在地	〒（電話番号　　）					
	事業の種類						
12. 雇入年月日（事業開始年月日）	平成　年　月　日			13. 採用内定年月日	平成　年　月　日		
14. 職種		15. 一週間の所定労働時間	時間　分	16. 賃金月額	万　千円	17. 雇用期間	イ 定めなし ロ 定めあり→平成　年　月　日まで 契約更新条項（イ 有 ロ 無） 1年を超えて雇用する見込み（イ 有 ロ 無）

18. 上記の記載事実に誤りのないことを証明する。

平成　年　月　日

事業主氏名　印
（法人のときは名称及び代表者氏名）

19. 上記12欄の日前3年間における就職についての再就職手当又は常用就職支度手当の受給の有無	イ 再就職手当又は常用就職支度手当を受給したことがある。 ロ 再就職手当又は常用就職支度手当のいずれも受給したことがない。

雇用保険法施行規則第８２条の７第１項の規定により、上記のとおり再就職手当の支給を申請します。

平成　年　月　日

公共職業安定所長 / 地方運輸局長 殿

申請者氏名　印

（記載もれのないよう御注意ください。）

※処理欄		
所定給付日数	90・120・150・180・210・240・270・300・330・360 日	備考
支給残日数	日	
支給金額	円	
支給決定年月日	平成　年　月　日	

※所属長	次長	課長	係長	係	操作者

2011．1

※「契約更新条項」が「有」で、「1年を超えて雇用する見込み」も「有」としてくれれば、1年以下の契約であっても支給対象となる

36 早期就職しなくてももらえる「常用就職支度手当」とは？

再就職手当は、一定の支給残日数以上の人でないともらえないのが難点。若い人ならともかく、雇用情勢が厳しいいまのような状況では、中高年が早期に再就職を果たすのはなかなか難しいでしょう。

そこで、65歳以上（高年齢受給資格者）の人や障がい者、出稼ぎ労働者など、再就職までの期間が長期化しがちな人を対象に、再就職手当の代わりになる制度が設けられています。それが「**常用就職支度手当**」です。

この制度の特徴は、再就職手当のように支給残日数何日以上というシバリは一切なく、さらに1年間の受給期間をすぎて就職しても支給される点です。

何よりありがたいのは、計算時の支給残日数に下限が設定されていること。すなわち、手当を1日でも残して就職すると、45日残したものとみなしてくれて、18日分の手当をもらえるのです。再就職手当とは逆に、もらいきる直前に就職した人ほど有利な給付なのです。

支給要件は、再就職手当とほぼ同じですが、いくつか大きな違いもあります。

まず第一に、再就職手当が「待期の経過後に就職したものであること」なのに対して、常用就職支度手当の場合はそれに加えて「給付制限の期間が経過後に就職したもの」が加わっている点です。給付制限中ならば、再就職手当のほうを受給できる可能性が高いので、この点は当然といえば当然でしょう。

■ 常用就職支度手当の支給要件（以下のいずれにも該当すること）

① 公共職業安定所または職業紹介事業者の紹介により1年以上引きつづいて雇用されることが確実であると認められる職業に就いたこと
② 離職前の事業主に再び雇用されたものでないこと
③「待期」が経過した後において職業に就いたこと
④ 給付制限の期間が経過した後において職業に就いたこと
⑤ 常用就職支度手当を支給することがその職業の安定に資すると認められること
⑥ 適用事業の事業主に雇用され、被保険者資格を取得した者であること
⑦ 就職困難者であること
⑧ 就職日前3年以内に再就職手当または常用就職支度金の支給を受けていないこと

支給残日数の40％がもらえる？

また、再就職手当の場合は給付制限を受けている人に限って「1カ月以内の就職は職安または職業紹介事業者の紹介であること」という要件がありましたが、常用就職支度金では「すべて職安または職業紹介事業者の紹介でなければならない」のも大きな特徴です。

支給額の計算方法は、次のようになっています。

(1) 支給残日数が90日以上の人は「90日×40％×基本手当日額」

(2) 支給残日数が45日以上90日未満の人は「支給残日数×40％×基本手当日額」

(3) 支給残日数が45日未満の人は、「45日×40％×基本手当日額」（ただし、計算式中の「基本手当日額」は6290円（60歳以上65歳未満は5085円）が上限となる）

受給手続きは、再就職手当とほぼ同じです。

ハローワークの新型コロナ対策

●受給手続きについて

◉受給説明会は、開催されず、窓口で簡単に雇用保険制度について説明された後、Youtubeに配信された厚労省の公式動画閲覧をすすめられる場合がある（https://youtu.be/X0ZTAZWSvBU)。

　高齢（60歳以上）であること、基礎疾患を有すること及び妊娠中である場合には、次のような特例措置を受けられる。この措置は、今後、新型コロナ感染症の状況が悪化した場合には、広く一般の受給者にも適用されるかもしれない。

◉初回のみ、離職票等の必要書類を持参して手続きすると、以後の認定日は来所しなくても、失業認定申告書を郵送すればよい（指定されている失業認定日当日以降7日以内の消印にて「雇用保険受給資格者証」「失業認定申告書」「本人宛返信用封筒」をハローワークに郵送)。

◉郵送する失業認定申告書は、初回来所持に用紙をもらってそれを使用。次回からは、送られてくる支給決定通知に同封されているので、それを使用して郵送。もし同封されていなければ、ハローワークインターネットサービスのサイトにある書式を印刷してそれに書き込んで郵送すればＯＫ。

●職業相談について

◉担当窓口数を減らし、求人検索機の利用時間、稼働台数を制限している。

◉ハローワークインターネットサービスによる求人情報検索のほか、電話、郵送、求職者マイページを活用した職業相談・職業紹介を推奨している。

　以上は、東京労働局管内の内容です（２０２０年11月25日現在)。地域によって対応は異なり、状況は時々刻々と変化していきますので、随時、地元の対応を確認してください。

5章

受給額が倍増する「失業保険の裏ワザ」12

37 自己都合でも給付制限がつかない特定理由離職者とは？

自己都合退職者の場合、職安で手続きをしてから2カ月も待たないと最初の3週間分を受け取れないわけですから、財政的にはもちろん精神的にもかなりキツイと感じる人は少なくないはず。倒産やリストラ以外でも、「離職を余儀なくされた」と職安で認めてさえくれれば、〝会社都合扱い〟で給付制限もなくなるのですが、これが認められる条件はかなり厳しいので、一応いってはみたもののアッサリと異議の申し立てがしりぞけられることのほうが圧倒的に多いでしょう。

そこで知っておきたいのが、「特定理由離職者」なる離職者区分です。会社都合を意味する「特定受給資格者」と似ているので混乱しそうですが、基本は自己都合だけれども「やむをえない理由で退職した人」を指します。

「特定理由離職者」と判定されれば、とりあえず給付制限はなくなります。さらに、一般の自己都合退職ですと、被保険者期間が「過去2年間に12カ月以上」ないと受給資格が発生しないところを、特定理由離職者に限っては「過去1年間に6カ月以上」の被保険者期間があれば、受給資格が得られるのも大きな違いです。それって、会社都合とまったく同じでは……と思われたかもしれません。でも、唯一異なるのが、「所定給付日数の優遇はない」点。つまり、6カ月で受給権獲得＋給付制限なしのメリットのみ得られるのです。

ただし、ひとつだけ例外があって、1章で解説した雇止めされた非正規労働者（契約を更新されずに退職）に限っては、期間限定（2025年3月末まで）で、所定給付日数が会社都合と同じく優遇されるようになっています。

特定理由離職者と認められる範囲は、特定受給資格者と比べてかなり広いのがポイントです（下表参照）。このなかのどれかひとつでもあてはまれば、少なくとも給付制限だけはなくなりますので、自己都合で退職した人も簡単にあきらめずに、該当しそうだと思ったら、それを職安でしつこく主張してみるべきでしょう。

※1　もともと自己都合でも「正当な理由あり」と認められれば、給付制限なしの扱いがされていた。平成19年の法改正時に受給資格要件改定に伴い、ほかの自己都合と同じく「12カ月以上で受給」となるのは理不尽なため「6カ月以上で受給可」となり、さらに、平成22年の法改正によって、雇止めされた非正規労働者と同じ区分に分類された。

※2　期間限定で給付日数が優遇される特定理由離職者は、更新する約束がなかったケース。最初から契約時に更新する約束があったケースは、特定受給資格者となる。

■ 特定理由離職者とは?

1. 期間の定めのある労働契約の期間が満了し、かつ、労働契約の更新がないことにより離職した者（労働者が更新を希望したにもかかわらず、更新されなかった場合に限る）→6カ月で受給資格発生＋給付制限なし＋2025年3月末までは会社都合と同じ所定給付日数
2. 以下の正当な理由のある自己都合により離職した者→6カ月で受給資格発生＋給付制限なし

① 体力の不足・心身の障害・疾病・負傷・視力の減退・聴力の減退・触覚の減退などによって退職した場合
② 妊娠・出産・育児などにより退職し、受給期間延長措置を受けた場合
③ 父もしくは母の死亡・疾病・負傷などで、父もしくは母を扶養するために退職を余儀なくされた場合、または常時本人の看護を必要とする親族の疾病・負傷などのために退職を余儀なくされた場合のように、家族の事情が急変したことによって退職した場合
④ 配偶者または扶養すべき親族と別居生活を続けることが困難となったことによって退職した場合
⑤ 配偶者から身体に対する暴力又はこれに準ずる心身に有害な影響を及ぼす言動を受け、加害配偶者との同居を避けるため住所又は居所を移転したことにより離職した方
⑥ 次の理由により通勤不可能または困難となったことにより退職した場合
　ⓐ結婚にともなう住所の変更
　ⓑ育児にともなう保育所の利用（自己の意思に反して住所または居所の移転を余儀なくされたこと）
　ⓒ交通機関の廃止または運行時間の変更
　ⓓ事業主の命による転勤または出向にともなう別居の回避（配偶者の転勤・出向・再就職も含む）

38 給付制限を確実になくすには？

給付制限を解除する方法として次に考えられるのが、公共職業訓練を活用することです。

職安の受講指示によって公共職業訓練を受講した場合には、受講開始日から給付制限は解除されるわけですが、そこで注意したいのは「退職後に情報収集を始めたのではすでに遅い」ということです。

受給手続き前の準備が肝心？

受給手続き後に、いろいろ調べてから志望コースを絞り込み、改めて職安へ出向いて相談し、それから試験を受けるといったプロセスを経ていたら、入校するまでにかなり時間がかかってしまいます。結果的に、そのまま2カ月※の給付制限を待つのとたいして変わらなくなってしまうかもしれません。

何事も段取りが肝心。会社を辞める前から事前に職安に通って、ひと通りのパンフレットをもらっておいたり、履修プログラムの内容を訓練施設に問い合わせたりして、「どんなコースがあるのか」や「そのなかで自分が将来やりたい仕事に就くために役立つコースは何なのか」くらいはチェックしておくべきでしょう。

また、志望しても競争率が高すぎるコースはそれだけ選考から漏れる可能性が大きいですので、志望分野に近いところで比較的入りやすいコースを選ぶことも大事です。

そうしてしっかり準備しておけば、退職後、比較的短期間のうちに公共職業訓練の受講をスタートできますから、2カ月※もの給付制限をまるまる受けなくて

■ 公共職業訓練の隠されたメリットとは？

〈2020年10月1日以降に自己都合退職した人で比較〉

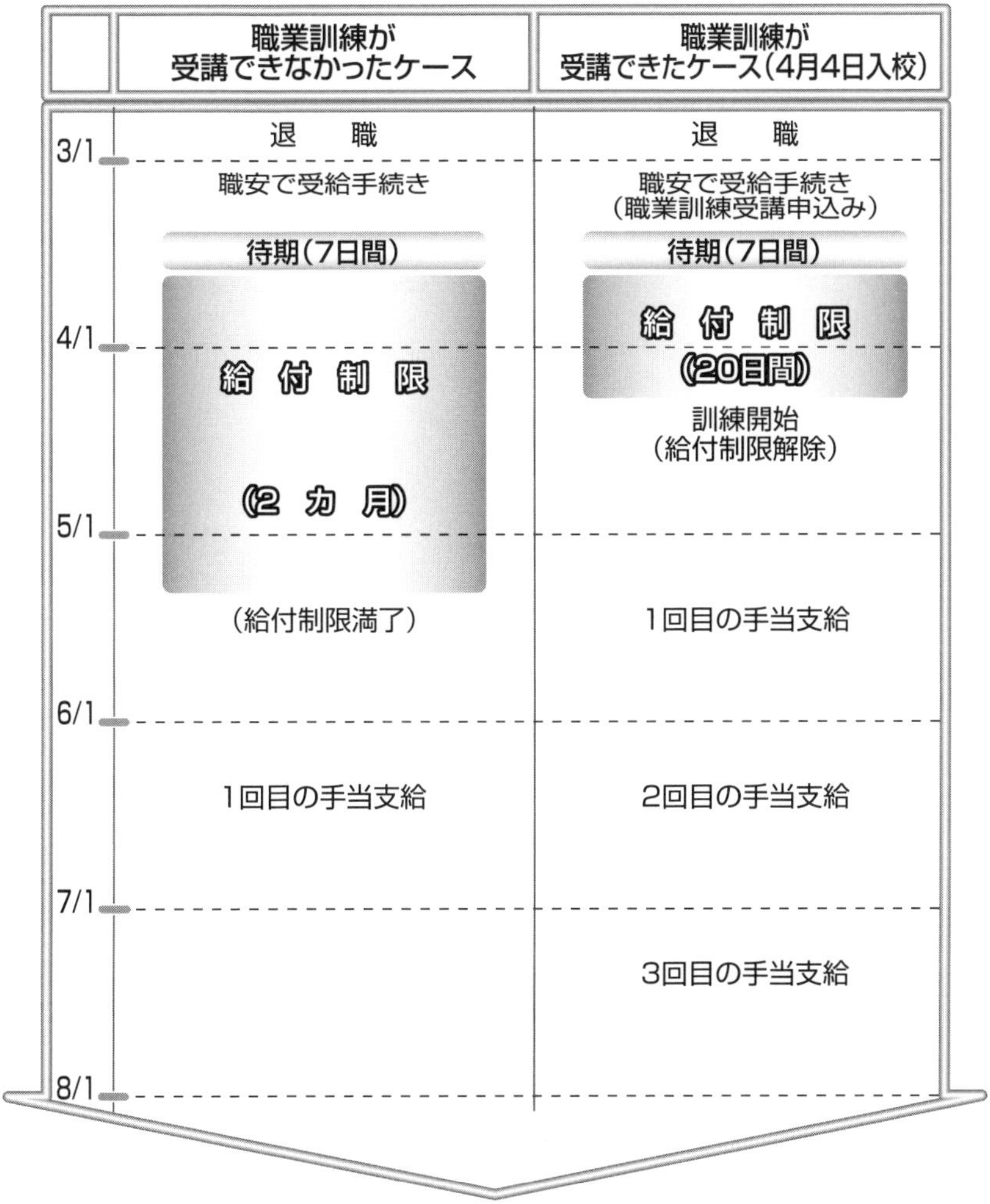

自己都合で会社を辞めて給付制限がついてしまった人は、退職後はじめて職安に行き失業手当の受給手続きをしたときに、ついでに公共職業訓練の受講申込みをしておこう。給付制限中に職業訓練が開始された場合に、その後の給付制限が解除されて、失業手当がくり上げ支給されるようになる。

もすむはずです。

たとえば、4月入校のケースでいえば、申し込みの締め切りは2月の上旬～3月上旬です。

運よく3月上旬の締め切りにあたった場合、2月末に退職して、離職票が届いた3月上旬に職安で雇用保険の手続きをすると同時に、公共職業訓練への入校の相談をしておけば、ギリギリで4月入校に間に合う計算です。

その場合、3月いっぱいは給付制限が課せられますが、4月上旬に入校すると同時にそれが解除され、5月半ば（末締め翌月15日払い）には最初の失業手当を受け取れます。

じっと何もせずに給付制限が明けるのを待つよりも、約1カ月も早く最初の失業手当を受け取れるわけです。

もちろん、「給付制限を解除してもらうだけのために、公共職業訓練を受講する」などということは許されませんから、目的はあくまで再就職に役立てるためであることはいうまでもありません。

実際に、公共職業訓練の卒業時には、訓練校と職安が連携して就職先を紹介してくれますし、学校に毎日通うことで共通の目的を持った仲間もできますから、訓練校に入ったほうがひとりでやみくもに就職活動を続けるよりもずっと精神的にもラクなのは間違いないはずです。

なお、職業訓練の申し込みは、訓練開始日までに退職することが確定していれば、在職中でも受け付けてくれますので、給付制限をまるまるカットしたい人は、退職届けを出してすぐに職業訓練受講の申し込みをしておくという裏ワザもあります。

ただし、その場合、訓練開始日までに所轄の職安で雇用保険に関する受給手続きをすべて終えていることが必要です。退職日～訓練開始日までは少なくとも2週間程度の余裕を見ておいたほうが無難でしょう。

※2020年9月30日までの離職者及び過去5年間に3度目以降の離職者の場合は3カ月

39 自己都合でも6カ月勤務で180日受給する法

雇用保険には季節労働者を対象とした「短期雇用特例被保険者」（会社都合退職者を意味する「特定受給資格者」ではないので注意）という制度があります。

この制度の対象者は、退職後に職安で一度だけ失業認定を受けると、一般被保険者のように4週間ごとに職安に足を運ばなくても、手当を一時金として一括で受け取れる（特例一時金。平成19年の法改正で50日分から30日分にカットされたが、当分の間は40日分）のですが、注目したいのは、この区分の対象者は、法改正以後も「過去1年に通算して6カ月以上被保険者期間があれば受給資格を得られる」ことです。

とすれば、不安定な雇用で苦しんでいる人は、一般被保険者ではなく、あえて「短期雇用特例被保険者」として加入するという方法もアリだと思いませんか。

しかし残念ながら、「短期雇用特例被保険者」は、地方から仕事の少ない季節だけ出稼ぎに来る労働者を対象にしているため、一般の人はこの区分ではまず加入できません。

具体的な手続き面でいえば、「出稼手帳」を持っていないと、この区分の被保険者にはなれないのですが、フルシーズン求人がたくさんある都会在住の人には「出稼手帳」は発行してくれないからです。

でも、そこであきらめるのは早い。たとえば、以下のようなケースはどうなるでしょうか。

地方出身者が都会での生活に疲れたので地元でUターン（または田舎暮らしに憧れてIターン）就職したいと一度は帰省したものの、やはり地元ではまともに生活していける仕事にありつけなかった。仕方ないので、当面の生活費を確保するために、都会へ出稼ぎに出ることにした。

そのようなケースでは、当然のことながら田舎に住民票があれば、都会に働きに出るときには、出稼手帳を発行してくれます（地元の市役所または職安）。出稼手帳を持って都会（でなくてもいいのですが）へ行き、6カ月以上の期間を満了して（4カ月以上の契約なら加入可能）、田舎に帰ってくれれば、晴れて失業手当を受給できるようになるわけです。

でも、一時金としてたかが40日分くらいもらったって、屁のつっぱりにもならないと思うかもしれませんが、実は、ここからが裏ワザの出番です。

6カ月で20年加入よりもオトク

この裏ワザの最大のポイントは、たとえ「短期雇用特例被保険者」であっても、その資格があるうちに職安の受講指示のもとに、公共職業訓練の受講を開始した場合は、一般の被保険者と同じく「訓練延長給付」が適用される点です。

ということは、特例一時金がたとえ40日しかもらえなかったとしても、その日数に関係なく、3カ月の訓練だとしたら3カ月間、6カ月の訓練だとしたら6カ月間、失業手当をもらえることになります。

ちなみに、一般の被保険者でも、自己都合退職では20年勤めても5カ月（150日）しか給付を受けられません。それ以上の日数がたった6カ月勤務で可能になるのですから、信じられないくらいオトクです。

ただし、注意したいのが手続きです。都会で6カ月以上勤務して帰ってきて特例一時金を受け取った後に、訓練の申し込みをしても、すでに受給資格はなくなっていますから、訓練を受けても延長給付はされません。受給資格のあるうち、つまり特例一時金をもらう前に訓練を開始しないといけないわけです（具体的な手続きとしては、7日間の待期のうちに地元職安で受講指示を出してもらう）。

ですから、都会で働いているうちに、めぼしい訓練コースを探して先に申し込んでおき、その期間満了後すぐに訓練もスタートできるようなスケジュールを組んでおくことが条件といえます。

もちろん、地元職安の判断で職業訓練の受講指示が得られることが大前提となりますが、「就職に役立つ知識や技能を身につけて正社員として就職したい」という熱意さえあれば、受講指示を出してもらえる可能性はおおいにあるといえるでしょう。

なお、短期雇用特例被保険者の場合、もし期間満了前に退職すると、受給資格の6カ月をクリアしていても、給付制限は課せられます。その場合、一般の被保険者のように、職業訓練を受講しても給付制限は解除されませんので、その点も注意が必要です。

短期雇用で頻繁に失業する状況を脱出できないで困っている人は、故郷の職安（または市役所）では出稼手帳を発行してくれるのか、はたまた出稼ぎを受け入れる会社の募集は地元職安にあるのかなどについて一度トコトン調べてみてはいかがでしょうか。

※平成21年3月31日以降、期間の定めのある労働契約が更新されなかったことにより離職した人は、会社都合退職者と同じく、6カ月加入（退職日以前の1年間に）で受給資格が得られるようになりました。

したがって、短期雇用特例被保険者ではない一般被保険者でも、6カ月契約で働き始めて、その期間満了時に会社側から「契約更新せず」（更新規定のあるなしにかかわらず）と意思表示された時点で、失業手当の受給資格は得られます。

ただし、一般被保険者は、期間満了時に会社側が「契約を更新したい」と申し出たにもかかわらず、本人がそれを拒否して退職した場合には、当然のことながら、受給資格は得られません。

それに対して、短期雇用特例被保険者の場合は、6カ月以上の期間満了と同時に、無条件で、受給資格が得られます。それが一般被保険者との大きな違いです。

40 給付制限中の収入を確保するには?

「退職にあたって『正当な理由があった』と認めてもらえず、公共職業訓練にもすぐに入れなかった」——そんな人のためにとっておきの裏ワザをお教えしましょう。

それが、「給付制限中にアルバイトをする」方法です。「受給期間中にアルバイトなんかすると失業手当をもらえなくなってしまう」とだれもが思うでしょう。しかし、一定の日数および時間内での就労であって、それをちゃんと職安に申告さえすれば受給期間中であってもアルバイトは可能です。

その理屈はこうです。

まず前提として、「それが社会通念から見て職を有しているとはいえない〝家計補助的な就労〟の範囲内であって、働いた日をちゃんと失業認定日に申告しさえすれば合法」となります（ただし、就労した日数分の失業手当は支給が先送りになる）。

しかしながら、実際に失業手当が支給されている支給対象期間の場合、1日でも申告漏れがあると、雇用保険を受給しながら働いて収入を得てしまう「不正受給」に即刻つながってしまいます。

職安としてはそんなことを見逃すと、「失業して無収入になった期間中の生活を保証する」という〝雇用保険制度の根幹〟がなしくずしにされる恐れがあるので、支給対象期間中のアルバイトについては神経質にならざるをえないのです。

一方、給付制限中はそもそも失業手当が1円も支給されていない期間ですから、その期間中にいくら就労したとしても、失業手当と就労した分の賃金をダブルで受給できる可能性はまったくゼロです。

もし申告漏れがあったとしても、それがただちに悪質な不正受給につながるわけではなく、また、失業者のほうもその間完全に無収入になるわけですから、職安としても〝明日からの生活に困っている人〟に対して、無下に「アルバイトは一切認めない」とはいいにくいのが実情です。

給付制限中のアルバイトならOK？

そんなわけで職安では、給付制限中のアルバイトに関しては、実際に失業手当を受給している期間に比べて神経質になっていないのが本音なのです（もちろん建前は違いますが……）。

なかには「給付制限の期間内に始まって終わる契約のアルバイトであれば、継続してやってもその後の受給には影響ない」（ただし、職安への届け出は必要）、つまり「給付制限中だけなら、毎日アルバイトをしてもかまわない」との見解を示す職安すらあります。

では、具体的にどうすればいいのでしょうか。

■ 受給している間にアルバイトをすると、どうなる？
〈所定給付日数90日（2カ月の給付制限つき）のケース〉

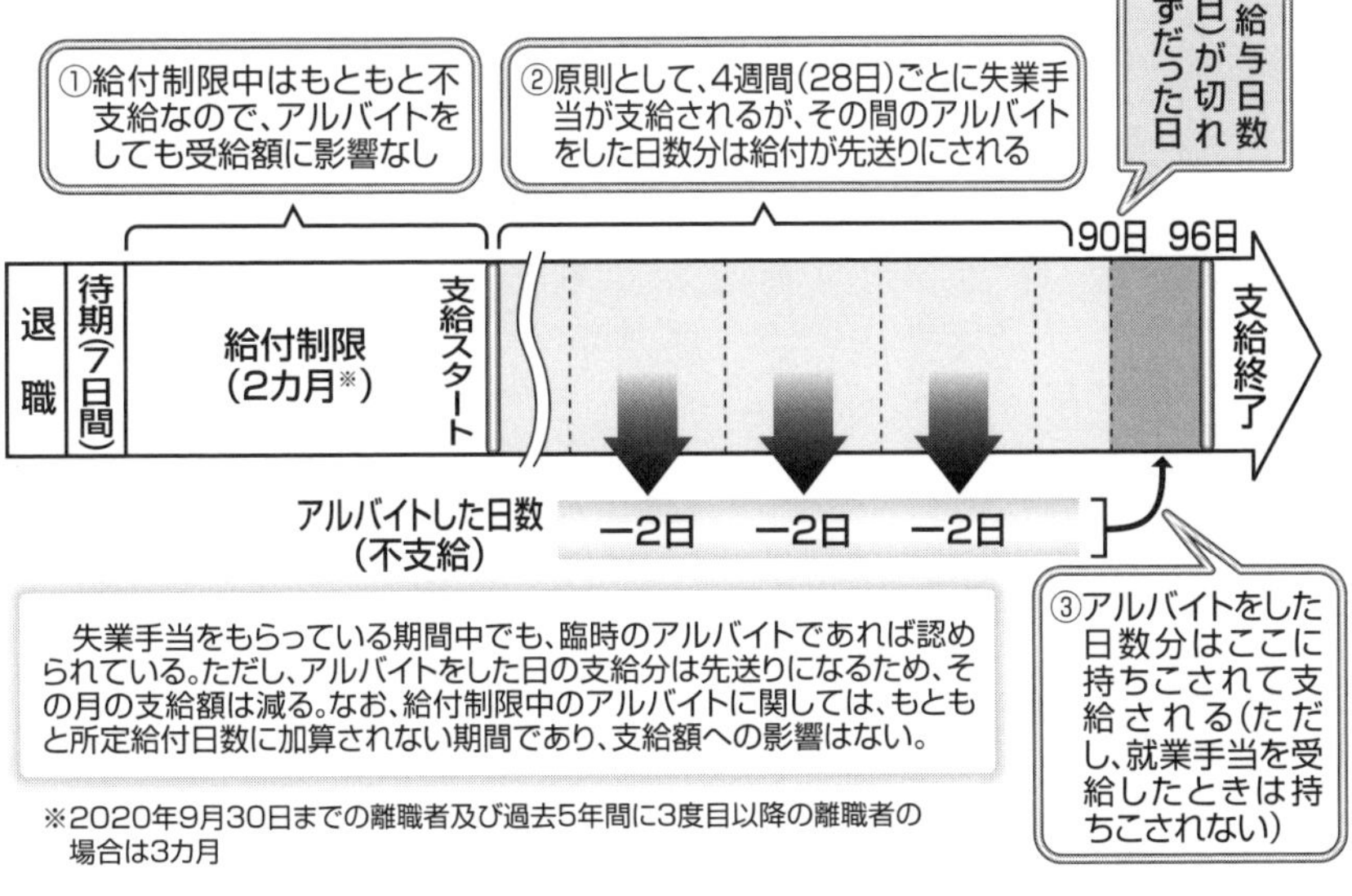

失業手当をもらっている期間中でも、臨時のアルバイトであれば認められている。ただし、アルバイトをした日の支給分は先送りになるため、その月の支給額は減る。なお、給付制限中のアルバイトに関しては、もともと所定給付日数に加算されない期間であり、支給額への影響はない。
※2020年9月30日までの離職者及び過去5年間に3度目以降の離職者の場合は3カ月

雇用保険法の運用については、各地域の職安の裁量に任されている部分が非常に大きいため、以下の内容はどこの職安でも必ず通用するとは限りませんので、そのつもりで聞いてください。

まず、職安で受給手続きをして7日間の待期満了を待ちます。待期は「本当に失業しているかどうか」を見きわめる試験期間ですから、どんな人もこの期間だけは絶対にアルバイトをしてはいけません。もしこの期間にアルバイトをしてしまうと、「失業の状態にはない」とみなされて、また手続きを最初からやり直さなければならなくなります（厳密にいうと、その間の1日単位の就労なら認められるケースもあります）。

そして、待期が終わったところで管轄の職安に電話をして、以下の3点を質問をしてみましょう。

(1) 給付制限中アルバイトはしてもいいか？
(2) してもいいとしたら、月何日まで、週何時間までか？
(3) するとしたら、具体的な申告手続きの方法はどうすればいいか？

職安によって対応は違ってきますので、ここでハッキリしたことはいえませんが「給付制限の期間内に始まって終わる契約のアルバイトであれば、毎日やってもかまわない」との回答が得られることもめずらしくありません。なかには「月に何日まで」「週何時間まで」といった基準を設けているところもありますので、それを聞いて、シッカリとメモをしておきましょう。

あとはその基準内の条件で働けるアルバイトを探してやるだけですが、事前に手続きの方法も聞いておけば安心です。

後でもらう手当は減らない？

私が調査した範囲（東京都内すべての職安）では、「期間が2週間以内のアルバイトであれば、単にその次の失業認定日に働いた日数を報告するだけでいいが、それを超えて働く場合は、アルバイト先に『**就労証明書**』（〝受給資格者のしおり〟についている）を書いてもらって提出する」という比較的カンタンな手続きでいいとする職安もありました。いずれにしろ難しいものではなく、いわれた通りにやればいいだけです。

気をつけなければいけないのが、派遣やアルバイトでも、「いつからいつまでという契約期間をキチンと定めた文書」（最近は、アルバイトでも「雇入通知書」を出すところが増えている）を必ずもらってから働き始めることです。

それがないと、「一時的なアルバイトではなく、就職した」とみなされてしまいます。

なお、実際に基本手当の支給を受けている期間中にアルバイトをしたときは、就労した日数分の失業手当は先送りになりますが、給付制限中に限っては、何日就労しても後で支給される失業手当は一切減額されませんので、職安が認めてくれる範囲内でできるだけ就労日を多くしたほうがオトクです。

※最近は、給付制限期間中のアルバイトについて「特別な手続きの必要はなく、申告さえすればまったく自由にやってもＯＫ」とする職安が増えています。

41 給付制限中の長期アルバイトを可能にするには？

「給付制限中も長期のアルバイトをしてはいけない」と厳しいことを職安でいわれても、ガッカリすることはありません。

そんなときは、待期が満了して給付制限に入ったらすぐ、1～2カ月の期間限定で毎日働けるクチを探していきなりアルバイトを始めてしまうことです。

もちろん、働き始めてそのまま何の申告もしなかったら「不正受給」になってしまいますので、ここからが頭の使いどころ。

まず、職安へはアルバイトとしての申告ではなく、正式に就職したことにしてアルバイト先の会社から「**採用証明書**」を出してもらって、それを次回の失業認定日までに職安に提出してしまうのがミソ。

そして、給付制限が満了する直前にそのアルバイトを辞めて、今度はアルバイト先から「**離職票**」を発行してもらって、改めて受給手続きをやり直すのです。

そうすると、どうなると思いますか？

107ページの「再就職先を短期間で退職したケース」の解説を思い出してください。

前回の退職時に、初回認定日に出席していれば、すでに確定している受給権の条件で、失業手当を受給できることになっています。

したがって、給付制限は、そのまま生きていることになりますが、2カ月間のアルバイトによって、その期間はすでに消化しているため、再度受給手続きをやり直した日の翌日から支給対象となるのです。

つまり、これにより、実質的な無収入期間を完全になくすことができるわけです。

■ 給付制限中に長期アルバイトをすると、どうなる?

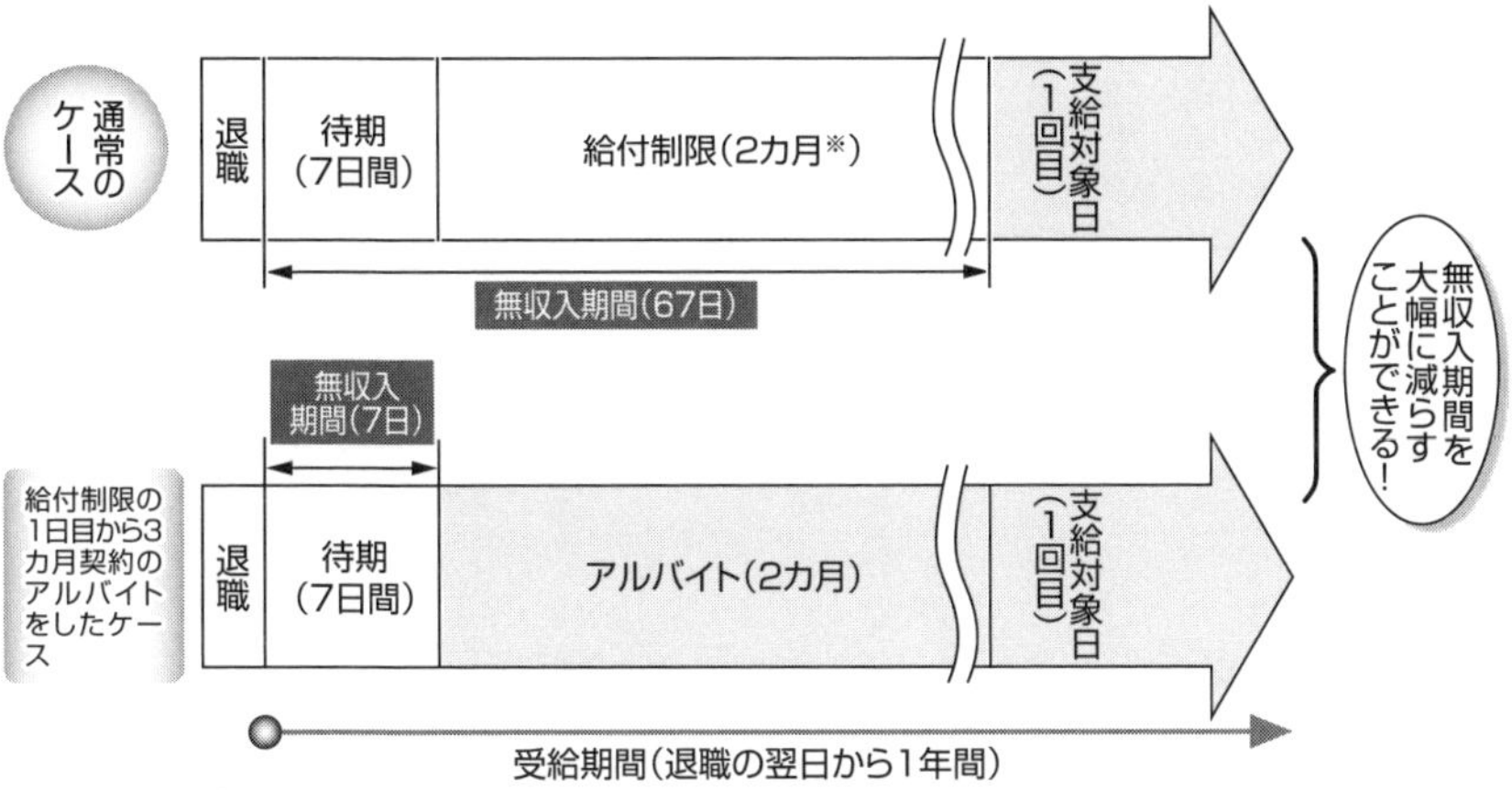

給付制限中にアルバイトをして、給付制限の満了日前に再び離職した場合、アルバイトを辞めた後に「離職票」を職安に提出すると、給付制限なしで基本手当を受けられる。

※2020年9月30日までの離職者及び過去5年間に3度目以降の離職者の場合は3カ月

ちなみに、前回の退職時に、初回認定日まで出席しなかったときは、受給権が確定していませんので、今回のアルバイトの離職票と前回の退職時の離職票の2枚を合わせた条件により新たな受給権が発生することになります。

このとき、離職理由は直近の退職によってのみ判定されることも覚えておいてください。つまり、前回は自己都合でも、今回は会社都合であれば、会社都合の条件で受給できることになります。

前記のケースでいえば、2カ月間のアルバイトを辞めるときの退職理由は「期間満了」ですから、新たに受給権を獲得し直したとしても、給付制限は課せられません。

というわけで、例示したケースでは、前回の退職時の初回認定日にも出席しているかどうかにかかわらず、給付制限は課せられないのです。

42 受給手続き前に短期アルバイトをしたほうがトクするケースとは？

契約期間を定めて働いた場合、退職理由は「契約期間満了」となって給付制限を受けずに失業手当をもらえるわけですが、その点に着目すると、何か気づくことはありませんか？

「給付制限を課せられるかどうか」を決める退職理由が、最後に辞めた会社の離職票をもとに判断されるのであれば、正社員として長年務めた会社を自己都合で辞めても、あえて受給手続きはせず、契約期間を定めた仕事に何カ月か就いたら、どうでしょう。そして、その仕事を契約期間満了のタイミングで辞めてから受給手続きをすれば、理論的には給付制限がなくなるはずです（ただし、所定給付日数が優遇される「特定受給資格者」には該当しません）。

しかし、この裏ワザにはひとつ致命的な欠点があります。それは、もらえる失業手当の総額の損得が計算に入っていない点です。

給付制限を課せられたほうがマシ？

一般的にいって、非正規労働者向け業務は正社員と比べると収入面で劣る傾向があります。失業手当の算定は過去半年にもらっていた給料を基準にしますので、このケースではアルバイトを辞めた後の失業手当は正社員時代よりも低くなる可能性が高いわけです。

それなら、たとえ給付制限を2カ月課せられたとしても、「そこそこいい給料をもらっていた前の会社の給料をもとにした離職票で、そのまま失業手当をもらったほうが断然オトク！」というケースが圧倒的に多いでしょう（2020年10月1日以降に離職の場合）。

また、運よくというか運悪くというか、2カ月のつもりが勤務先から契約の延長を申し出られ、就職活動もロクにできないままズルズルとアルバイト生活が長引いてしまう可能性も否定できません。

本題はここから。それでもあえて受給手続きをする前に、短期契約で働いたほうがオトクなケースもあります。

たとえば、「被保険者期間（雇用保険に加入していた年数）をあと数カ月増やせば、被保険者期間が10年（または20年）に達して給付日数が確実に30日分増える」ケースです。

そのようなケースでは、短期の派遣やアルバイトなどで雇用保険に加入し、もう数カ月だけ雇用保険の被保険者期間をプラスすれば、たとえ1日あたりの失業手当が少しくらい安くなっても、所定給付日数が30日分増えることで、トータルではオトクなケースも出てくるでしょう。

したがって、この裏ワザが使えるのは、「もらえる失業手当の総額が、正社員で退職した後すぐに受給手続きをした場合よりも確実に増える」場合のみといえます。

もっとも、実際に働く派遣会社などで雇用保険に加入してもらえなかったら、そんな裏ワザもまったく役に立ちませんが……。

幸いなことに、アルバイトや短期派遣は以前よりも雇用保険に加入しやすくなりました（「31日以上雇用見込み」なら加入義務発生）ので、意外に使える裏ワザといえるかもしれません。

※派遣労働者は、離職票の書式に、派遣会社と労働者のどちらから契約更新を拒否したかを明確化する項目が設けられているため、「契約期間満了」で退職した場合、新たに紹介された派遣先の労働条件がよくないと拒否するなどして、給付制限を課せられる可能性が以前と比べて高くなるものと思われます。

したがって、退職前に、その点を派遣会社等に十分にご確認されたうえで、慎重に行動されることをお勧めします。

43 失業手当をもらわずに再就職したほうがトクするケースとは？

Yさん（45歳）は、19年と3カ月勤めた会社を自己都合で退職。退職してから1週間後に職安で失業手当の受給手続きをしましたが、幸いなことに待期が満了してから29日後の給付制限中に再就職を果たし、結果的に失業手当を1円ももらうことなくサラリーマン生活に戻りました。

しかし、幸運もそこまで。Yさんが、再就職先で配属されたのはそれまで長年経験してきた職種とはまったく畑違いの仕事をする部署だったため、心労が重なり5カ月で退職することになってしまいました。

さて、この場合、失業手当を受給できるでしょうか？

結論からいうと、再就職先を退職後に職安で手続きをすれば、前回の手続き時にもらわなかった残りの失業手当を受給できます。一度再就職して受給資格を喪失しても、最初の離職から1年の受給期間内に失業したのであれば、受給期間内の受給権が復活するのです。

被保険者期間がリセットされる？

一見して何の問題もないように思えるケースですが、もしYさんに数カ月無収入でも生活していける程度の財政的な余裕があれば、あえて今回は失業手当の申請をしないで、再就職先を見つけたほうが有利な可能性もあるのです。

なぜならば、もしYさんが職安に再就職先からの離職票を出して失業手当をもらってしまうと、その時点で「19年3カ月＋5カ月＝19年8カ月」の被保険者期間がリセットされてしまい、次回以降の離職時に通算されなくなります。

ならば、あえて今回は失業手当を受給しないで再々就職（1年以内に）したほうがトクかもしれません。

Yさんの所定給付日数は120日ですが、あと4カ月以上雇用保険に加入する会社に勤めると、Yさんの被保険者期間は「19年3カ月＋5カ月＋4カ月」で20年をクリアすることになり、次回以降の離職時に適用される所定給付日数は一気に30日分増えて150日に。

大きな声ではいえませんが、自分が希望する条件に合った職を時間をかけてじっくりと探すのは、再々就職先を辞めてからでも決して遅くはないわけです。もちろん、再々就職先が自分の希望する条件の会社であれば、辞める必要などありませんが（所定給付日数を増やすだけの目的で就職と退職を繰り返すと、「就職する積極的な意志がない」と判断されて、支給停止になる可能性もあるので注意が必要）。

所定給付日数が30日も増える？

再々就職先の給料が再就職先の会社と比べて安い場合、基本手当もそれだけ低くなってしまいますが、高い給料を基準にして120日分もらうよりも、多少低くなっても150日分もらったほうが受給額はトータルするとオトクかもしれません。

つまり、このケースでは「1日でも基本手当を受給してしまったら、それまで苦労して積み重ねてきた被保険者期間の年数が次回以降の離職時には通算されなくなる」という点を考慮に入れながら再就職計画を立てることが賢明といえるのです。

ただし、以上の方法にもひとつ大きなデメリットがあります。それは、再々就職先を退職後、新たに3カ月も給付制限が課せられてしまうことです。そこで、もうひとつ違う方法を考えてみましょう。

再就職手当が42万円ももらえる？

Yさんには、選択肢がもうひとつありました。

そう、最初の離職時に再就職手当をもらっておくことです。

再就職手当とは、早く就職した人がソンしないように設けられている〝早期就職を奨励する制度〟です。

もちろん、だれでももらえるわけではなく、「所定給付日数の3分の1以上残して就職した」場合に支給残日数の60％がもらえます。3分の2以上残して就職すると、給付率は70％にアップ。

これは、Yさんのようにまだ1日分ももらわずに就職してしまった人にとって、願ってもない制度です。

もし所定給付日数120日のYさんが最初の離職時にこの申請手続きをしていたら、84日分の基本手当を一括で受け取れたわけです。賃金日額1万6000円とすると、日額6290円（再就職手当計算時の上限額）×84日で約53万円にも！

なのに、なぜYさんはこの再就職手当の申請をしなかったのかというと、「給付制限を受けている人が待期満了後1カ月以内に再就職した場合は、職安または職業紹介事業者の紹介により就職したものであること」という支給要件を満たしていなかったからです。

その点をYさんが事前に知っていたら、待期満了後の1カ月が経過してから就職するようにして、めでたく再就職手当を受け取れたわけです。

では仮に、Yさんが最初の離職で再就職手当をもらった場合、再就職先を退職したときの失業手当はどうなるでしょうか？

前回の離職時に再就職手当を84日分受け取ったと仮定すると、120日分から再就職手当としてもらったその84日分を差し引いた36日分の失業手当をYさんはもらえたはずです（最初の離職から1年の受給期間内に収まった場合のみ）。

もうひとつの選択肢としては、再就職手当に加えて転職6カ月後に、就業促進定着手当をもらう方法です。

Yさんの減収分が日額6000円（転職前月給48万円→転職後30万円）だったとすると、その半年分（180日）は、100万円超にもなってしまいますが、基本手当日額かける「支給残日数（※）の30％（60％給付の場合は40％）」と上限が決まっていること、さらには、この計算をするときの基本手当日額にも上限額があります（**※再就職手当の給付を受ける前の支給残日数**）。支給残日数120日の30％にあたる36日に基本手当日額の上限額をかけると、もらえるのは約22万円になる計算。

再就職先を辞めて残りの基本手当を普通にもらうほうが受給総額では有利ですが、また再就職で苦労することを考えたら、就業促進定着手当をもらっておくのもひとつの選択肢であることは、間違いありません。

所定給付日数が２１０日も増える？

もっと強力な裏ワザを見ていきましょう。

そもそもYさんの失敗は、自己都合で退職したことからはじまっています。失業手当をより多く受給しようと思ったら、19年も勤めた会社をいともカンタンに自己都合で辞めてしまうのは、あまりにもったいないといえるでしょう。

45歳のYさんがもし会社都合で退職していたら、所定給付日数は２７０日。現状の１２０日と比べると１５０日分もの差が出ます。基本手当が１日８４９０円（上限額）とすれば１２７万円も違ってきます。

さらに、あと9カ月粘ってから会社都合で退職すれば、所定給付日数は３３０日となり、なんと２１０日分、受給総額にして１７８万円も違ってくるのです！

「でも、退職理由だけは自分ではどうしようもない」とフツーの人は考えがちですが、それを変える方法もなくもないんです。

たとえば、在職中に残業の記録を克明につけておき、退職後に「これだけの残業を強いられたために退職した」と職安に申し立てたらどうなるでしょうか。

特定受給資格者と認められる基準のなかには「離職前3カ月に法律で定められた時間外労働を超えたために離職した」という条項があります。

この時間外労働の上限は月45時間。そこで、最低3カ月間この上限を超えて残業したという証拠を確保してから辞めるという作戦です。

ただし、「自分で勝手に残業した」といわれないために、それだけの残業をしないと到底こなせられない仕事を抱えていたことも証明する詳細な業務日誌もつけておいて、一緒に提出するのがコツ。

最終的に職安が特定受給資格者と認めてくれるとは限りませんが、うまくいけば１５０万円を軽く超える差が出るとなれば、ダメモトでこの裏ワザを実践してみる価値は十分にあるといえるでしょう。

44

アルバイトしても支給される「就業手当」とは？

アルバイトをしても支給される「就業手当」という手当があるのを知っていますか？

支給要件は「支給残日数が所定給付日数の3分の1以上、かつ、45日以上ある」ときにアルバイトをすると基本手当の3割が支給されるなど、再就職手当と非常に似ていることに気づきます。

じつは、この就業手当と再就職手当は兄弟のようなもので、これに常用就職支度手当と就業促進定着手当を加えた4つを総称して「就業促進手当」と呼んでいるのです。

つまり、「みなさん失業給付なんかあてにせずに早期に就職または就労しましょう」という主旨で創設された手当なわけで、アルバイト的な仕事に就いた人は「就業手当」を、正社員で就職した人には「再就職手当」を、それぞれ働いて収入のあった日も支給してくれるという仕組みになっているわけです。

バイト代と手当をW受給できるなんて失業者にとっては願ってもない制度、といいたいところですが、実はこれには、とんでもない落とし穴があったのです！

1800円もらうと6000円が消える？

就業手当は、基本手当の3割をバイトの給料とダブル受給が可能とはいえ、問題はその手当の扱い。就業手当を受け取ると、基本手当を100％受給したものとみなされる――つまり、働いた日数分は先送りされず、所定給付日数から完全に消滅してしまうのです！

しかも、必ずしも基本手当の3割支給されるわけではなく、1887円が上限（60～65歳は1525円）。たった1800円もらったために、日額5000円とか6000円が露と消えてしまうのですから何をかいわんやです。

それならば働いた日数分は、一時的に「不支給」にしてもらい、後から満額受給したほうがずっとオトクと感じる人は少なくないでしょう。

というわけで、結論としては、就業手当は受給要件をクリアしていてもあえて受給申請しないのが得策なのですが、困ったことに「原則として、対象者は全員申請してもらう」というのが職安の基本スタンス（ただし、給付制限期間中に限っては任意）。

とはいえ、就業手当についての対応は、各地域の職安によってもかなり異なるのが実情です。

「たとえ1日でも働いたら必ず申請してもらいます」という職安がある一方で「1～2週間程度のアルバイトであれば申請をしないでも構いませんが、それを超えて働く場合は、申請してもらっています」という職安や、あるいは、就業手当申請についてはまったくノータッチの職安もじつは少なくありません。

後者のような職安にあたれば、ソンな就業手当をもらわずにすみますが、厳しい職安にあたったら、アルバイトすればするほど、後でもらえる基本手当が減ってソンすることに。

そこで、運悪くそんな厳しい職安にあたったときには、就業手当の支給要件である「支給残日数が所定給付日数の3分の1以上かつ45日以上」がクリアできなくなってから（120日以下なら支給残日数が45日を切ってから）アルバイトをするのが鉄則。

そうすれば、就業手当は不支給となって、従来通り働いた日数分の手当は後回しされ、満額支給可能となるわけです。

なお、唯一、就業手当を申請してトクになるのは、早期に再就職したのに、1年以内の契約だったため、再就職手当の支給要件を満たせなかったときです。（その場合でも、申請書類で事業主が「1年超雇用見込み」と証明してくれれば支給可能）。

そのまま1円ももらわないで再就職するよりは、たとえ日額1800円であっても、残った給付日数分めいっぱい手当をもらったほうがマシかもしれません。

45 「内職」をしながら、失業手当を全額受給するには？

就業手当が創設されて以来、基本手当を受給している期間中に下手にアルバイトをするとソンするケースも出てきたわけですが、そんな心配なしにもっと自由に稼げたらいいのにと思いませんか？

そこで注目したいのが「内職」です。内職をした場合は、最初から就業手当の支給対象外なので、何の心配もなくいつでも自由に（ただし時間制限はアリ）稼げます。しかも、内職をうまく活用すると、なんとギャラと手当のW受給が可能になるんです！

いったい、どういうことなのか。まずはアルバイトと内職の仕組みを解説しておきましょう。

失業認定申告書のカレンダーには、アルバイト（就労）した日には○印をつけるだけでなく、「内職または手伝いをした」日には×印もつけるようになっています。

どうしてこんなふうにアルバイトと内職を区別しているかというと、「アルバイトした日の失業手当は、報酬額にかかわらず不支給になる」のに対して、「内職の場合は1日あたりの報酬額が一定以内に収まれば、不支給ではなく、単に基本手当日額（1日あたりの失業手当）を減額する」仕組みになっているからです。

さらに、その1日あたりの報酬が一定額未満の場合は、基本手当日額を1円も減額しない、つまり「内職の報酬と失業手当をダブルでもらえる」ケースもあるのです！

にわかには信じがたい話ですが、以下の仕組みを知ってしまえば納得できる話です。

まず基準となるのは、「賃金日額」（在職中の1日あ

■ 内職で稼いでもいい日当の上限は？

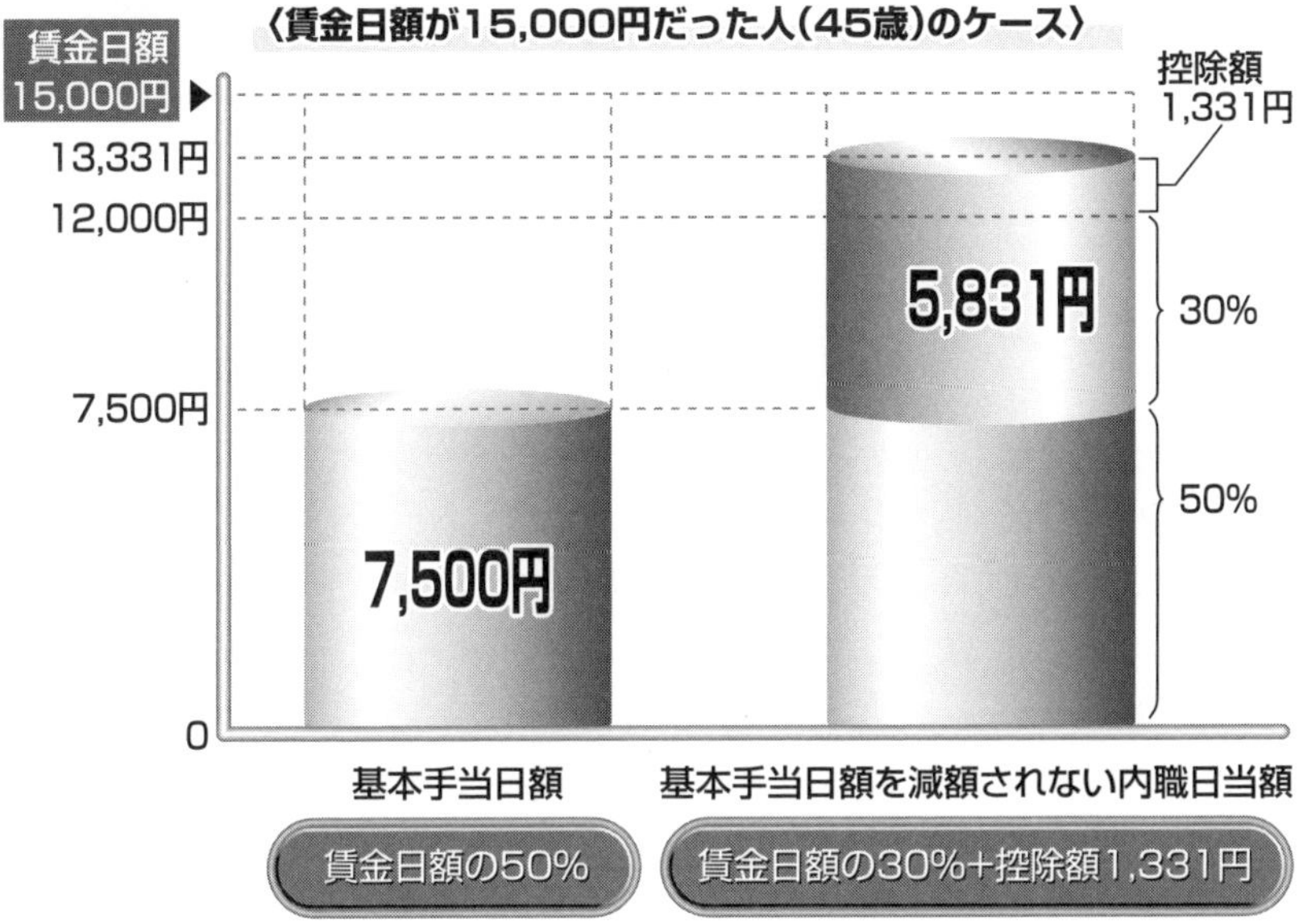

たりの平均賃金）の80％です。基本手当日額と1日あたりの内職報酬を合計した額がこの範囲内に収まれば、後からもらえる失業手当は1円も減額されずに受給できます。

在職中の給料が安かった人は、失業手当だけですでに賃金日額の80％めいっぱいもらえますから、1円でも内職で稼いだら基本手当日額を減額されることになりますが、ありがたいことにこの制度には税金と同じような「控除」があって、1日あたり1331円（2023年8月改定）までなら80％を超過しても基本手当日額は減額されない仕組みになっています。

ようするに、失業手当と内職報酬を合わせた収入がサラリーマン時代の給料の80％までなら、就職活動の合間に家計補助的な労働をしている「失業状態」にあると認めて、失業手当はそのまま支給しようという制度になっているわけです。

もちろん、アルバイトと同様に内職の場合も、就職活動をほとんどしないで毎日それに専念していると、「失業の状態にはない」と判断されてその時点で失業手当の支給を停止されてしまうことはいうまでもありません（一定の求職実績が必要。101ページ参照）。

内職で月9万稼いでもOK？

内職を活用した裏ワザの恩恵をもっとも受けられるのは、在職中の給料が高くて基本手当日額が賃金日額の50％になる人です。なぜなら、50％の人の場合、基準となる賃金日額の80％に達するまでの30％は内職で稼いでも基本手当日額は減額されないからです。

そのうえに控除額の1331円がプラスされますからかなり稼げる余地はあるといえます。

たとえば、45歳で賃金日額が1万5000円（平均月収45万円）の人を例にとると、基本手当はその50％で7500円。内職しても基本手当が減額されない80％のリミットは1万2000円ですから、基本手当との差額となる「30％の4500円＋控除額の1331円＝5831円」までなら内職で稼いでもOKです。

もし、職安で「毎日やってもいい」（職安によってこの対応は大きく異なるので注意）といわれたら、なんと月（週5日×4週＝20日）に11万円以上稼いでも、基本手当を1円も減額されずにダブル収入となるわけです！

「話はわかるけど、内職なんてそうカンタンに見つかるものではない」と思う人もいるでしょう。

確かに以前は、職安で「内職」と認められる職種はかなり限られていましたので、内職を活用した裏ワザは、カンタンにできるわけではないのが難点でした。

しかし、いまはそんな心配は必要ありません。

平成15年の法改正によって、仕事の内容や契約形態にかかわらず1日4時間未満の労働ならば、すべて「内職」と認められるようになったからです。

つまり、1日4時間未満の契約で働きさえすれば、ごくフツーのアルバイト職種でもOK。すると手当とバイト代をW受給でき、なおかつ就業手当を一切気にせずにいつでも自由に稼げるようになるわけです。

失業手当だけでは生活が苦しいので、受給中も稼ぎたい人は、どんな形態の仕事でもいいから1日4時間未満にしておけということですね。

そして、この裏ワザを実践するにあたっては、もうひとつ「週20時間未満」という〝隠れ基準〟があることも覚えておいてください。

職安では「たとえ1日の労働が4時間未満でもあっても、雇用保険の被保険者となる場合は『就職』または『就労』したものとみなします」とされていて、雇用保険に加入できる基準が週20時間以上ですから、それを超えて働くと、基本手当は不支給（後回し）となるばかりか、就業手当の対象にもなってしまいます。

ただし、独立自営をはじめたときのように、1日4時間以上働いても、それによって得た収入が賃金日額の下限額（2746円）未満ならば「内職」と認められます。

46 失業生活中にアルバイトでより多く稼ぐには？

失業生活をうまくのりきるためのアルバイトと内職の上手なスケジューリングのコツについても解説しておきましょう。

まず給付制限を課せられて明日からの生活が心配な人は、先述した裏ワザを駆使して、契約期間を定めた短期派遣やアルバイトをできるだけフルタイムに近い条件でやりましょう。職安へ報告さえしていれば、「不正受給」とされる心配はなく、安心して働けます（ただし、この間に3回以上の求職実績が必要）。

もちろん、失業者は1日も早く再就職先を見つけるのが最優先で、本来はこの時期から就職活動に専念するべきなのですが、給付制限をのりきる財政的余裕のない人の場合、明日からの生活の糧を確保するための緊急避難としてそうするのが賢明なわけです。

給付制限が終わると基本手当がもらえ、ようやく余裕をもって就職活動に専念できますので、もはやアルバイトをする必要はありません。

ただ、雇用情勢の厳しい時代に短期決戦を挑んでもカンタンに玉砕しがちですので、気分転換のつもりで土日を中心に週2日程度、アルバイトをするのもいいかもしれません。

このとき、フツーに1日8時間働いてしまうと、就業手当の支給対象になってしまいますから、1日4時間未満でなおかつ週20時間未満の条件で働けるバイトを探すのが鉄則です。

最近は、1日3時間から働けるクチもありますから、そういったクチで「内職扱い」にしてもらえば、手当とバイトの給料をW受給が可能になるわけです。

なお、「基本手当＋1日あたりの内職収入」が賃金日額の80％を超えてしまった場合は、その超えた分だけ手当は減額されてしまいます。その減額分についてはアルバイトのように後から支給とはならず、永遠に消滅してしまいますので注意してください。

逆に、1日の内職収入だけで賃金日額の80％を超えると、手当は全額不支給となりますが、その分はアルバイトと同じく先送りにされ、後で支給されます。

さらに、給付日数も残り少なくなってきたので、もっとみっちりやりたいと思ったら、支給残日数が45日を切ってから（150日以上の人は、支給残日数が3分の1を切ってから）1日8時間のバイトをはじめてください。そうすれば、就業手当の支給対象外となり、働いた日数分は一時的には不支給となりますが、後から全額支給（ただし退職の翌日から1年間）されます。

■内職で稼ぎすぎたら、どうなる？

内職で稼いだ「収入」と「基本手当」の合計が、賃金日額（退職前の平均日給）の80％を超えると超えた分の「基本手当」は支給されない。その減額された分は、先送りされずに完全消滅してしまう。逆に、「収入」のみで賃金日額の80％を超えた場合は一時的に全額不支給になるが、支給が先送りされるだけで後から全額支給される。

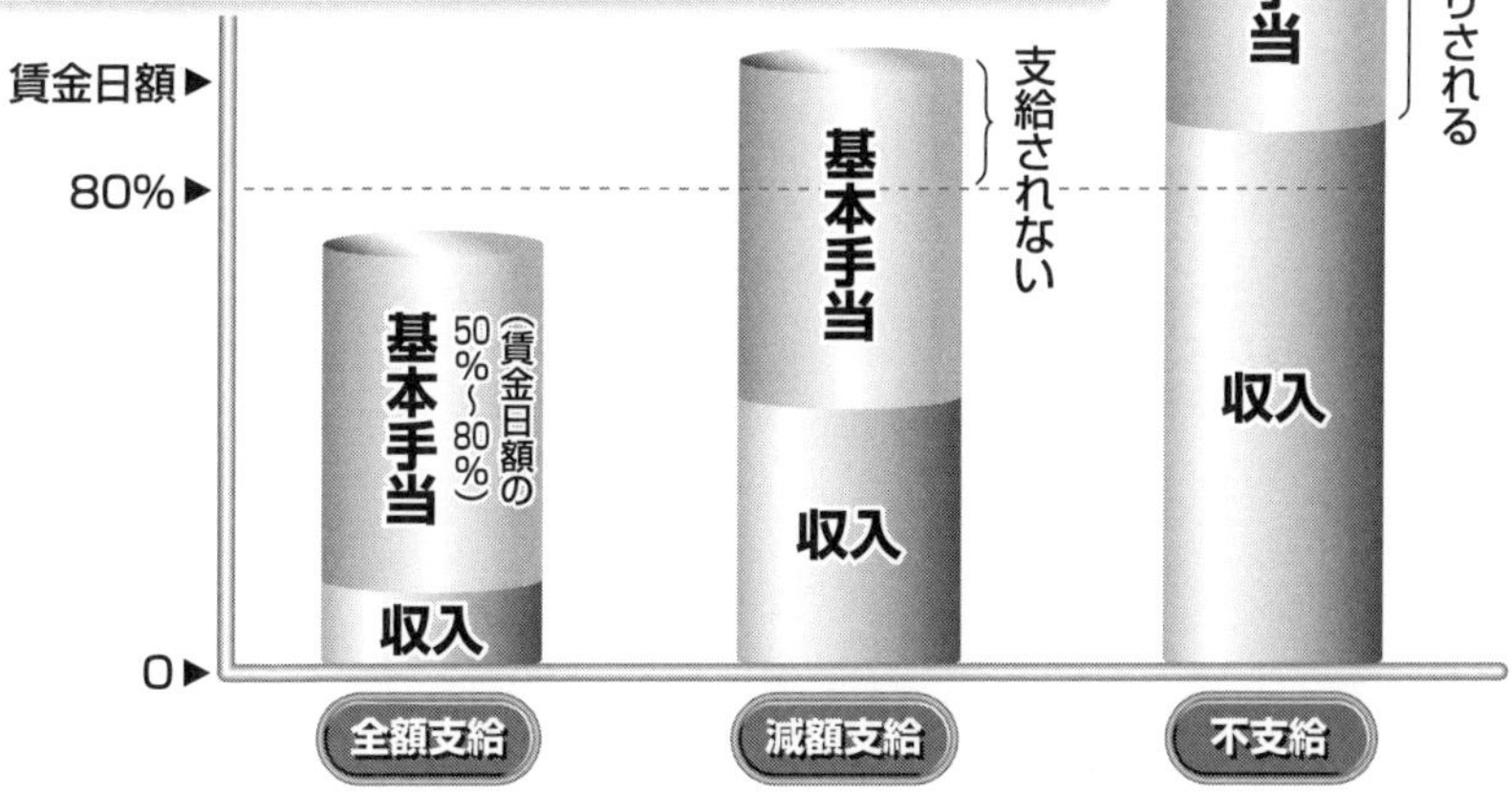

※ここでいう「収入」とは、「内職収入の1日分に相当する額−1331円」のこと

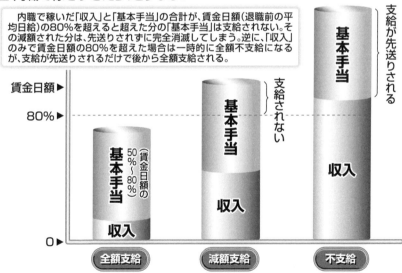

47

「訓練延長給付」を受けやすくするには？

「公共職業訓練の受講開始時点で支給残日数が一定以上あれば訓練修了まで失業手当の給付が延長される（174ページ参照）」と2章17項で解説しましたが、この裏ワザにもひとつデメリットがあります。それは、人気コースになると競争率が高くなっていて、なかなか入れないことです。

基本的に公共職業訓練は失業期間中なら何度でもチャレンジできますので、もし選考から漏れても改めてほかのコースを志望すればいいわけですが、ありがちなのは「やっと入れたと思ったら、受講スタート時にはすでに所定給付日数3分の2をもらいきっていた」というケースです。その場合、職安では受講指示（訓練延長給付にはこれが必要）の対象外と扱われますから、職業訓練に通う期間の延長給付はされません。

そこで知っておきたいのが、支給対象期間にわざとアルバイトして所定給付日数の最後の日を後にズラしておく方法です。

支給対象期間中にアルバイトした日の失業手当は、所定給付日数の最終日の後に先送りにされます。

たとえば、所定給付日数が90日の人がその受給中に5日間就労したとすると、その5日分の失業手当は本来なら給付がすべて終わるはずだった90日目の後に先送りにされます。

その結果、「トータルの所定給付日数は減りませんが、所定給付日数分の失業手当をもらいきる最終日が5日後ろにズレる」わけです。短期的に見ると一度に受け取る失業手当の手取額は減ってソンのように感じますが、その分だけ「訓練延長給付」のリミットも後ろにズラせます。「あと5日で職業訓練コースに入れるのに、所定給付日数の3分の2をもらいきってしまった」というケースでは、この裏ワザが絶大なる効果を発揮するわけです。

ただし、受給中にアルバイトしても支給される就業手当をもらってしまうと、働いた日数分の支給は後回しされず所定給付日数から完全に消えていきます。

そこで、就業手当は、たとえ支給要件をクリアしていたとしても申請しないのが鉄則。最近は職安でも、対象者に申請を促すことはほとんどしなくなっているようですので、無理矢理申請させられるのではという心配は無用です。

また、訓練延長給付の「3分の2ルール」（174ページ）が厳格に適用されるようになったため、就業手当の支給要件である所定給付日数の3分の2を切ってからアルバイトをすると、今度は肝心の訓練延長給付が適用外になります。なので、このケースでは、就業手当は申請しないことを前提に、なるべく早期にアルバイトを始めるのが賢明です。

■ もらえないはずだった訓練延長給付を受給するには?

〈給付制限ありで所定給付日数が90日のケース〉（2020年10月1日以降に離職）

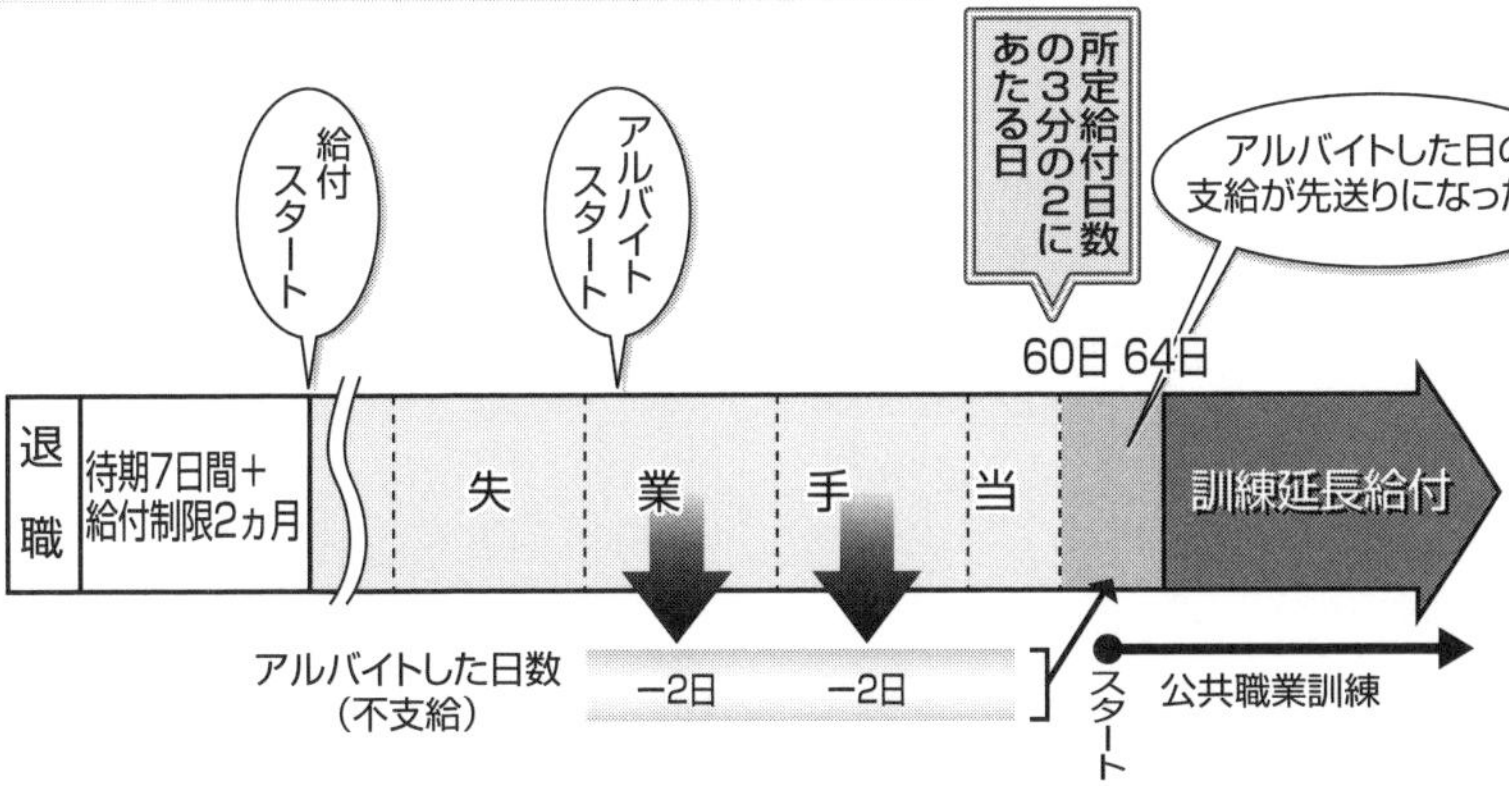

公共職業訓練スタート時に支給残日数が一定以上ないと、「訓練延長給付」は受けられない。たとえば、上のようなケースで、職業訓練を受講できることになったとしても、訓練スタート時には所定給付日数90日の3分の2にあたる60日分の支給が終わってしまっているので、訓練延長給付はされないことになる。しかし、そんなときでも、事前にアルバイトをして支給日を先送りにしておけば、訓練延長給付を受けられるようになる。

「ダメモト」でやってみよう！

ここまで解説してきた裏ワザを実行に移すとき、以下のような事態が発生する恐れがあります。

(1) 受給資格切れ間近になってからあわてて多日数のアルバイトの申告を行なった場合、後日、職安で手続きを行なうときに「延長給付を目的に受給可能期間を意図的に操作した」とみなされる可能性がある（失業認定日を欠席した場合も同じ）。

(2) その結果、訓練スクールから受講許可が出ても、職安から受講指示が出ない。つまり、訓練期間中、基本手当の延長給付がされなくなる（受講手当および通所手当の支給もなし）可能性もある。

(3) 訓練スクールに願書を提出する時点で〝延長給付の要件〟（174ページ参照）をクリアしていない場合、後日新たにアルバイトの申告を行なうなどして、受講開始日に延長給付の要件をクリアすることに成功したとしても、すでに書類上は「延長給付対象外」と処理されているため、職安の受講指示が出ない可能性がある。

《結論》 現状では、職安で職業訓練の申し込みをする時点で、訓練開始日に受給資格切れになっていると、延長給付が適用されない可能性があります。

少なくとも、申し込み日までに「訓練開始日は支給残日数が1日以上ある」状態にしておくことが重要です。なので、失業手当をもらいながら職業訓練を受講したい人は、受給開始当初から少しずつアルバイトして、支給終了日を先送りしておくのが賢明でしょう。

それでも、運悪く「訓練開始日に受給資格が切れるときは、ダメモトで前記の裏技を実践してみてもいいかもしれません。「延長給付なし」と判定されても、ペナルティーが課せられることはありませんので、何もせずにあきらめるよりもマシだからです。

※現在、訓練延長給付について詳しく検証中ですので、上記に関連した体験情報がありましたら、著者のメールアドレスまでお知らせください。

49 U・Iターン向け、広域求職活動費と移転費

都会を離れて田舎暮らしを始めたい人や、地元を離れて都会で条件のいい職を得たい人にとって悩みのタネなのが、就職活動にも交通費が結構かさむこと。

そんなとき活用したいのがU・Iターン就職を支援してくれる雇用保険の給付です。

まず遠隔地での就職活動にかかる費用の面倒をみてくれるのが「**広域活動費**」。ハロワで紹介された遠隔地にある求人事業所を訪問して面接等を受ける際にかかる交通費（鉄道賃、船賃、航空賃、車賃）と宿泊費が支給されます。

交通費はほぼ実費。宿泊費も原則一泊８７００円程度ですが、全額自己負担することを考えたら地獄に仏。

めでたく採用されて赴任することになったら、雇用保険から「**移転費**」が支給されます。

こちらはハロワだけでなく国に認可された民間職業紹介事業者の紹介求人でも対象になります。

意外に知られていないのは、公共職業訓練を受講するケースも対象になること。遠隔地で志望する分野の訓練コースがみつかった場合も、この移転費が支給される可能性大。

移転費は、かかった交通費のほか、引っ越し費用として「移転料」や「着後手当」まで支給されます。

いずれも、雇用保険の受給資格さえあれば、特にこれといって難しい支給要件はありませんが、あくまでもハロワで適当と認められた場合でなければなりません。２０１８年1月からは、どちらの給付も給付制限期間中の人でも支給対象になるようになりましたので、早めに地元ハロワに相談してみるのが得策です。

■ 広域求職活動費と移転費の支給要件

広域求職活動費の支給要件

① 雇用保険の受給資格者であること
　※広域求職活動の指示を受ける時点で、受給資格者であれば、広域求職活動を開始する時点で、受給資格者でなくても対象となる。
② ハローワークに紹介された求人が、その受給資格者の方に適当と認められる管轄区域外に所在する事業所のもので、その事業所の**常用求人**であること
③ 雇用保険の受給手続を行っているハローワークから、訪問する求人事業所の所在地を管轄するハローワークの間の距離（往復）が、交通費計算の基礎となる鉄道等の距離で**200キロメートル以上**あること
④ 雇用保険の待期期間が経過した後に、広域求職活動を開始したこと
⑤ 広域求職活動に要する費用が、訪問先の求人事業所の事業主から支給されないこと、またはその支給額が広域求職活動費の額に満たないこと
＊ 上記のほか、職業紹介の拒否等による給付制限を受けた場合は、その給付制限期間が経過した後に、広域求職活動を開始したことが必要。

移転費の支給要件

① 雇用保険の受給資格者であること
② 雇用保険の待期期間が経過した後に、就職し、または公共職業訓練等を受けることとなったこと
③ **ハローワーク、特定地方公共団体または職業紹介事業者**（※1）**が紹介した職業**（※2）に就くため、またはハローワークの所長の指示した公共職業訓練等を受けるために、住所・居所を変更する場合
　（※1）職業安定法第4条第8項に規定する特定地方公共団体または職業安定法第18条の2に規定する職業紹介事業者をいう。なお、職業紹介事業の停止を命じられている職業紹介事業者または業務改善命令を受けている職業紹介事業者から紹介を受けた場合は、移転費の支給対象とはならない。

　（※2）雇用期間が1年未満である場合や、循環的に雇用されることが慣行となっている場合を除く。
④ 事業所または訓練施設が、次のいずれかに該当するため、ハローワークが住所・居所の変更が必要であると認める場合
　a．**通勤(所)時間が往復4時間以上**である場合
　b．交通機関の始(終)発の便が悪く、通勤(所)に著しい障害がある場合
　c．移転先の事業所・訓練施設の特殊性や事業主の要求によって移転を余儀なくされる場合
⑤ 事業所、訓練施設その他の者から就職準備金その他移転に要する費用が支給されないこと、またはその支給額が移転費の額に満たないこと

6章

50万円はトクできる「公共職業訓練」受講術

49 公共職業訓練を受講する7つの基本メリットとは?

公共職業訓練を受講するメリットはたくさんあります。それを整理しておきましょう。

①失業手当を受給しながら通える

原則として、所定給付の3分の2を受給し終わるまでに公共職業訓練を受講すると、失業手当が訓練修了まで延長される場合があります（給付制限なしの人は、最大150日を限度に所定給付日数分の失業手当をすべてもらいきるまで。174ページ参照）。一番オトクなのは、給付制限なしで所定給付日数120日以下の人が「所定給付日数分の失業手当をちょうどすべてもらいきる日に入校した」ケースです。しかし、計算違いで1日でも入校が後にズレると、1円ももらえなくなってしまいますから注意が必要。

さすがに、そこまでギリギリの裏ワザは難しいとしても、給付が残り1カ月くらいで入校して新たに6カ月も延長されれば、相当おいしい話といえます。

②実践的な知識や技能が身につく

各職種の仕事に就くうえで必要不可欠な知識や技能を、より実践的な実習を通してマスターできます。しかも、その職種に必要な資格を修了後に取得できるコースもあります。

③各種手当がもらえる

訓練施設に通っている期間中は、失業手当以外にも、左上の図のように「通所手当」や「受講手当」などがもらえます。自己負担は「教材代」（総額で1～3万

■ 公共職業訓練に通う間、支給される手当とは？

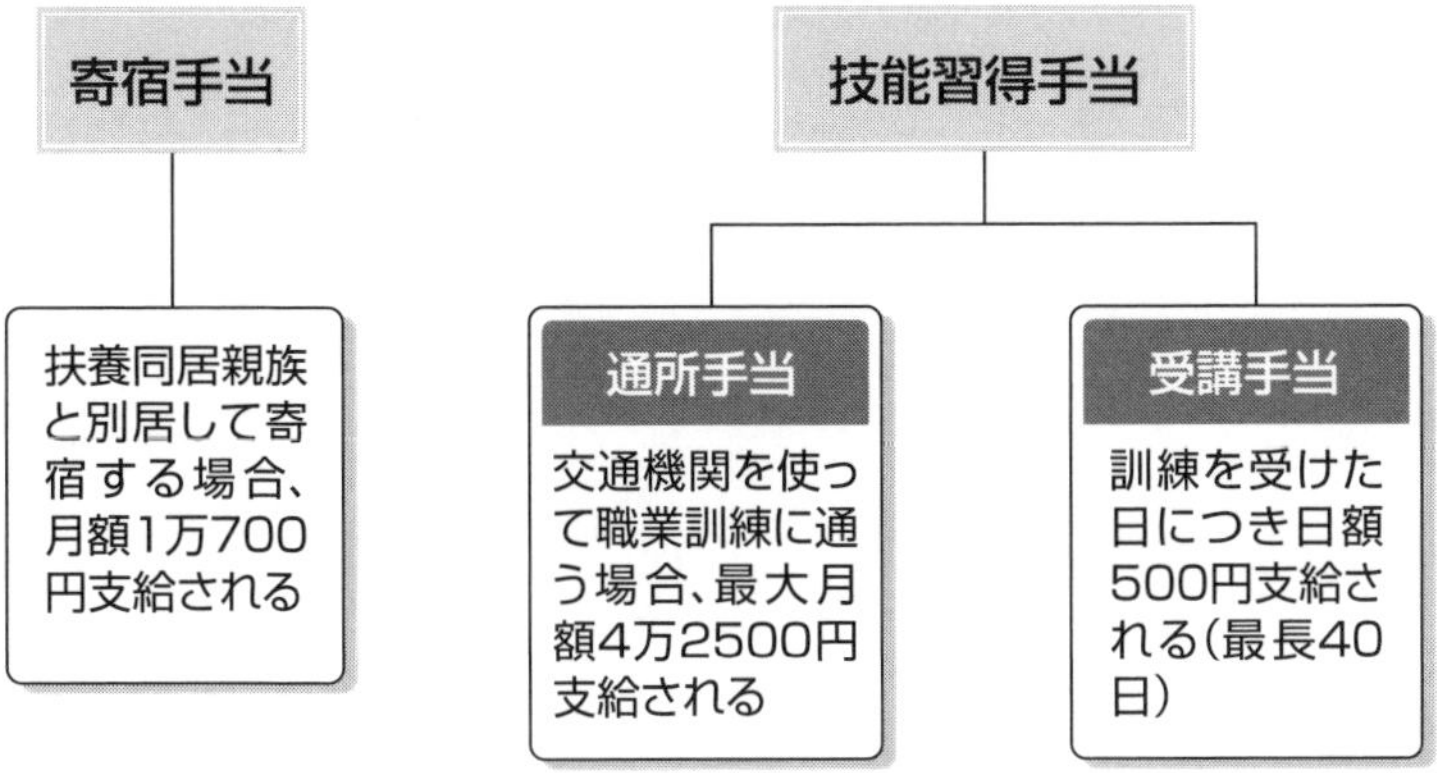

公共職業訓練に通っている期間中は、失業手当や訓練延長給付以外にも3つの手当が支給される

円・貸与となるケースも）と「作業服代」だけです。

④認定手続きがカンタンになる

一般の失業者が失業手当を受給するには、失業認定日のたびに職安に出かけて係官と面談しなければなりません。しかし、公共職業訓練を受講した場合には、毎月末が認定日となり、手続きは訓練校側が一括して代行してくれますので、認定日のたびに職安に出かける手間がなくなります。

⑤共通の目的を持った仲間ができる

失業すると孤独感にさいなまれがちになるものですが、スクールに通えば同じような境遇の人がたくさんいて、そこで毎日共通の目的を持った仲間ができますから、精神的にもずっとラクになるようです。

20代から60代まで幅広い年代の人とつき合うことになり、ココで知り合った仲間たちと卒業後もつき合いが続いているという人も多いようです。

⑥生活のペースがつかめる

朝起きてもどこにも行くところがないと怠惰な生活に陥ってしまいがちですが、とりあえず訓練施設に通えば、毎日の生活のリズムを整えられ社会復帰への格好のリハビリになるはずです。

⑦就職を斡旋してもらえる

卒業時には、訓練施設と職安が連携して就職先を斡旋してくれます。過去に卒業生の就職実績があまりないコースは求人も少ないため期待はできませんが、それでもやみくもにひとりで就職活動を続けるよりも有利なことは確かです。

＊

公共職業訓練は、失業者にとってこのうえなくありがたい制度なのです。

何より自分が、毎日確実に
前進している実感に救われる
じゃ、学校
行ってきます
いってらっしゃい
がんばってねー

50 公共職業訓練には2つのタイプがあるの？

雇用状勢は、ひと頃に比べてかなり改善されたとはいえ、人気分野の訓練コースともなると、競争率は依然高いままです。

何の予備知識もなくいきあたりばったりで動いたのでは、各コースの募集要項さえ十分に把握しきれないでチャンスを逃してしまいがちです。

そこで、まずは公共職業訓練の基礎知識から解説しておきましょう。公共職業訓練と呼ばれるものには、次の2つのタイプがあります。

①都道府県など自治体が運営するもの

かつては「職業訓練校」と呼ばれていましたが、いまは「**技術専門校**」と呼ばれている都道府県が運営している職業訓練を専門に行なう施設のことです（東京都立技術専門校は平成19年4月から「都立職業能力開発センター」と名称が変わった）。

コース内容は、電気、機械、建設、印刷、事務、福祉（介護サービス関係）などといった幅広い分野が用意されていますが、どちらかといえばホワイトカラーの事務職向けよりも現場系の仕事の知識・技能をマスターするコースのほうが多いのが特徴です。

訓練期間はほとんどが3カ月または6カ月ですが、1年コースや2年コース（おおむね30歳以下の若年者対象）も用意されています。1年コース以上になると、訓練修了後に資格が取得できる場合もあります。

②国が運営するもの

厚生労働省の外郭組織である「独立行政法人高齢・

障害・求職者雇用支援機構（以下、機構）」が運営する職業訓練プログラムのことで「**ポリテクコース**」と呼ばれています。

「ポリテクセンター」という職業訓練専門施設で行なわれるケースが一般的です。

訓練期間は一般的には3～6カ月ですが、まれに1年コースもあります。

基本的には、技術専門校と同じようなコースが用意されていますが、技術専門校に比べてパソコンを活用したコースやIT（情報技術）に関連した技術職を養成するコースなどが比較的多く設置されているのが特徴です。

③民間専門学校で実施されるもの

専門の職業訓練施設ではなく、民間専門学校で実施されるタイプの訓練です。どこの地方でも、オフィスでの事務処理に必要なパソコン技能をマスターする短期訓練等が数多く開設されています。

この委託訓練は、機構運営と都道府県運営に分かれていましたが、平成23年4月以降、機構運営は原則廃止。それに代わって、機構が認定する民間専門学校実施の求職者支援訓練が多数開設されるようになりました。求職者支援訓練は、主に雇用保険を受給できない人が対象ですが、雇用保険受給者でも受講は可能です（169ページ参照）。

＊

選考は、6カ月以上のコースでは筆記試験・面接（適性検査も）が行なわれる場合もあります。しかし、1～3カ月の短期コースになると、「筆記試験はもちろん面接も一切なく、適性検査だけ」、もしくは適性検査すらなく「職安の係官と面談して申し込むと、後は書類審査のみ」というケースも多いのが大きな特徴です。

注意したいのは、「失業手当をもらいながら通うには、必ず失業手当の受給手続きをしている職安を通して申し込まなければならない」ことです。

職安では、個別に「職業訓練を受けることで、就職が容易になるか」を判断して、入校指示や推薦を出します。その入校指示を受けた人だけが、訓練延長給付などをもらいながら通えるシステムになっているわけです。

別記第1号様式乙（第3条関係）

東京都立職業能力開発センター入校願書（短期課程）

東京都立　　　　　　長　殿

次のとおり入校したいので申請します。

年　月　日

※番号		区分	1 一般向け訓練 2 高年齢者訓練	科名	（昼間・夜間）	写真 縦3.0cm×横2.4cm 上半身無帽正面無背景出願前3箇月以内に撮影したもの
ふりがな 氏名 （年齢）	満　歳（　年　月　日生）	性別		現住所	郵便番号 連絡先電話番号　（　）	

最終学歴（専修学校及び各種学校は除く。）	在学期間	校名（専攻科）	
	年　月から 年　月まで	（専攻　科）	卒業 3月卒業見込み 中退

職歴（最近のものから順に記入）	在職期間	事業所の業務内容	従事職務内容
	年　月から 年　月まで		1 生産・技術 2 事務 3 サービス・販売 4 その他
	年　月から 年　月まで		1 生産・技術 2 事務 3 サービス・販売 4 その他
	年　月から 年　月まで		1 生産・技術 2 事務 3 サービス・販売 4 その他

受付安定所	
雇用保険（失業給付）	0 受給資格なし 1 受給資格あり｛ア 受給中　イ 手続中　ウ 未手続
受講職種と前現職の関係	0 なし　1 あり
資格等	
募集を知ったきっかけ	1 学校 2 職業能力開発センター 3 職業安定所 4 テレビ・ラジオ 5 新聞・雑誌 6 ポスター 7 都・区・市・町・村のお知らせ 8 職業能力開発センター修了生・知人 9 ホームページ 10 その他
※備考	

備考　※印欄は記入不要

（日本工業規格A列4番）

51 パンフレットに載っていない追加コースとは?

公共職業訓練を受講するには、まずはおもな訓練コースについての情報を集めることから始めなければなりません。

とりあえず職安へ行って公共職業訓練に関するパンフレットをもらってくればいいわけですが、このときにほとんどの人がおちいるのが、もらったパンフレットをざっと見ただけで「ロクなコースがない」と早合点してしまうことです。

「技術専門校」と「ポリテクコース」については、すべてのコースが網羅されているパンフレットがどこの職安にも常備されていますので、それを見れば一目瞭然です。あらかじめ訓練校別に実施されるコース内容が決まっていて、年度ごとに多少の廃止・新設はあっても、コースのラインナップに大きな変動はありません。

一方、民間専門学校で行なわれる委託訓練については、必ずしもすべてのコース情報が職安では入手できないと考えておいたほうがいいでしょう。

随時イレギュラーに新しいコースが追加されるため、新しいものについては職安に置いてあるパンフレットに掲載されていないケースも少なくないのです。

収集の仕方としては、パンフレットで技術専門校とポリテクコースについてシッカリ調べてから、担当部署に問い合わせて最新の情報を入手するのがもっとも確実です。

最近は、都市部の主要な職安に職業訓練専門の相談窓口が設置されていますので、そちらを活用するといいでしょう。

なお、インターネットで情報収集する場合は、技術専門校は〝都道府県のホームページ〟から、ポリテクコースは〝高齢・障害・求職者雇用支援機構のホームページ〟から各地の都道府県センターへアクセスしていくのがコツです。

どちらも「訓練生募集」を探してクリックしてみてください。

ただし、最新の募集データが掲載されていないこともありますから注意してください。

※全国で実施されている公共職業訓練コースは、ハローワーク・インターネット・サービス（https://www.hellowork.mhlw.go.jp/index.html）のトップページから「仕事をお探しの方」→「ハロートレーニング情報検索」へとアクセスしていくと検索できます。

52 住んでる都道府県以外でも受講できるの？

技術専門校のパンフレットを見てみると、機械や電気・建設といった現場系の職種を養成するコースばかりで、「いまいち興味が持てる分野がなかった」と感じる人も少なくないはず。

13校もある東京のような都市部なら福祉関係や事務関係などのかなりバラエティに富んだコースのなかから選択できますが、1～2校と設置数が少ない地方などでは選択肢がどうしても限られてきます。

そんなときは隣接する都道府県のコースも調べてみましょう。居住地の都道府県以外でも入校できますので、通える範囲にある隣接県で興味が持てるコースがあれば、そちらを志望するという手もあります。

技術専門校の魅力は、何といっても1年以上のコースも用意されていることです。3カ月や6カ月では基礎的な知識や技能の習得にとどまり、なかなか資格の取得にまではいたりませんが、1年や2年のコースになると、「プログラム修了と同時に資格が取得できる」というおいしい特典があります。

おいしい資格が取れる？

どれくらいおいしいのか、東京都立の技術専門校（職業能力開発センター）を例に見ていきましょう。

電気工事コース、電気設備システムコース（いずれも期間は1年・電気工事はおおむね30歳以下）を修了（校内試験に合格）すると、「第二種電気工事士」の資格が無条件でもらえます。

電気工事士は国家資格ですから、普通に取得するには難しい筆記と実技の試験をパスしなければなりません。経済産業省認定のスクールに1年間通うと無試験で取得できるヌケ道もありますが、高額な費用がかかります。一方、都立技術専門校の場合は、平成19年度から1年以上のコースのみ授業料がかかるようになりましたが、それでも月額9900円程度（年間11万8800円）と激安。そのうえ、一定の要件を満たせば、失業手当を訓練修了までもらいながら資格を取得できるわけです。

また電気・通信工事コース（6カ月）を修了すると「工事担任者AI第3種」がもらえます。この資格は電気通信機器端末の接続工事を行なう専門家に与えられる、れっきとした国家資格です。

そのほか、該当するコースを修了すると実技試験が免除になったり、受験資格がもらえたり、さらには受験に必要な実務経験が短縮されるといった特典も見逃せません。

なかでもおいしいのが、建築関係の1年コース。

インテリア設計施工を修了すると、2級建築士の受験に必要な7年の実務経験（建築・土木関係の学校を卒業していない人）が3年に短縮されます。1年通うと4年も取得までの期間を短縮できるわけですから、これもかなりおいしい話といえるでしょう。

そのほか、3カ月や6カ月のコースで資格特典がないOAや事務関係のコースでも、訓練期間中に資格試験が行なわれる場合は、ひとりでコツコツ勉強するよりも有利なことは確か。そのあたりのこともじっくり考えてめぼしいコースを探してみましょう。

なお、職業訓練で資格を取る方法については、拙著『新版「職業訓練」150％トコトン活用術』に詳細に解説していますので、興味のある方はチェックしてみてください。

■ 取得できる主な資格等

資格の名称	修了科目	備考（条件等）
（国家資格）技能士補	2年コースの全科目 1年コースのうち高等学校卒業程度の基礎学力（学力検査）対象科目	修了時試験に合格した訓練修了者 （2級技能検定の学科免除） ※学科免除にならない科目が一部あります。詳細は、職業能力開発センターまたは雇用就職部能力開発課技能評価担当（Tel.03-5320-4717）へお問い合わせください。
東京都技能士補	若年者就業支援（溶接コース、塗装コース、建築塗装コース）	修了時試験に合格した訓練修了者（訓練到達水準を証明）
東京都一種公害防止管理者	環境分析	校内試験に合格
第二種電気工事士	電気工事、電気設備システム	訓練修了者
工事担任者ＡＩ第３種	電気・通信工事	校内試験に合格
ガス溶接技能講習修了証 ※1	溶接、環境空調サービス、配管、建築設備、自動車塗装、建築設備施工、機械加工、自動車車体整備、若年者就業支援（溶接コース）、板金溶接	指定講習修了者
東京都屋外広告物条例に定める講習修了者	サイン・ディスプレイ、広告美術	訓練修了者
実務者研修修了証明書	介護サービス	養成研修修了者
介護職員初任者研修修了証明書	福祉用具、介護福祉用具、生活支援サービス	養成研修修了者
福祉用具専門相談員指定講習修了証	福祉用具、介護福祉用具	指定講習修了者
ボイラー実技講習修了証 ※2	ビル管理、電気設備管理	指定講習修了者

※1　東京労働局長登録教習機関（登録番号 安第17号）登録有効期間（2024年3月30日）
※2　東京労働局長登録教習機関（登録番号 第2号）登録有効期間（2024年5月12日）

■ 取得できる主な受験・受講資格

* 学校教育法による高等学校を卒業した者又はこれと同等以上の者
** 東京障害者職業能力開発校のみ（訓練期間６カ月の赤羽校は対象外）

試験の名称	修了科目	備考（条件等）
２級自動車整備士試験	自動車整備工学	修了時（実技試験免除）*
３級自動車整備士試験	自動車車体整備	1年修了時（実技試験免除）
自動車車体整備士試験	自動車車体整備	修了時（実技試験免除）
排水設備責任技術者試験	建築設備、配管、建築設備施工、住宅リフォーム、マンション改修施工	修了時（実務試験免除）
二級建築士試験	インテリア設計施工、建築CAD**	修了後、学歴により3～5年の実務経験
木材加工用機械作業主任者技能講習受講資格	木工技術	修了後、2年の実務経験
ビルクリーニング技能検定（１級）	ビルクリーニング管理	修了後、4年の実務経験
ビルクリーニング技能検定（２級）	ビルクリーニング管理	修了後、1年の実務経験
技能検定（２級）	普通課程／和装技術等 短期過程／グリーンエクステリア庭園施工管理、配管、住宅内外装仕上等	修了時（実務試験免除）

53 前回の応募倍率が高いコースほど、ラクに入れるの？

いくら自分の志望にピッタリのコースがあっても、「開講が半年先で、そのときにはすでに受給資格切れ」というのでは話になりません。そこで、技術専門校にしろポリテクコースにしろ、コース選択にあたって真っ先にチェックしたいのが「募集期間」です。

まず専門の訓練施設で行なわれる訓練（都道府県運営の技術専門校や機構運営のアビリティコース）の場合、入校時期は4月と10月が比較的多いのですが、一部に7月と1月入校のコースが用意されているところもあります。ただし、1年以上のコースはどこも4月入校のみです。

募集期間は、その3カ月前から2カ月前まで。つまり、4月入校なら、1月初旬（または中旬）から受けつけ、2月初旬（または中旬）に締め切りになるのが一般的です。

一方、民間の専門学校で行なわれる**「委託訓練コース」**（都道府県運営）の場合、それ以外のシーズンでも随時募集しています。

委託訓練のなかには、募集期間が入校1カ月前の1〜2週間と極端に短いコースもありますので、注意して継続的に調べておかないとせっかくのチャンスを逃してしまいかねません。

次に、選択基準についてですが、失業手当が一定以上（174ページ）でも残っているうちに入校しないと訓練延長給付は受けられませんので、「めぼしいコースのなかで、いまから応募しても訓練延長給付されるうちに（または給付制限中に）入校できるコースを選ぶ」のが、鉄則中の鉄則です。

そのうえでチェックしたいのが、前年の応募倍率。新設コース以外は、だいたいどこでも前年（または前回募集時）の応募倍率を公表しています。もしパンフレットに掲載されていなかったら、そのコースを実施している訓練施設に直接問い合わせると教えてくれます。

考え方としては、「できるだけ入りやすいところを選ぶ」か、それとも「自分の志望する職種にこだわって選ぶ」かですが、訓練延長給付だけを目的にまったく興味のない分野のコースを選ぶと入校した後がツライですから、妥協しつつもできるだけ興味が持てそうなコースを選ぶべきでしょう。

また、公表されている倍率が高いからといって、必ずしもその数字通りに入校が難しいとは限りません。応募倍率を過去にさかのぼって時系列で見ていくと、おもしろいことに「前回募集時の倍率が高いコースほど、次の募集時には大きく倍率が下がっている」ケースが多いことがわかります。つまり、倍率の高いコースは、次回の募集時にみんなが敬遠しがちになるため、意外に狙い目かもしれないのです。

こんな情報も寄せられています。

「東京では、新宿や渋谷など便のいいところほど競争率が高いと運営サイドの人がいっていました。学校は都心から離れたところにも結構ありますので、人気を事前に調査して、人気のないところも希望に入れておくのも有効な戦略だと思います」（元公務員のSさん・32歳）。

決め手はやはり就職率でしょう。これも過去の実績を調べれば一目瞭然ですが、人気コースが必ずしも就職率がいいとは限りません。「興味が持てる分野のなかから、比較的競争率は低くて、就職率がそこそこいいコースを選ぶ」のが賢明です。

「コース名と簡単な説明だけでは、どんなことをやるのかわからない。できれば、もっと詳しい情報がほしい」――そう思ったら、訓練施設を直接訪問して見学してみましょう。最近はどこの訓練施設でも定期的（東京都の場合募集期間中に2～3回）に見学会を実施していますから、訓練施設に直接問い合わせて、それに参加してみるといいでしょう。

54 どんなタイプのコースがあるの？

都道府県が運営している「技術専門校」のほかには、どんなタイプの訓練があるのか見ていきましょう。

まず、もっともオーソドックスな訓練プログラムが**「アビリティコース」**。職業能力開発促進センターや職業能力開発大学校といった専門の訓練施設で実施されるもので、テクニカルオペレーション（機械製図・数値制御工作機械の操作など）、金属加工、ビル管理、住宅サービスなど技術専門校と似通ったコースが用意されています。訓練期間は6カ月です。

これに対して、各地の都道府県の商工労働部や技術専門校が民間の専門学校に委託して行なうのが**「委託訓練コース」**。パソコンを活用したＯＡ実務や情報システムを中心に事務系、情報系、サービス系、技術系など、職業訓練プログラムとしては比較的新しい分野のプログラムが用意されていますから、「アビリティはちょっと」と思った人もよく探せば興味が持てそうなコースが見つかるかもしれません。訓練期間は「標準3カ月」です。

もうひとつのタイプは、若年者（おおむね35歳未満）向けに特化したコースです。委託訓練に企業内実習を組み合わせているのが大きな特徴で、3カ月程度スクール内で基礎的なことを勉強した後、1～2カ月程度企業内で実習をこなしながら、より実践的な知識や技能を身につけられるようになっています（先に企業内実習をこなした後、教育訓練を実施するタイプも）。

修了後は実習先企業に就職できるコースもあるため、キャリアがなくて正社員としての就職が難しい人にとっては、またとないチャンスになるかもしれません。

55 カンタンに「入所選考」を突破するには？

公共職業訓練に入るには「**入所選考**」という難関が待っている場合があります。

技術専門校はだいたいどこでも学科試験と面接（なかには適性検査も）が実施されるのが一般的ですが、その他の訓練では地方やコースによって〝試験が実施されるところ〟と〝書類選考のみのところ〟がありま す。

具体的には、毎年定期的に募集される訓練期間が6カ月以上の「アビリティコース」では試験や面接が行なわれるケースが多い反面、1～3カ月と訓練期間が短い民間の委託訓練コースでは、試験も面接もなく書類選考のみのケースも多いようです。

それでは、何が選考の重要ポイントになるのでしょうか？　まず、すべてのコースに共通するポイントが年齢と退職理由です。

募集要項に「45歳以上60歳未満を優先する場合もあります」と明記した募集もあり、中高年でリストラされた人が有利なのは確か。技術専門校のなかには、一部の科目で雇用保険受給資格のない母子家庭の母親等を優先する枠を設けているところもあります。

自己都合退職でも入れる？

こんな情報も寄せられています。

「ポリテクコースには応募区分があり、非自発的離職（会社都合）だけでもA～Dまでランク分けされているみたいです。それ以外の被保険者がEで、私のような自己都合退職者はFなので、Eまでに定員が埋ま

ってしまったら、その時点でアウトです」（元公務員のSさん・32歳）

「うちの地方の選考基準は、年齢は30代から40代、退職理由は倒産がもっとも優遇され、次いでリストラ、期間満了、自己都合の順。私の場合20代ですが、退職理由が期間満了だったので入れたのかもしれません。あとは訓練校までの通学時間も考慮されるそうです。たとえば、瀬戸内海側の人が日本海側の訓練施設に通うのは難しいみたいですよ」（岡山県のM子さん）

というように、自己都合で退職した人はあちこち志望するにしてもかなりハンデがあるわけですが、かといって必ずしも望みが薄いわけではありません。

実際に、自己都合退職で不利と嘆いていたSさんもめでたく委託訓練コースのパソコン事務関連のコースに応募して合格したのですから。

「クラスメイトのなかでいちばん下のF区分は私だけでした。その代わり一緒に受けたE区分の元同僚が落ちました。必ずしも区分の順位に従っているわけではないようです。私が32歳で彼が28歳という年齢も考慮されたと思われます。ただし、その1カ月後に元同

■ 公共職業訓練に入るための試験問題例（東京都立技術専門校の一般科目）

〈国語〉

次の＿＿＿線部の漢字の読みをひらがなで書きなさい。

(1) 経済
(2) 銀翼
(3) 擦過傷
(4) 楼上
(5) 宰相

〈数学〉

現在、Aの貯金高は3300円、Bの貯金高は1500円です。今後、毎月Aは200円、Bは500円ずつ貯金していきます。利息は考えないで、Aの貯金高とBの貯金高が同額になるのは何カ月後か求めなさい。

『東京都立職業能力開発センター　入校案内2020』より

僚も合格。結果的に失業保険を1カ月余分にもらえることになり、彼にとってはラッキーでした。ちなみに、私のクラスメイトには、21歳女性（短大を卒業して1年働いて会社を退職）、25歳男性（大学を卒業後、私立学校に3年半勤務して退職）という若手がいるのですが、2人ともE区分です」

つまり、中高年の非自発的退職者が有利とはいえ、年齢層のほうはある程度均等に分布されるようにあらかじめ枠が決まっているようです。

2度目の受験が有利？

Sさんは、自らの合格の秘訣を次のように分析します。

「じつは私の場合、以前に一度東京都の技術校を志望して落ちていて、今回は2度目の受験でした。私の元同僚も一緒に受けて、落ちたときは初受験でした。そこで考えられるのが『2度目受験組有利説』です。そういえば、私も2度目受験のために職安に行ったとき、面談をした職員の方が『前にも申し込まれましたよね？』と声をかけてくれて、前回の受講申し込み記録をチェックしていました」

データが少ないのですべてのコースで2度目以降の受験が有利と断言することはできませんが、この証言からすれば、少なくとも一度ひとつのコースを受験して落ちても、改めてほかのコースを受験すれば合格する可能性はおおいにあるといえます。

また、公共職業訓練は基本的に「失業して困っている人」を対象にしていますから、失業期間が短い人よりも長引いている人のほうが入りやすいことも十分に考えられます。

したがって、自己都合の人で不合格となっても、めげずに何度もチャレンジしたいものです。

第1志望だけを受けたほうが合格しやすい？

もうひとつ、本書のプロローグで紹介したNさんのケースを検証してみましょう。

彼の場合も、自己都合なのに職安係官との面談だけでいともカンタンにポリテクの6カ月コースに入校できているのです。

Nさんの話を聞いてみましょう。

「私の場合、4つしかないコースのなかでビジネスワーク科を選んだのですが、ここは女性の方がほとんどでなおかつ結構倍率が高いと、職安の係官からいわれました。落ちたら困るので、『一応第2志望も入れておいたほうがイイでしょうか?』とその方に尋ねたのですが、『そうすれば、今度はそのまま第2志望に回される可能性が高いですよ』とのことでしたので、もはや余計なことをいわずに第1志望1本にしぼり、このコースでなければならない必要性と、将来への展望を力説したんです。

結果的にはそれがよかったみたいですね。係官から『第1志望に強く推薦しておきます』という言葉をもらいまして、募集締め切りの4日後に受講内定の通知が来ました。

実際には、ほかに興味が持てるコースがなかっただけですが、担当者に少しでも好印象を与えておいてソンはないと思ったことが勝因ではないでしょうか。なんせ、面接も筆記もないんですから」

なお、Nさんのケースでは、職安の推薦が効いたみたいですが、基本的にポリテクコースの選考は機構側で行ないますので、職安の判断は直接合否に関係しないケースもあります（ただし、入校指示・推薦は必要）。

前出のSさんは、こう話します。

「職安での書類提出時では、記入の仕方の説明に終始し、人物審査をしてるとはとても思えませんでした。職安はただ書類の受理・回送のみで、選考についての権限はないと思われます」

※所定給付日数を一定以上残した状態でないと訓練期間中の延長給付を受けられなくなったことにより、入所選考においても、所定給付日数を一定以上残した早期訓練開始者が優先して選抜される傾向にある（とくに、試験なしで書類選考のみで選考される委託訓練でその傾向が強くなる）

56

筆記試験の点数より、面接の印象のほうが重要なの？

学科試験や面接についての傾向と対策も見ていきましょう。

まず筆記試験についてては、技術専門校およびポリテクのアビリティコースでは、「中学卒業程度の数学と国語」について行なわれるケースがもっとも一般的です。

ただし、おおむね30歳以下の若年者を対象とした1年および2年コースのなかには一部「高校卒業程度」の学力検査が行なわれるケースもあり、科目も数学と国語のほかに英語（貿易実務コースなど）が加わることもあります。

パンフレットにそれぞれのコースについての試験科目はもちろん、時間や前年の試験内容の例まで掲載されていることもありますので、その辺のことは事前にシッカリと調べておきましょう（ちなみに、東京都の技術専門校の場合、国語は新聞記事等の文章読解問題と漢字の書き取り問題。数学は、四則演算、方程式、数列、約数と倍率、比例・反比例、面積・体積、角度、平均、割合などの分野から計算問題と文章問題を出題。試験時間は国語・数学合わせて50分）。

できれば、試験前に中学生向けの参考書などをパラパラめくってすっかり忘れている内容を思い出しておきたいものですが、テストの点数が高かったからといって、必ずしも選考にパスするとは限らないのが難しいところ。

そもそも職業訓練は「就職が困難な人に、知識や技能を身につけさせて再就職を可能にする」ことが目的の公的支援制度ですから、すでに資格や技能を持っていて容易に就職できると思われる人は対象外とされる可能性大。逆に、訓練を受けても就職できそうにない人も合格は難しいかもしれません。

もっとも合格しやすいのが、訓練を受けると飛躍的に就職しやすくなる人でしょう。たとえば、「すでに経理や社会保険事務の経験と知識があるのにパソコンは苦手という人が、パソコンソフトの操作をマスターすると就職しやすくなる」と判断されればＯＡコースに合格する可能性は高いわけです。

学科試験は、「毎日の授業についていくだけの基礎学力があるかどうか」を見きわめるだけのもので、むしろ重要なのは面接のほうだと考えておいたほうがいいでしょう。

スーツ着用で合格率アップ？

どういうわけか、試験当日はラフな格好をしていく人が圧倒的に多いようなのですが、面接にはやはりスーツ・ネクタイ着用で臨むのが鉄則です。服装を整えるだけのことで、１歩も２歩もリードできるのは間違いありません。

また、面接本番に備えて「そのコースを志望する理由」や「身につけた知識や技能を生かして将来どういったふうにキャリアアップしたいか」といった受け答えは、事前によく考えてシミュレーションしておきたいものです。

どんな面接でもやはり最終的には意欲や熱意が決め手。前出のＳさんもこうアドバイスしてくれます。

「技術専門校の面接では、絶対にやる気を見せるべきだと思います。私が技術専門校を受験したときは、筆記は満点に近かったんですが、面接で淡々と受け答えしたのが敗因でしたから」

「とりあえずどこでもいいから入りたい」が本音でも、「ぜひこのコースに入りたい」という姿勢でいきましょう。

57 雇用保険の受給資格がなくても受講できるの？

雇用保険の受給資格がなくても、職業訓練は受けられるのですが、無収入では訓練期間中の生活を維持できません。そこで、国の制度として設けられているのが「労働施策総合推進法（※）に基づく訓練手当」。

もちろん、訓練手当が支給されるのは「就職困難者」に限定されるのですが、職安がそれと認めて受講指示を出してくれれば、支給されます。気になる支給額は、月11～13万円程度（居住地によって異なる）。

雇用保険に加入できなかった人や、手当をもらいきっても就職が決まらなかった人にとっては、ぜひ活用したい制度のひとつといえます。

ただし、訓練手当の支給要件は、全国一律ではなく地域によって大きな差があるのが実情です。

予算が少ない地方では、激甚災害の被災者や障がい者にしか支給されないのに対して、潤沢な予算を持っている地方では、母子家庭の母親等、職安が就職が困難と認めた人であれば幅広く適用されます。

3月の年度末が目前の頃よりも4月の新年度スタートして間もない頃のほうが支給されやすいのが実情です。

また、雇用保険を受給できない求職者が訓練を受講したときに月額10万円が支給される「求職者支援制度」という制度もあります。こちらは、訓練手当よりも支給要件のハードルは低く、かなり幅広い層が対象となっています。詳しくは、拙著『「求職者支援制度」150%トコトン活用術』をご参照ください。

※正式名は「労働施策の総合的な推進並びに労働者の雇用の安定及び職業生活の充実等に関する法律施行規則」

■「求職者支援制度」とは？

主な対象者

雇用保険に加入できなかった人、雇用保険受給中に再就職できないまま支給終了した人、雇用保険の加入期間が足りずに雇用保険を受けられない人、自営廃業者の人、学卒未就職者など

主な支援内容

① 「求職者支援訓練」または「公共職業訓練」を受講すると、「職業訓練受講給付金」(月10万円)支給(受講料は無料、テキスト代等は自己負担)
② 訓練期間中および訓練終了後も、職安が積極的な就職支援を行なう

「職業訓練受講給付金」の概要

職安の支援指示を受けて求職者支援訓練等を受講する人が、一定の要件を満たす場合に支給（原則として最長1年)。

支給額　職業訓練受講手当月額10万円、通所手当（通所経路に応じた所定の額)

支給対象者　以下のすべてに該当する人

① 雇用保険被保険者ではない、また雇用保険の求職者給付を受給できない人
② 本人収入が月8万円以下
③ 世帯（※1）全体の収入が月25万円以下（年300万円以下)
④ 世帯（※1）全体の金融資産が300万円以下
⑤ 現在住んでいるところ以外に土地・建物を所有していない
⑥ すべての訓練実施日に出席（やむをえない理由がある場合は8割以上の出席)
⑦ 訓練期間中～訓練終了後、定期的にハローワークに来所し職業相談を受けている
⑧ 同世帯（※1）で同時にこの給付金を受給して訓練を受けている人がいない
⑨ すでにこの給付金を受給したことがある（※2）場合は、前回の受給から6年以上経過している（※3)

※1　同居または生計を一にする別居の配偶者、子、父母が該当
※2　緊急人材育成支援事業の「訓練・生活支援給付金」は該当しない
※3　基礎コースに続けて公共職業訓練を受ける場合は6年以内でも対象となることがある

58 失業手当をもらってる人も「教育訓練給付」が受けられるの？

「国が学費を補助してくれる！」とした資格講座の広告を見かけたことはありませんか？

「**教育訓練給付**」のことで、これも雇用保険の給付金の一種です。

具体的には、指定講座のなかから自分で自由に選んだ専門学校のコースの受講費用（教材代を含む入学金および授業料）の一部を国が負担してくれる制度なのです。支給要件および支給額は、以下の通りです。

被保険者期間3年以上→20％（上限10万円）支給（※1）

ただし、当面の間、初めて受給する人に限って、被保険者期間1年以上でも同額の支給が受けられる

そこで、気になるのが「会社を辞めて失業中でもこの制度が適用されるのかどうか」という点でしょう。

失業手当をもらってしまうと、ほかの給付金は受け取れなくなると考えがちですが、失業手当の支給を受けた人でも前記の支給要件をクリアしていて、なおかつ受講をスタートする日が離職日の翌日から1年以内であればこの制度を利用できます。

ただし、指定講座の受講を開始したらすぐに給付金がおりるわけではないのが難点です。

教育訓練給付は入学時にいったん受講費用を全額自己負担し、講座修了後に修了証を添えて申請してはじめて給付金がおりるシステムで、途中で辞めたら1円も出ません。失業手当の訓練延長給付を受けながら授業料無料で通える「公共職業訓練」に比べると、どうしても見劣りしてしまいますね。

でも、失業期間中にぜひ資格を取得したいと思っている人にとっては、活用次第でかなりオトクな制度に

■「教育訓練給付」を受けるための条件と手順（平成19年10月1日〜）

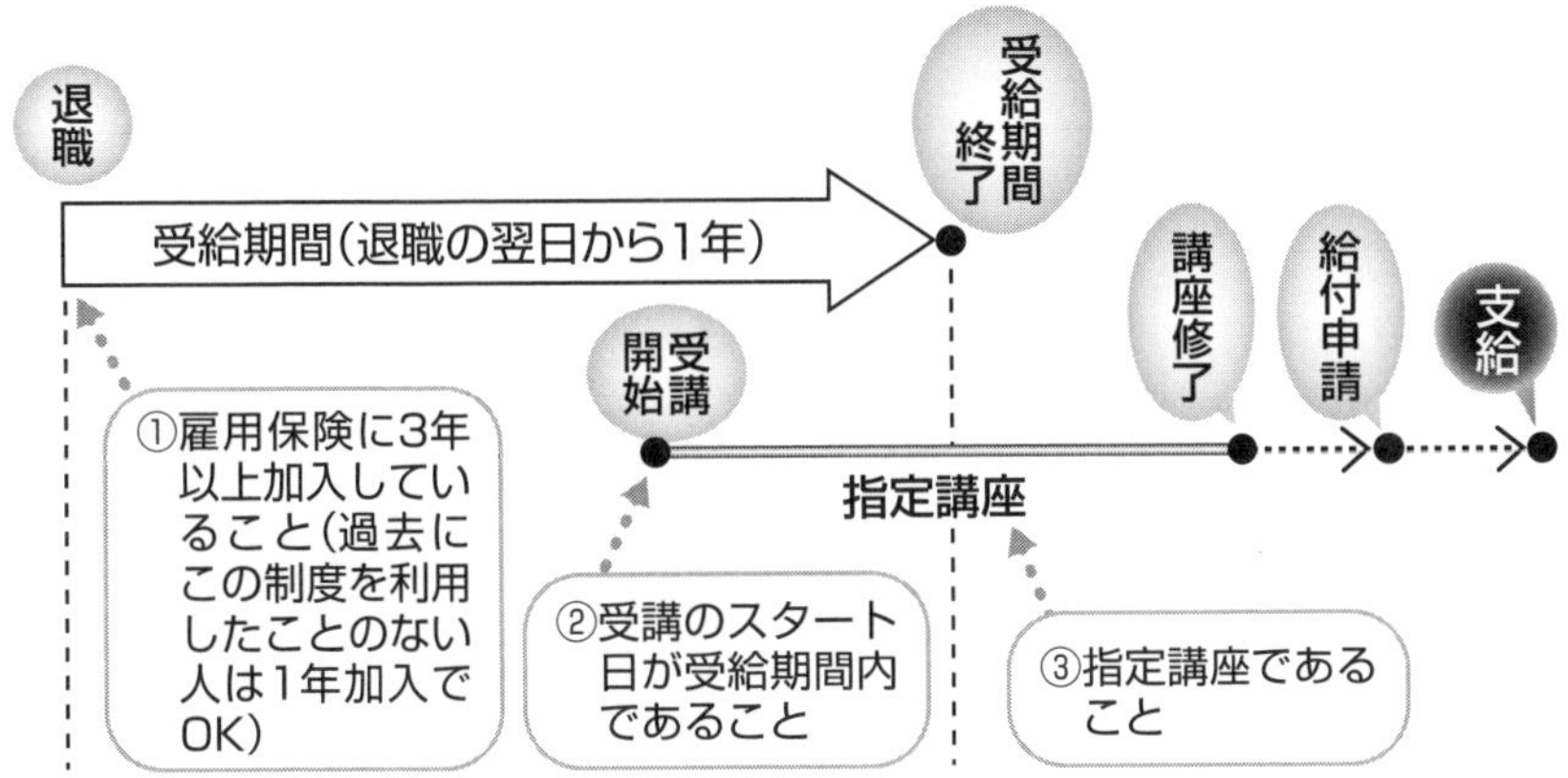
退職
受給期間（退職の翌日から1年）
受給期間終了
受講開始
講座修了
給付申請
支給
指定講座
①雇用保険に3年以上加入していること（過去にこの制度を利用したことのない人は1年加入でOK）
②受講のスタート日が受給期間内であること
③指定講座であること

上の3つの条件をクリアしている人が講座を修了した後で、職安に申請をすると、受講費用の20%・上限額10万円（※1）が「教育訓練給付」として支給される。「公共職業訓練」とも併用できるが、双方の受講期間が重なっていると実質的に通うのは難しくなるので、そんなときは「公共職業訓練」を優先したほうがトク。

変身するかもしれません。

（※1）2019年10月からは『特定一般教育訓練給付』なら、費用の4割、最高20万円が給付されるようになった。

1年たつと受給資格がなくなる？

所定給付日数いっぱいの失業手当（または訓練延長給付）をもらい、職業訓練も受けたうえで、就職できてもできなくても、離職から1年以内に指定講座を見つけて受講しておく。そうすれば、その指定講座修了後に、さらに教育訓練給付ももらえるわけです。

離職から1年をすぎると、せっかくの受給資格が消滅してしまいます（雇用保険未加入期間が1年超になると過去の加入年数がリセットされる）から、その期限までに入学しておくのがポイント。これで、「失業給付金の基本手当」（失業手当）とその「訓練延長給付」、さらに「教育訓練給付」と雇用保険のおいしさをトリプルで味わえるわけです。

もちろん、会社を辞めたらすぐに、教育訓練給付の指定講座を履修し、失業手当の給付日数が残りわずかになったところで公共職業訓練のコースに入るのがもっとも理想的なのですが、現実はなかなかそんな理想通りにはいきません。指定講座に通って教育訓練給付はもらえたけど、それがためにタイミングが悪くて公共職業訓練のほうは受講できなかったら大損です。

ただし、志望する公共職業訓練の開講まで3カ月待たないといけないといったケースに限っては、その待っている期間中に教育訓練給付の指定講座を受講しておくというのはおおいに有効でしょう。

教育訓練給付は資格試験に合格しなくても全課程を修了するだけでもらえるものですから、そんな場合にはとりあえず資格試験の合格対策講座（指定講座に限る）で短期集中的に開催されるものを選んで受講。その後、公的職業訓練に入校すればいいわけです。

失業認定が取り消される？

この制度を活用して、失業手当の支給を受けながら資格スクールに通う場合、注意しなければならないのが「失業認定」です。

短期集中講座など、昼間のコースに毎日通うと職安で「学業に専念しているので、失業の状態にはない」とみなされかねません。土日コースにするか、毎日通いたい場合は夜間のコースを選択するのが鉄則です。

昼間コースに通う場合に活用したいのが「教育訓練支援給付金」。45歳未満の離職者は、教育訓練給付にプラスして申請すると資格取得期間中の生活費の一部を支援してくれるというもの。資格取得のために学業に専念した場合でも支給を受けられます。支給されるのは基本手当日額の50％ですが、平成30年1月からは、それが80％までアップされます（令和7年3月31日までの時限措置）。

最強の資格取得支援制度

平成26年10月1日から「専門実践教育訓練給付」という区分が新たに設けられました。

これにより、看護師や臨床検査技師など医療系資格はもちろん、建築士、測量士、栄養士、保育士など専門学校で取得する国家資格の多くが教育訓練給付から学費の補助を受けながら取得できるようになりました。

雇用保険に10年以上加入していることが要件ですが、当面は2年以上でも対象になります。

給付されるのは、訓練費用の50％（年間40万円が上限）で原則2年ですが、資格取得につながる場合は最長4年です。

下の図は、2年制の医療系専門学校に通って資格を取得した場合の試算です。在学時だけでもなんと70万円にも！　資格取得後に就職（受講修了日から1年以内）した場合の追加給付28万円を足すと、総額98万円もの給付を受けることができるのです。

このほか、45歳未満の離職者を対象に、基本手当の80％を2カ月ごとに給付してくれる教育訓練支援給付金（令和6年度まで）も合わせると、資格取得者にとっては、最強の支援制度といえるでしょう。

■ 最高7割補助してくれる

	訓練費用	給付額	給付率（上限額）
1年次	80万円	40万円	50%（40万円）
2年次	60万円	30万円	50%（40万円）
在学時合計	140万円	70万円	

追加給付 ＝ 費用合計 140万円 × 70% 98万円 － 給付合計 70万円 ＝ 28万円

合計給付金（在学時＋追加給付）	98万円

2年制の専門学校に通って医療系の国家資格を取得して就職したときの専門実践教育訓練給付の支給額試算例。2年間総額で140万円かかるところが、追加給付も合計すると、そのうちの7割にあたる98万円もの給付を受けられる。

訓練延長給付についての注意点

雇用保険の受給者が職業訓練を受講して、給付の延長を受けるためには、原則として所定給付日数の3分の2にあたる日数分の支給を受けるまでに、訓練を開始しなければなりません（「3分の2ルール」と呼ぶ）。

ただし、所定給付日数が１２０日までの人については、ある程度の準備期間は必要との観点から、すべての支給を受け終わるまでに訓練を開始していれば、延長給付される措置が取られていました（例外的に１５０日の人は１２０日の支給を受け終わるまで）。

ところが、平成24年4月1日以降、このルールが大きく変わり、自己都合で退職して給付制限を課せられた人に限っては、所定給付日数１２０日以下であっても、3分の2ルールが適用されるようになりました。

さらに退職理由とは関係なく、所定給付日数２４０日以上の人については、最大１５０日の給付を受け終わるまでに訓練を開始しないと、延長給付は適用されなくなってしまいました。

■ 訓練延長給付が適用になる支給残日数

所定給付日数	給付制限あり		給付制限なし	
	3分の2に相当する日数分	訓練開始日の支給残日数	3分の2に相当する日数分	訓練開始日の支給残日数
90日	60日	31日	90日	1日
120日	80日	41日	120日	1日
150日	100日	51日	120日	31日
180日	120日	61日	120日	61日
210日	140日	71日	140日	71日
240日	150日	91日	150日	91日
270日	150日	121日	150日	121日
300日	150日	151日	150日	151日
330日	150日	181日	150日	181日

※原則として、所定給付日数の３分の２（最長150日）を受け終わるまでに訓練開始した場合のみ、訓練修了まで失業手当を延長して給付を受けられる。
例外的に、会社都合で退職して給付制限を課せられなかった人に限っては、３分の２超を受給しても、訓練延長給付が受けられる（点線で囲んだ部分）。

7章

「失業保険の素朴な疑問」に答えるQ＆A

Q1 勤めていた会社で雇用保険に加入してくれなかったら？

A 在職中に雇用保険に加入していなかったら、何年勤めていても失業手当はもらえないと考えがちですが、じつは退職後に手続きをするともらえる可能性もあります。

そもそも法律で、「雇用保険は法人（会社）はすべて強制加入」となっていますから、雇用保険未加入などということは明らかに〝法律違反〟です。

そんな事業主の不法行為によって労働者が不利益をこうむることを避けるために、「雇用保険は過去にさかのぼって加入できる」システムになっています。

すでに退社してしまった人の場合は、勤めていた会社に、在職中にさかのぼって加入手続きをしてもらい、その期間中の保険料を収めれば、めでたく受給資格が発生（支給要件を満たしていれば）するわけです。

なお、さかのぼって加入できるのは、これまで最長で2年でしたが、平成22年の10月1日以降は、一定の要件を満たしている場合に限り、2年を超えて遡及加入が可能となりました。

Q2 会社に雇用保険に加入してくれるよう頼んでも断られたら？

A 職安から会社に加入するよう指導してもらいましょう。

手続きはそれほど難しくはありません。

会社の所在地を管轄する職安へ行って「**被保険者資格取得の確認請求**」を行ないます。ようするに、自分は入社時に雇用保険の被保険者資格を取得している事実があるはずだと主張するわけです。

この請求は文書でも口頭でもかまいません。会社を退職した後の場合、その会社に勤めていた証拠として給与明細などを添付しましょう。

これを受けて職安では、実際にあなたが雇用保険の被保険者としての資格を有するだけ就労していたことを確認したうえで、その会社に過去にさかのぼって加入するよう指導してくれるはずです。

職安から指導を受けた会社は、渋々加入せざるをえなくなるというわけです。

Q3

勤めていた会社が突然倒産したのですが、失業保険はもらえるの？

A

会社が倒産しても即失業とはなりませんが、倒産後に残務整理などを経て、解雇となるか自分から退職手続きをすれば失業手当はもらえるはずです。

ただ、不渡りを出して突然社長が夜逃げしたようなケースでは、雇用保険被保険者証や離職票を発行してもらえないことのほうが多いでしょう。そんなときは、会社の所在地を管轄している職安に相談しましょう。

倒産した事実さえ確認できれば、退職後に職安で離職票などの必要な書類を発行してくれます。ただし、離職票には退職前の6カ月間の給料を書かなければなりませんので、その間の給料の額を証明するために給与明細などの証拠が必要となります。

難しいのは、倒産したからといってすぐに退職手続きをしていいのかどうかです。というのも、未払賃金やもらえるはずの退職金を少しでももらうには、社員の立場でいたほうが有利なケースもあるからです。

未払賃金などは「**先取特権**」といって、ほかの債権に優先して支払われることになっていますが、現実には社員（または元社員）として法的な措置を取らないと、ほかの債権者に会社の残った財産を持っていかれかねません。また、「国が未払賃金を立て替えて払ってくれる制度」もありますので、そのあたりのことは労働基準監督署に相談しましょう。

なお、会社が倒産（金融取引停止の原因となる不渡手形の発生も含む）して離職した場合には、「特定受給資格者」と認められて、所定給付日数が優遇される特典（基準は年齢で異なる）がつきます。

Q4

退職理由を「解雇」にすると再就職に不利だから、あなたのために「自己都合」にしておくと会社からいわれたら？

A

ひと口に「解雇」といっても、「リストラなどの会社都合で解雇されるケース」と「労働者側に何らかの落ち度があって懲戒解雇されるケース」に大別されます。このケースは会社都合の解雇のようですから、離職票に「解雇」と書かれたからといって、特別再就職に不利になることはないはずです。

会社都合なのに「自己都合」にされてしまうと、失業手当の受給にあたって2カ月（2020年9月30日までの離職者及び過去5年間に3度目以降の離職者の場合は3カ月）の給付制限が課せられるうえ、所定給付日数も会社都合に比べて大幅に少なくなる可能性もあります。

会社側は、退職理由を会社都合にすると、就業規則に定めた通りに退職金を割増しで支払わなければならなかったり、国からの助成金がもらえなくなってしまうためにウソをついているのでしょう。

したがって、そんな申し出はキッパリと断るべきです。もちろん、退職金も就業規則に定められた通りの割増額を請求しましょう。

ちなみに、本当に懲戒解雇となった場合は、退職金が支払われないのはもちろん、「自己の責めに帰すべき重大な理由」で退職したとされて3カ月の給付制限が課せられます（それでも、会社は賃金30日分の「**解雇予告手当**」を労働基準監督署の認定がない限り支給しなければならない）。

しかし、「懲戒解雇が有効か？」はまったく別問題。閑職への配転を拒否したら、アラ探しされたあげく「著しく社内の規律を乱した」などの理由で懲戒解雇されたようなケースでは、「ちゃんと就業規則に定められている理由なのか」また「法的に妥当な処置なのか」など、かなり疑問が残ります。そういった点を労働基準監督署や都道府県に設置されている「総合労働相談コーナー」に相談してみましょう。

Q5 転職先を2カ月の試用期間中に解雇されて、雇用保険に加入してくれなかったら？

A

試用期間中でも雇用保険には加入しなければなりません。したがって、入社日にさかのぼって

会社に加入手続きをしてもらえば、試用期間中も被保険者期間にカウントされます。会社が手続きしてくれなかったら、職安に「被保険者資格取得の確認請求」をしましょう。

その結果、退職日以前の2年間に、その前の会社での分と合わせて12カ月以上（会社都合で退社した人は退職日以前の1年間に6カ月以上）被保険者期間があれば、基本手当は受給できるわけです。

また、前の会社を退職した翌日から1年以内で、基本手当を1日でももらっていた場合は、残りの給付日数分をもらうことができます。

逆に、前の会社を辞めたときに基本手当を1日ももらっていない場合は、〝前の会社での被保険者期間〟と、〝今回の転職先での2カ月の被保険者期間〟が通算された条件で、新しい受給資格が発生します（ただし、あいだに空白期間が1年超あると、その前の被保険者期間は通算されない）。

ちなみに、試用期間でも14日を超えて解雇されたときには、30日分の「解雇予告手当」（もしくは、解雇を通告されてから30日間の猶予）をもらう権利がありますので、その分もしっかりと請求するべきです。

Q6 アルバイトでは雇用保険に加入できないの？

A そんなことはありません。アルバイトでも、1週間の所定労働時間が20時間以上で、31日以上引き続き雇用される見込みがあれば、雇用保険に加入できます（というより、加入しなければならない）。

平成22年4月の改正法施行の前は「6カ月以上の雇用見込み」とされていましたが、この点が法改正で「31日以上の雇用見込み」とされましたので、実際に週20時間以上働いていて、文書で1カ月を超える契約期間を定めてさえいれば、それだけで雇用保険の加入資格があることが明白になりました。

また、1カ月の契約期間を定めて働いている人でも、その契約がすでに何度も更新されている場合は、実態として「31日以上雇用の見込みがあった」とみなされますから、入社時にさかのぼって雇用保険に加入しなければならないはずです。

にもかかわらず、会社で加入手続きをしてくれなかったら、先述したように職安へ行って、「被保険者資格取得の確認請求」を行ないましょう。

ただし、このときにアルバイトやパートだけはなぜか、「雇入通知書または雇用契約書」の提示を求められます。つまり、「労働条件について会社と文書を交わしていなければ、被保険者資格取得を確認できない」と職安ではいっているのです。

もちろんそんな文書がなくても給与明細やタイムカードのコピーなどの証拠を提示すれば、被保険者資格を取得するだけ働いていた事実を証明できるはずですが、現実には理屈通りにいかないケースも多いようです。

したがって、会社と文書を交わしていない人は、できれば「**雇入通知書**」を会社に出してもらってから退職するようにしましょう。

Q7 職安に無申告でアルバイトをしたらバレるってホントなの？

駐車違反やスピード違反と同じで、こればかりは何ともいえません。交通違反を犯しても実際に違反切符を切られる人は少ないですが、だからといって「やってもぜんぜん大丈夫」というわけではありませんよね。

A

それと同じで、不正受給している人もたくさんいるにもかかわらず、発覚して罰せられた（支給額の全部または一部返還・悪質な場合は給付額の3倍を納付）ケースもあまり聞きません。でも、運が悪ければ発覚することも十分にありえるわけで、「もしやるなら、リスクがあることを承知のうえ、自己責任で」ということです。

ただ、よくいわれるように、アルバイト先から税金関係の書類が市役所に自動的に回され、それが職安にも筒抜けになってしまうというケースは考えにくいと思います。

もちろん、バイト先で雇用保険に加入していたらそのデータから発覚する可能性は高いですが。

それよりも、あなたがアルバイトをしながら失業手当を受け取っていることを知っている周辺の人が職安に密告し発覚する確率のほうがずっと高いはずです。

いずれにしろ、無申告のアルバイトが発覚しないかとビクビク脅えて生活するのは、精神衛生上悪いですから、5章で紹介した裏ワザを駆使しながら合法的に堂々とアルバイトをするほうがベターだと思います。

Q8 職安の決定に不服があるときは？

A 職安から下された決定や処分がどう考えてもおかしいと思ったときは、都道府県に設置された「雇用保険審査官」に「審査請求」を行なうことができます。

原則として、その処分や決定が下されたことを知った日の翌日から60日以内に、「職安からこのような決定が下されたが、明らかにそれは不当であるので改めて審査してほしい」と申し出るわけです。

雇用保険審査官の連絡先は、「受給資格者のしおり」に記載されているのが一般的ですが、もしなければ職安に問い合わせて聞きましょう。

審査請求は、文書はもちろん口頭のどちらでもできますが、口頭で行なうと「身内をかばっているのか、軽く笑いながらあしらわれました」(岡山県のM子さん）というケースもありますので、できれば文書で提出し、その回答も文書でもらうようにしましょう。

それでも納得のいく回答が得られなかった場合は、さらに「**労働保険審査会**」というところに「**再審査請求**」を行なうことができます。

こちらは必ず書面で行なわなければなりませんが、書面の提出は、雇用保険審査官または納得のいかない決定を下した職安を経由して行なうこともできます。書面の書式など、詳しいことは職安に問い合わせてください。

なお、事実関係を明確にするために、不当な扱いを受けるようなことがあったときは、その対応をした職安係官の名前をしっかりと聞いておきましょう。

Q9

会社を辞めたら国民健康保険に加入しないといけないの？

A

退社すると、会社の健康保険（大企業は組合健保、中小企業は協会けんぽ〈旧・政府管掌健保〉。以下、健保）を脱退して自営業者等が加入する国民健康保険（以下、国保）に加入するのが一般的ですが、会社の健保を退社後も「任意継続」（最長2年）することもできます。

どちらを選択するべきかは保険料次第。その人の年収や住んでいる市町村にもよるので何ともいえませんが、健保のほうが安くなるケースも多いので注意が必要です。

そこで、まずは市役所などで「自分の前年度の年収だと、国保の保険料がいくらになるか」を聞きましょう。

次に、退職前の給与明細からサラリーマン時代の健康保険料を調べます。そして、その2倍の額（会社負担が3分の2なら3倍の額）に12をかければ健保を任意継続した場合の保険料がわかりますので、それと国保の保険料を比較して安いほうに加入すればいいわけです（健保の任意継続で、加入健保の全保険者平均値から算出した保険料のほうが安い場合は、そちらを選択することも可能）。

どちらが安いかが不明なら、とりあえず健保の任意継続にしておくのが鉄則。国保は後で加入できますが、一度国保に入ったら任意継続はできなくなります。

健保の任意継続の手続きは、退社後20日以内に、組合健保の人は健保組合事務所で、協会けんぽの人は全国健康保険協会の都道府県支部で手続きをしなければなりません。

なお、会社都合または正当な理由で退職した人は、雇用保険受給資格者証を持って市役所で手続きすると、保険料が減額されます（対象となる退職理由は84ページの表参照）。

Q10

会社を辞めてまったく収入のないときでも、住民税を支払わないといけないの？

A

住民税は前年の収入に対してかかってきますので、いま現在失業中でまったく収入がなくてもサラリーマン時代の収入を基準に多額の請求がくるケースもめずらしくありません。

注意したいのは、これを払わずに放置しておくと、驚くほど高い利率で計算された「**延滞金**」がついてしまうことです。

「失業者に多額の税金をかけておいて、そのうえ利息までとるか！」と怒りたいところですが、これればかりは法律で決まっていることですので、逃れる方法はありません。

そこで、請求された住民税を期限内に払えそうもない人は、できるだけ早めに市役所などに相談に行きましょう。市町村によっては、失業中の人には特別に「**減免措置**」を設けているところもあります。また、特別な措置のないところでも、事情を話せば善処してくれる可能性はあります。

Q11

会社を辞めたら国民年金の保険料を支払わないといけないの？

A

サラリーマンは、毎月給料のなかから厚生年金の保険料を納めますが、会社を辞めると自営業者と同じ国民年金に加入しなければなりません。手続き自体は市役所に行けばカンタンにできますが、たとえ失業期間中であっても毎月1万6520円（令和5年4月現在）の保険料を支払わなければならないのがアタマの痛いところです。

加入しなくても特別な罰則を課せられることはありませんが、「その分、加入期間が短くなる」（将来、年金を受給するには原則として最低10年（平成29年7月31日までは25年）必要）と「未加入期間にもしものことがあったときに遺族年金や障害者基礎年金など、年金から出る給付金がもらえなくなる」という2つのデメリットがあります。

「とてもそんな余裕はない。どうせ1年未満だからいいや」という人も多いようですが、失業期間が長期化して不安な人は、生活困窮者に対して認められる「**保険料免除申請**」をしておくという裏ワザもあります。もしこれが認められると、保険料を払わないでも将来年金をもらうために必要な資格期間に算入してくれます。

保険料免除制度について詳しく知りたい方は、拙著『国民年金150%トコトン活用術』をご参照ください。

Q12 失業手当に税金はかかるの？　また、確定申告をしないといけないの？

A 基本的に、失業者が受け取った雇用保険関係の給付金には税金はかかりません。また、失業期間のあった翌年に、確定申告を必ずしなければいけないのではなく、もししなかったら所得税を払いすぎていても、その分の還付を受けられないだけです。

年末の時点でどこかの会社に再就職した人は、再就職先に前の会社から発行された「**源泉徴収票**」を提出しておけば、本人は何もしなくても、再就職先で年末調整という手続きをしてくれて、所得税が払いすぎになっていれば自動的に還付金を受け取れます。しかし、年末の時点でまだ再就職していない人は、その税金の計算を自分でやって申告しないと「**還付金**」は受け取れないわけです。

「もともと税金なんてたいして払っていないのでいいや」という人も、じつは前年に会社勤めしていた期間が数カ月でもあった場合は、当然毎月の給料から所得税が天引きされています。

そもそも、毎月天引きされている所得税額は、1年間フルに勤めることを前提にした額ですので、年度の途中で失業してしまった人は、払いすぎになっているケースも多いので、とりあえずやってみないとソンです。10万円以上も戻ってくるケースも珍しくないのですから。

確定申告のやり方は、それほど難しくありません。前の会社から発行された前年度の収入についての源泉徴収票を持って税務署に行けば、ていねいに書き方を教えてくれます。

期限は翌年の2月16日から3月15日までですが、還付申告は翌年1月1日以降であれば、それ以外の時期でもできます。

また、生命保険に加入していたり、多額の医療費（所得の5％か年間10万円を超えた場合のみ）を払ったりした人は、その証明書を一緒に持っていきましょう。

源泉徴収票がないと翌年この手続きができませんので、会社を辞めるときは、必ず源泉徴収票をもらっておきましょう。

Q13 会社を辞めて夫（または妻）の扶養家族になったら、失業手当は受給できないの？

A 夫または妻がどちらかの扶養家族になるということは、当分は働く意志がない（＝失業の状態にはない）わけですから、失業手当は受給できないのが基本です。ただし、配偶者だけの稼ぎでは生活していけないために、パートやアルバイトなどの仕事を探している人の場合は、「失業の状態」にありますので、失業手当を受給することができます。

ただ、ひと口に「**扶養家族**」といっても、税金の扶養家族もあれば、健康保険や年金の扶養家族もあります。

税金の扶養家族として認められるのは、年収１０３万円以下。健保および年金の扶養家族のほうは年収１３０万円未満（障がい者または60歳以上は１８０万円未満）で、なおかつ主として生活費の半分以上を被保険者から支援を受けている場合です。

それから、健保・年金に限っては、正式に婚姻届けを出していなくても、事実関係が確認されれば扶養家族と認められますから内縁でもＯＫです。

Q14 会社を辞めて夫（または妻）の扶養家族になったら、税金は安くなるの？

A 年収１０３万円以下で配偶者の扶養家族として認められると、税金面では配偶者控除が受けられます。その控除額が収入から差し引かれることになり、配偶者が払う所得税が安くなるわけです。

控除額は、給与収入が103万円までなら38万円。これにかかる分の配偶者の所得税が安くなるわけです（配偶者の年収が103万円超～201・6万円未満だった人は配偶者特別控除として38万円～3万円の控除が受けられる）。

申請手続きを含めたそのほかの詳しいことは、配偶者が勤めている会社の総務の人に聞いてみましょう。

Q15

会社を辞めて夫（または妻）の扶養家族になったら、健康保険に保険料なしで加入できるの？

A

健康保険の扶養家族の条件は、年収130万円未満です。「失業中だから当然そうなるはず」と考えがちですが、おかしなことに、失業手当は税金の対象にはならないにもかかわらず、社会保険の収入基準の対象にはなっていて、失業手当を受給すると、扶養家族になれないケースが多いようです。

会社勤めしていた夫や妻がどちらかの扶養家族になるには、申請時に健保組合から離職票の原本の提出を求められるケースが多いのですが、離職票は1通しかありませんから、それを提出してしまうと、もはや雇用保険の受給手続はできなくなってしまうわけです。

ただし、健保組合のなかには、「この130万円の基準額を月収に換算して、失業給付金として受け取る額が月10万8000円未満ならば、扶養家族として認めよう」というところや、「受給が終了して、雇用保険満了印を押された受給資格者証のコピーを提出すれば扶養家族として認めよう」というところもあります。前者のケースなら、失業手当を受給する人でも給付制限中だけは扶養家族になれることになります。

一方、中小企業のサラリーマンが加入する「協会けんぽ」の場合、いまのところ失業手当を受給中でも受給額が日額3611円（年収130万円÷360日）以内であれば扶養家族として認めてくれるようです。

もし扶養家族と認められれば、勤務先の会社経由で申請手続きをすると、失業期間中、保険料なしで配偶者の健康保険が使えるわけですから、簡単にあきらめずに、関係機関に詳しい要件を問い合わせてみるべきでしょう。

Q16　会社を辞めて夫（または妻）の扶養家族になったら、国民年金に保険料なしで加入できるの？

A　年金も健康保険と同じで、基本的には妻の年収が１３０万円未満の人ならば、妻を保険料負担なしに国民年金（基礎年金）部分の受給権が得られる「第3号被保険者」にできます（ただし、アルバイト・パートをしていて常勤者の４分の3以上の勤務時間になると、この対象から外れる。※これは健保も同じ）。

もちろん、これもちゃんと申請しないとこの通りにはなりませんが、健保の被扶養者になる申請を勤務先の会社にすれば、同時に、国民年金の第3号被保険者の手続きもしたことになりますので、年金単独での手続きは必要ありません。

※平成28年10月1日からは、従業員５０１人以上の事業所に勤務している人は、勤務時間が常勤者の４分の3以上なくても、週20時間以上で残業代、通勤手当を除いた賃金が月8万８０００円以上になると、社保に加入することとなった。

Q17　妊娠したのですが、もし辞めないで産休を取った場合、何か給付金がもらえるの？

A　産休を取る女性でその間の給料が会社から出ないときは、産休前にもらっていた給料の3分の２（約67％）をもらえる制度があります。それが健保から出る「出産手当金」です。

支給対象となるのは、出産予定日の42日前から出産日の56日後まで、トータルして98日分。もし出産が予定日よりも遅れた場合は、その遅れた日数分もプラスされますから、かなりオトクな給付金です。

出産手当金は、健保の被保険者であればだれでももらえますが、もし会社を辞めてしまった場合は、残念ながらもらえません（平成19年3月までは被保険者期間が1年以上あり、退職後6カ月以内に出産した人または退職後に任意継続した人でももらえたが、平成19

年4月以降はそれらが廃止された)。

出産する女性には健保のほかに雇用保険からも給付金が出ますから、会社を辞めるとそうした給付金がもらえなくなってしまい大損です。

ちなみに、出産手当金は本人が健保(国保ではダメ)に加入していないともらえませんが、これとは別に「**出産育児一時金**」(原則42万円)というのがあり、そちらは健保はもちろん国保でも、またどちらかの扶養家族でももらえます。

詳しい手続きは、組合健保の人は〝健保組合の事務所〟へ、協会けんぽの人は〝全国健康保険協会の都道府県支部〟へ問い合わせてください。

Q18 育児休暇中に会社から給料が出ない場合、何か給付金がもらえるの?

A **育児休暇を取る人は、雇用保険から「育児休業給付金」がもらえます(ただし、育児休暇中も会社からそれまでの80%以上の給料がもらえる人は対象外です)。**

支給要件は、「雇用保険の被保険者期間が育児休業を開始した日以前の2年間に1年以上ある」(賃金支払いの基礎となった日が11日以上ある月が、12カ月以上ある)ことだけ。

それをクリアした人ならば、出産後の8週間をすぎた後から子供が1歳になるまでの約10カ月間にわたって、給料の67%(最初の180日間)または50%(残り約4カ月間)が支給されます(申し込みしても、支給期限後に認可保育所に預けることができないなど、特別な事情がある場合は、子が1歳6か月または2歳になるまで延長できる場合もある)。

67〜50%というと少ないと感じるかもしれませんが、その間一切仕事をしないで育児に専念していてもらえるわけですからゼイタクはいえません。

また、これは意外に知られていませんが、育児休業給付金をもらっている期間中は、健康保険と厚生年金の保険料がまるまる免除されます。もちろんこの給付金には税金もかかりませんので、67〜50%といっても実質的な支給額は意外に多いのです。

月収21万円なら、育児休暇の期間中、最初の半年は

14万円、残り4カ月は10万5000円を支給されることになり、トータルすると126万円にもなります。
ちなみに、出産手当金は女性でないともらえませんが、育児休業給付金は男性でももらえます。

Q19 育児休暇を取った後に、すぐ会社を辞めると失業手当はもらえるの？

A 「育児休業給付金」は、育児休暇を取る期間を便宜上、いったん会社を辞めたものとみなして雇用保険から手当を出す制度ですので、それをもらった後に退職すると、もはや失業手当は受けられないと考えがちですが、ありがたいことにその場合でも失業手当ももらえます。

そこで問題なのは、失業手当の算定基準となる給料。失業手当は退社前6カ月間の給料を基準にしますから、育児休暇が明けてすぐに退社すると、「ほとんど給料の出ていない時期が対象になって、もらえる失業手当も極端に低くなるのでは」と心配になりますが……。

でも、安心してください。育児休暇を取った後に辞めた人の場合、失業手当の基準になるのは「育児休暇に入る直前からさかのぼった6カ月間の給料」が対象になりますから、何ら不利になることはないのです。

ただし、もし育児休暇を終えた後、職場復帰してから半年以上勤めると、その時点から過去半年の給料が失業手当の算定の対象になります。

つまり、出産するときは、健保から出る出産手当金と育児休業給付金をフルに活用すれば、約1年にわたって一切出社せずに何らかの給付金がもらえることになります。

会社を辞めようと決心しても、退職願いを出すのは出産と育児の給付金をもらうまで待ったほうが断然オトクなわけです。いずれにしろ、会社には行かないわけですから。

なお、平成19年の法改正までは、育児休業給付金をもらっている期間も、所定給付日数を算定する被保険者期間に含められていましたが、法改正以降、育児休業期間中はその算定期間には含まれませんので、その点だけは、くれぐれも注意してください。

Q20

失業期間中に自営業を始めても、収入がなければ失業手当はもらえるの？

A

自営業をスタートしたということは、収入のあるなしにかかわらず、その時点でもはや失業の状態にはないと判断されますから、失業手当はもらえないのが基本です。ただし、積極的に就職活動を行ないながら、そのちょっとした合間に内職的な仕事をする場合は、失業状態と認められますから、失業手当は受給できます。

その場合の条件としては、1日の労働時間が4時間未満であること、また1日の労働時間が4時間以上であっても、収入額が賃金日額の下限額（39ページ参照）未満であること——のどちらかをクリアしていることが必要です。

さて、ここからが裏ワザ。たくさんの基本手当（所定給付日数の3分の1以上）を残して再就職した場合には「再就職手当」がもらえると4章で解説しましたが、じつは事業を始めた場合でも再就職手当がもらえる可能性があるのです。

再就職手当の支給要件を見ると「1年を超えて引き続き雇用されることが確実であると認められた職業に就き」に続いて以下のような記述が見られます。「または、事業（当該事業により当該受給資格者が自立することができると公共職業安定所が認めたものに限る）を開始したものであること」

独立自営を始めたばかりでは「自立できる」と判断されにくいので難しいかもしれませんが、独立自営を予定している人は、とりあえず職安で詳しく聞いてみるだけの価値はありそうです。

それから、もうひとつの可能性としては「**受給資格者創業支援助成金**」という制度。これは、事業開始の前日に〝雇用保険の受給資格者〟であった人が創業後3カ月の期間に支払った費用の3分の1に相当する額（上限150万円）がもらえるというもの。

ちなみに、この手の創業者向け助成金は、ほかにもありますので、詳しくは職安に問い合わせてみましょう。

Q21

もうすぐ定年退職を迎えるのですが、定年後も同じ会社で勤務延長して給料が大幅に下がったときに、雇用保険から何らかの給付が受けられますか？

A

雇用保険の加入期間が5年以上ある60歳以上、65歳未満の人が雇用を継続して月給が60歳のときの75％未満に下がった場合には、高年齢雇用継続基本給付金をもらえます。

給付額は、60歳以後の月給の15％が限度。賃金の低下率が小さくなるにつれて逓減するしくみになっています。また、月給と給付額の合計が37万４５２円の支給限度額を超える場合には、その超える分が減額されます（月給だけで支給限度額以上となる場合は不支給）。支給期間は、65歳に達するまでです。

もちろん、雇用継続基本給付金をもらった後に退職すれば失業手当ももらえます。

逆に、雇用継続せずに定年退職して再就職した場合は、高年齢再就職給付金をもらえます。こちらの支給要件は、雇用継続基本給付金の支給要件に、「再就職した日の前日における基本手当の支給残日数が１００日以上あること」が加わっています（再就職する前に失業手当をもらっていてもＯＫ。ただし、再就職手当をもらうと受給できなくなるので、どちらか多いほうを選択するのが賢明）。

給付額は、雇用継続基本給付金と同じですが、支給期間は、基本手当支給残日数２００日以上は2年間、同１００日以上は1年間（原則65歳に達するまで）となっています。

これらの給付を受けるには、被保険者が事業主に申し出て、事業主経由で申請することになっています。詳しくは、最寄の職安に問い合わせてください。

なお、定年退職前後の年金、雇用保険、再雇用制度については、拙著『58歳からのハローワーク２００％活用術』に詳しいので、本書と併せてそちらもご活用ください。

付録

これまでの雇用保険法改正のポイント

■ 2017年4月法改正のポイント①　**非自発的離職者に対する新・暫定措置**

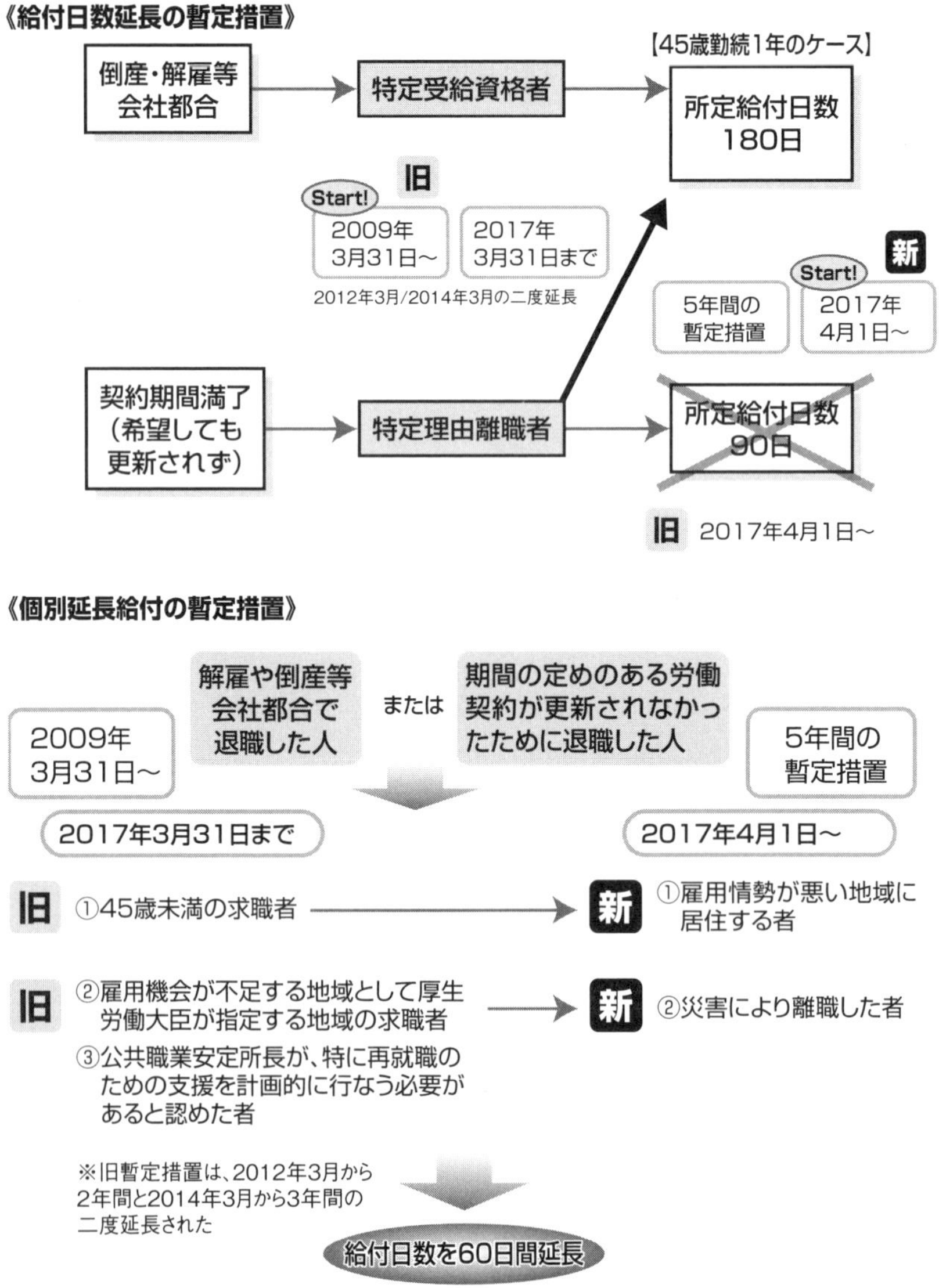
《給付日数延長の暫定措置》
【45歳勤続1年のケース】
倒産・解雇等
会社都合
特定受給資格者
所定給付日数
180日
旧
Start!
2009年
3月31日〜
2017年
3月31日まで
2012年3月/2014年3月の二度延長
新
Start!
5年間の
暫定措置
2017年
4月1日〜
契約期間満了
（希望しても
更新されず）
特定理由離職者
所定給付日数
90日
旧　2017年4月1日〜
《個別延長給付の暫定措置》
解雇や倒産等
会社都合で
退職した人
または
期間の定めのある労働
契約が更新されなかっ
たために退職した人
2009年
3月31日〜
5年間の
暫定措置
2017年3月31日まで
2017年4月1日〜
旧　①45歳未満の求職者
新　①雇用情勢が悪い地域に
居住する者
旧　②雇用機会が不足する地域として厚生
労働大臣が指定する地域の求職者
③公共職業安定所長が、特に再就職の
ための支援を計画的に行なう必要が
あると認めた者
新　②災害により離職した者
※旧暫定措置は、2012年3月から
2年間と2014年3月から3年間の
二度延長された
給付日数を60日間延長

最近の改正 2016-2017年法改正の概要・その１

非自発的離職者に対する支援を一部終了

2017年法改正で真っ先に抑えておきたいのが、期限切れを目前に控えていた暫定措置の行方です。

2009年、リーマンショック対策として、非自発的離職者に対する２つの救済措置が導入されました。

第一に、雇い止め（契約期間満了で更新されず退職）された非正規労働者の優遇。「自己都合退職」とされるこの層を「特定理由離職者」と位置付け、会社都合退職者と同じ所定給付日数にする措置が取られました。

第二に、会社都合で退職した人と雇い止めされた非正規労働者への支援。この非自発的退職者については、所定給付日数分の失業手当を受給し終わった後、原則60日間給付が延長される措置が導入されていました。

2012年と2014年の二度にわたって延長されてきたこの２つの暫定措置は、ついに2017年の法改正によって、どちらも廃止となりました。

該当しそうな人は、がっかりされたかもしれませんが、これらに２つの暫定措置が廃止されると同時に、新たに似たような内容の暫定措置を今後５年間限定で導入されました。

右の図を見てください。雇い止めされた非正規労働者の給付日数優遇については、改正前とほぼそのまま。もう一方の、会社都合も含めた非自発的離職者に対する個別延長給付のほうは「①雇用情勢が悪い地域に居住する者」と「②災害により離職した者」の２つの層に限定されましたので、対象者は狭くはなりますが、失業率が急速に悪化したり、東日本大震災のような大きな災害時には臨機応変に対応できるようになりました。

2017年4月法改正のポイント②－1　会社都合退職者の所定給付日数を拡充

現行
○倒産・解雇等により離職→一般の離職者よりも給付日数は長い
・一般の離職者　90～150日
・倒産・解雇等により離職　90～330日

倒産・解雇等により離職した
30～45歳未満の者の所定給付日数を引き上げる

年齢＼被保険者期間	1年未満	1年以上5年未満	5年以上10年未満	10年以上20年未満	20年以上
30歳未満	90日	90日	120日	180日	－
30歳以上35歳未満	90日	90日⇒**120日**	180日	210日	240日
35歳以上45歳未満	90日	90日⇒**150日**	180日	240日	270日
45歳以上60歳未満	90日	180日	240日	270日	330日
60歳以上65歳未満	90日	150日	180日	210日	240日

2017年4月法改正のポイント②－2　賃金日額の上限額・下限額の改定

賃金日報　（失業手当算定の基になる1日あたりの賃金）

平均給与額の変動に応じて自動変動＝毎年引き下げが続いていた

最低賃金

労働者の生活費も考慮に入れて毎年引き上げが続いていた

下限額の見直しとあわせて上限額等も見直しされた

【2017年8月1日施行】

	30歳未満	30歳以上45歳未満	45歳以上60歳未満	60歳以上65歳未満
上限額（給付率50％又は45％）	13,370円（12,740円）	14,850円（14,150円）	16,340円（15,550円）	15,590円（14,860円）
屈折点（給付率が50％又は45％となる点）	12,090円（11,610円）			10,880円（10,460円）
屈折点（給付率が80％となる点）	4,920円（4,580円）			
下限額（給付率80％）	2,460円（2,290円）			

※（　）内は改正前の適用額。改正後の額は法定額なので、8月1日の施行と同時に再度定時改訂されている

⇒基本手当日額136～395円増加。これにより基本的に全受給者の給付水準が向上。

○今後は最低賃金との逆転が生じないよう、賃金日額の下限額が最低賃金を基礎として算出された賃金日額を下回る場合には、当該最低賃金日額を下限額とする

最近の改正　2016-2017年法改正の概要・その2

失業手当の日額・給付日数の引き上げ

2000年以降、雇用情勢が悪化して雇用保険財政が厳しくなるたびに、給付を削減する改正の連続。その結果、セーフティーネット機能は劣化し、雇用保険制度への信頼を大きく揺らがしかねないところまできてしまいました。その修正を、所定給付日数の面から行なったのが次のポイントです。

30歳以上35歳未満で被保険者期間1年以上5年未満の人は、所定給付日数が90日から120日と30日分増。さらに35歳以上45歳未満で同1年以上5年未満の人は、90日から150日と一気に60日分増となりました。

いずれも倒産・解雇等の会社都合で退職した人が対象で、この層は所定給付日数終了までに就職した割合がほかの層よりも低いことから引き上げられることになりました。

次に日額基準の改定。失業手当は、1日あたりの給与＝賃金日額に給付率をかけて算出します。これには上限額、下限額など毎年、勤労者の平均給与の変動に合わせて法定額の範囲内で自動改定されているのですが、平均給与額が年々下がったため、失業手当の下限額が最低賃金を下回るという逆転現象が起きてしまいました。

そこで、失業手当の基準となる法定額の引き上げが行なわれました。これにより基本手当日額は、136〜395円引き上げとなりました。

同様の改正は、2011年にも行なわれた経緯もあり、今後は、毎年の改定時が、最低賃金額をもとに計算された額よりも低いときには、自動的に最低賃金計算額が適用されるようになりました。

■ 2017年4月法改正のポイント③　教育訓練給付の拡充

一般教育訓練

支給要件期間が原則3年以上（初めての場合は当分の間「1年以上」）

申請 →

一般教育訓練の給付金
一般教育訓練給付金

・受講費用の20%
（上限10万円／1回限り）を給付

専門実践教育訓練

支給要件期間が原則10年以上（初めての場合は当分の間「2年以上」）

申請等 →

受講開始日の1カ月前まで

①訓練前キャリア・コンサルティングの実施、ジョブ・カードの交付

②受給資格確認票等の提出

6カ月ごとに支給申請 →

改正前

専門実践教育訓練の給付金
専門実践教育訓練給付金

・訓練費用の40%（年間32万円を上限とし、最長3年間まで）を給付(a)
　※給付期間は、原則2年まで。資格につながる場合などは、最長3年まで。
・追加給付
訓練を修了し、資格取得等をし、修了から1年以内に就職に繋がった場合は、訓練費用の20%を追加給付(b)
　※(a)と(b)の合計は、教育訓練経費の60%（年額48万円、最大144万円）を上限とする。

訓練期間が長く、専門性が高いものが対象。業務独占資格（看護師等）専門職学位課程（MBA等）などが対象

改正後

○教育訓練に要した費用の40%（資格取得等した場合は+20%）合計60%
2018年1月1日以降　40% → 50%　　合計60% → 70%

○年間上限32万円（資格取得等した場合は+16万円）合計48万円
上限32万円 → 40万円　　合計48万円 → 合計56万円

合計60%（上限48万円）		→	合計70%（上限56万円）	
受講費用 40%（32万円）			受講費用 50%（40万円）	
20%（16万円）	※資格取得等した場合		20%（16万円）	※資格取得等した場合

○45歳未満の離職者は、受講期間中に
基本手当の50%相当額を教育訓練支援給付金として支給（2019年3月31日まで）
50% → 80%　　2019年3月31日 → 2022年3月31日

最近の改正 2016-2017年法改正の概要・その3

資格取得者に対する教育訓練給付の拡充

スキルアップを目的とした国の指定講座を受講して修了した人には、雇用保険からその学費の一部を負担してもらえるのが教育訓練給付です。

この給付、従来は、受講費用の20％で最高10万円までだったため、短期講習にしか使えませんでした。

ところが、2014年からこの制度が大幅に拡充。新たに「専門実践教育訓練」という区分が設置されました。

看護師や建築士、保育士など何年もスクールに通わないと取得できない資格を取得するケースでは、受講費用の40％（上限32万円）支給のうえ、資格取得までつながった場合には追加給付20％（上限16万円）の計48万円の大盤振る舞いとも思える給付が実行されるようになりました。

今回の法改正では、この専門実践タイプがさらに優遇されることになり、学費の40％だった給付率が50％までアップ。同時に、上限額も32万円から40万円まで引き上げられたため、合計で最高56万円まで支給されるようになったのです。

また、これとは別に、45歳未満の離職者が、この制度を利用して資格取得する場合、受講期間中に失業手当の半額を支給する「教育訓練支援給付金」が2014年の法改正時に４年間の暫定措置として導入されていました。

今回の改正では、この給付率も、50％から80％と大幅アップ。実施期間も３年間延長され、2021年度まで適用されることになりました。

従来は、受給資格者が安定所の紹介によって遠隔地（往復300ｋｍ以上）の求職活動をする場合に交通費が支給される「広域求職活動費」という給付がありましたが、この対象を「往復200ｋｍ以上」に緩和したのが「求職活動支援費」です。さらに、就職の面接のため、子供の一時預かりを利用する際の費用も、この給付の支援対象となりました。

■ 2016年4月法改正のポイント① **就職促進給付の拡充**

1．再就職手当の引上げ

○基本手当受給者が所定給付日数の3分の1（3分の2）以上を残して再就職
支給残日数の50%（60%）に基本手当日額を乗じた額の一時金を支給

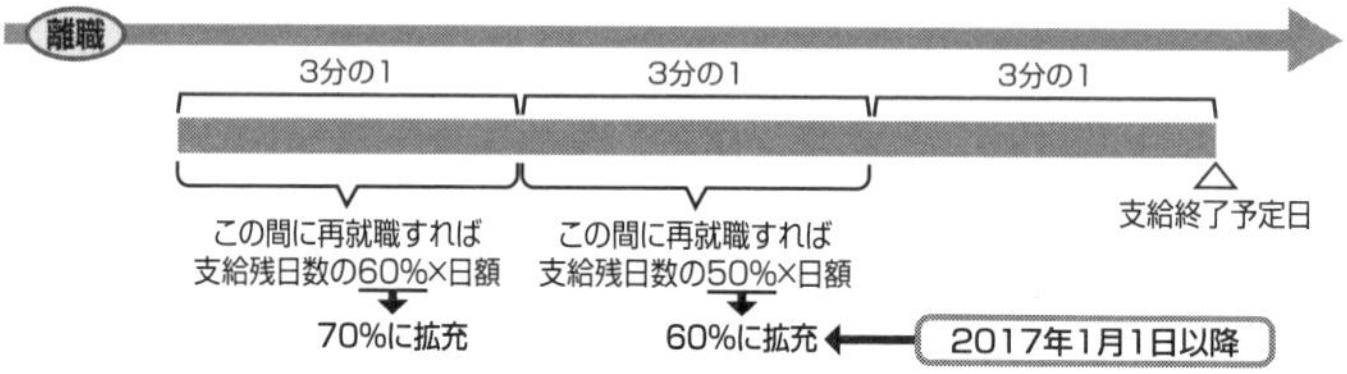

○再就職後に給与が減ったら支給される手当

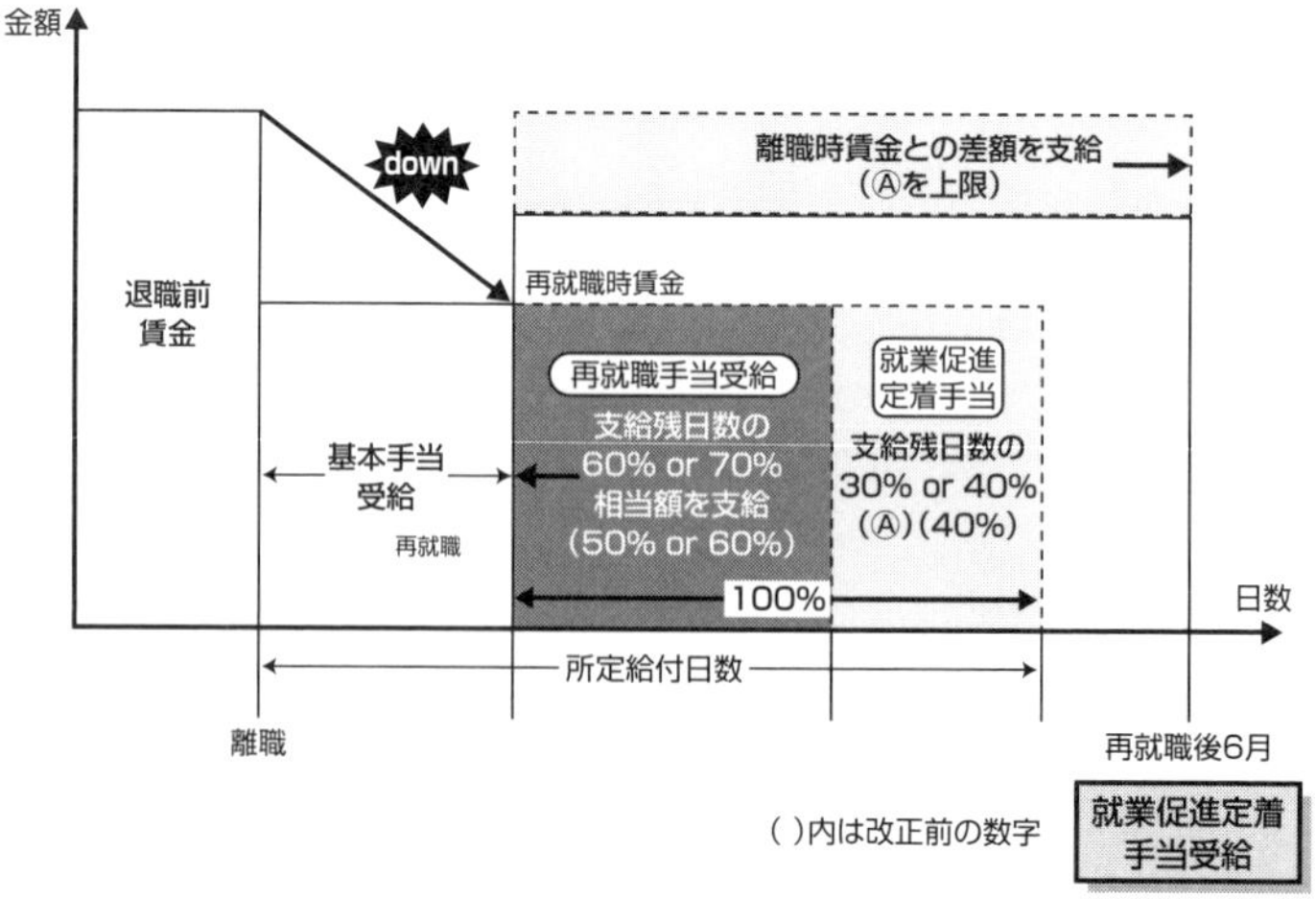

最近の改正 2016-2017年法改正の概要・その４

再就職手当の支給率を最高７割に引き上げ

比較的マイナーな変更だった2016年法改正のなかでも、給付改善の面で大きな成果と言えるのが再就職手当の引き上げです。

再就職手当とは、決まった日数の失業手当をもらい切る前に就職した人に給付される「お祝い金」のようなもの。2016年12月末までの再就職手当は、所定給付日数の三分の一以上残して再就職した人には、支給残日数の50％が支給されました。さらに所定給付日数の３分の２以上残して再就職した人には、支給残日数の60％が支給されるようになっていました。

2016年法改正では、この給付率がそれぞれ10％ずつ引き上げとなり、2017年１月１日以降「３分の１以上残して就職型」は支給残日数の60％、「３分の２以上残して就職型」は、支給残日数の70％にあたる手当が支給されることになりました。

就業促進定着手当も改定

所定給付日数90日の人でも、30日分以上残して就職すれば、18日分が後で給付されます。この改正に伴い、2014年の法改正時に導入された、再就職後に給与が大幅に下がった場合に支給される「就業促進定着手当」の給付率も改定されました。

就業促進定着手当は、一律支給残日数の「40％」支給されることになっていましたが、再就職手当が70％の場合は「30％」となります。再就職手当と合計して最高100％退職後にもらえるしくみで、早期に就職しても損はない制度になっているわけです。

求職活動支援費が創設

2016年法改正では、就職促進給付の拡充の一貫として、「求職活動支援費」という新しい給付が創設されました。

■ 2016年4月法改正のポイント② 65歳以降に雇用された者への適用拡大

- ○同一の事業主の適用事業に65歳以前から引き続いて雇用されている者のみ適用
- ○離職して求職活動をする場合に高年齢求職者給付金（賃金の50～80%の最大50日分）が1度だけ支給
- ○64歳以上の者については、雇用保険料の徴収を免除

【2017年1月1日施行】

- ○65歳以降に雇用された者についても、雇用保険を適用
- ○離職して求職活動する場合には、その都度、高年齢求職者給付金を支給
- ○介護休業給付、教育訓練給付等についても、新たに65歳以上の者も対象とする
- ○雇用保険料の徴収免除を廃止して原則どおり徴収し、2019年度分までの経過措置を設ける

65歳以上の雇用保険

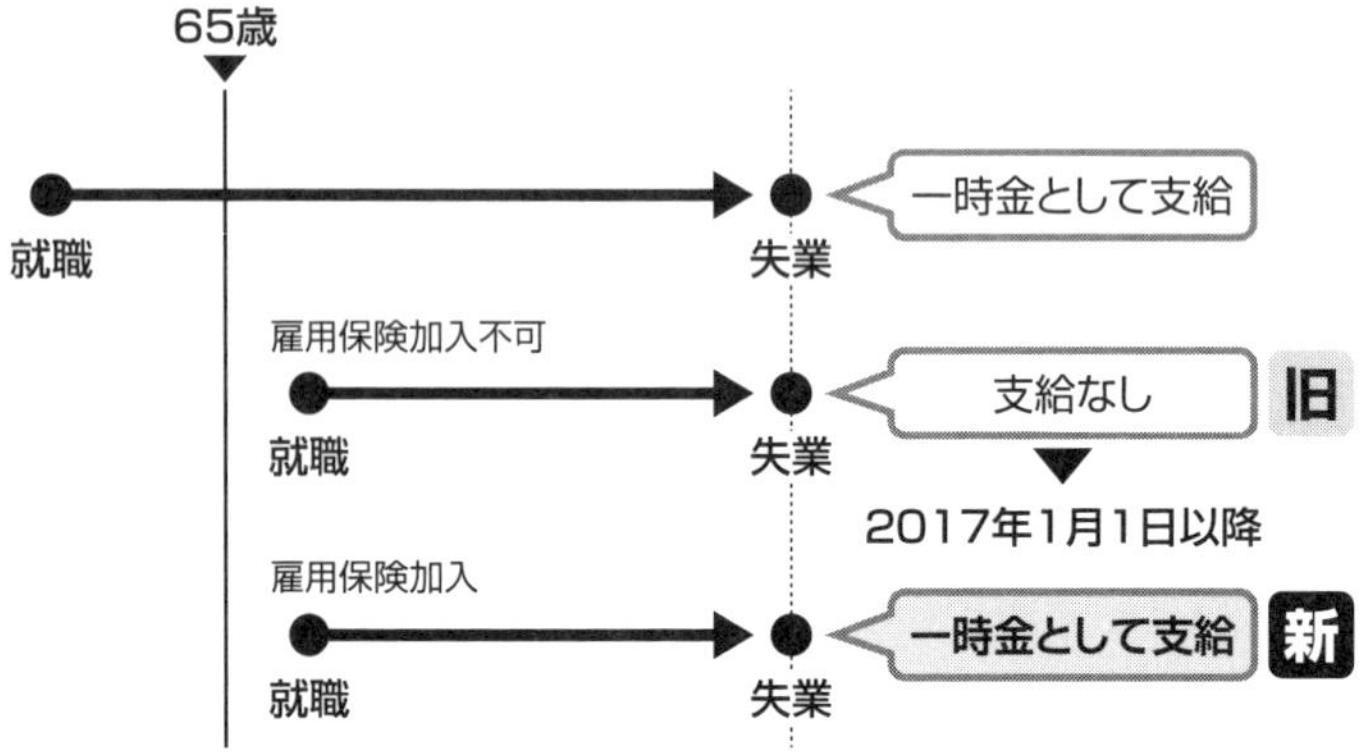

最近の改正 2016-2017年法改正の概要・その5

65歳以上で転職した人への適用拡大

2017年改正と比べて、内容的には地味だった2016年改正には、保険の適用範囲という面では、制度始まって以来の大きな改正がひとつありました。

それが「65歳以上への適用拡大」です。

現行の雇用保険制度が主な対象としているのは、原則65歳未満。65歳になったとたん「高年齢継続被保険者」に区分され、扱いは大きく変わります。

第一に、離職した際の失業給付が大幅に下がること。ほとんどの人が50日分（加入期間１年未満は30日）しかもらえません。その代わり定期的にハロワに通って失業認定受けることなく一括支給されますが、一般被保険者なら最低でも90日、最高330日給付されるのと比べると、50日は「天と地」ほどの違いがあります。　また、65歳以上になってから再就職した会社では新たに雇用保険に加入することができません。65歳以上の人は、継続して勤めていれば退職時に少ないながらも失業手当はもらえますが、給付のチャンスは一度きり、二度目からは無保険状態になってしまいます。

そこで、2016年改正で行なわれたのが「65歳以上への適用拡大」。2017年１月１日以降、新たに雇用された65歳以上の人は「高年齢被保険者」として加入することになり、失業手当を何度でも（６カ月以上で受給資格獲得）受給できるようになりました。

ただし、所定給付日数はこれまで通りなので64歳まと比べると格差は大きいのは変わりません。また、これまで64歳以上は、雇用保険料を徴収していなかったのですが、ほかの被保険者と同じく保険料を納めることとなりましたが、当面は現行のまま徴収されません。

■仕事と育児・介護の両立支援制度の主な見直し

	改正内容	改正前	改正後
1	子の看護休暇(年5日)の取得単位の柔軟化	1日単位での取得	半日(所定労働時間の二分の一)単位の取得を可能とする
2	有期契約労働者の育児休業の取得要件の緩和	①当該事業主に引き続き雇用された期間が1年以上であること、②1歳以降も雇用継続の見込みがあること、③2歳までの間に更新されないことが明らかである者を除く	①はそのまま、②を廃止し、新たな②として、子が1歳6カ月に達する日までに、その労働契約(労働契約が更新される場合にあっては、更新後のもの)が満了することが明らかである者を除く、とする
3	妊娠･出産･育児休業･介護休業をしながら継続就業しようとする男女労働者の就業環境の整備	事業主による不利益取扱い(就業環境を害することを含む)は禁止	･妊娠･出産･育児休業･介護休業等を理由とする、上司･同僚などによる就業環境を害する行為を防止するため、雇用管理上必要な措置を事業主に義務づける
4	介護休業(93日:介護の体制構築のための休業)の分割取得	原則1回に限り、93日まで取得可能	対象家族1人につき通算93日まで、3回を上限として、介護休業の分割取得を可能とする
5	介護休業給付の給付率の引上げ	賃金の40%	67%に引上げを行なう
6	介護休暇(年5日)の取得単位の柔軟化	1日単位での取得	半日(所定労働時間の二分の一)単位の取得を可能とする
7	介護のための所定労働時間の短縮措置等(選択的措置義務)	介護休業と通算して93日の範囲内で取得可能	介護休業とは別に、利用開始から3年の間で2回以上の利用を可能とする
8	介護のための所定外労働の免除(新設)	なし	介護終了までの期間について請求することのできる権利として新設する

(2017年1月施行、5のみ2016年8月施行)

■ 改正後の育児休業取得要件

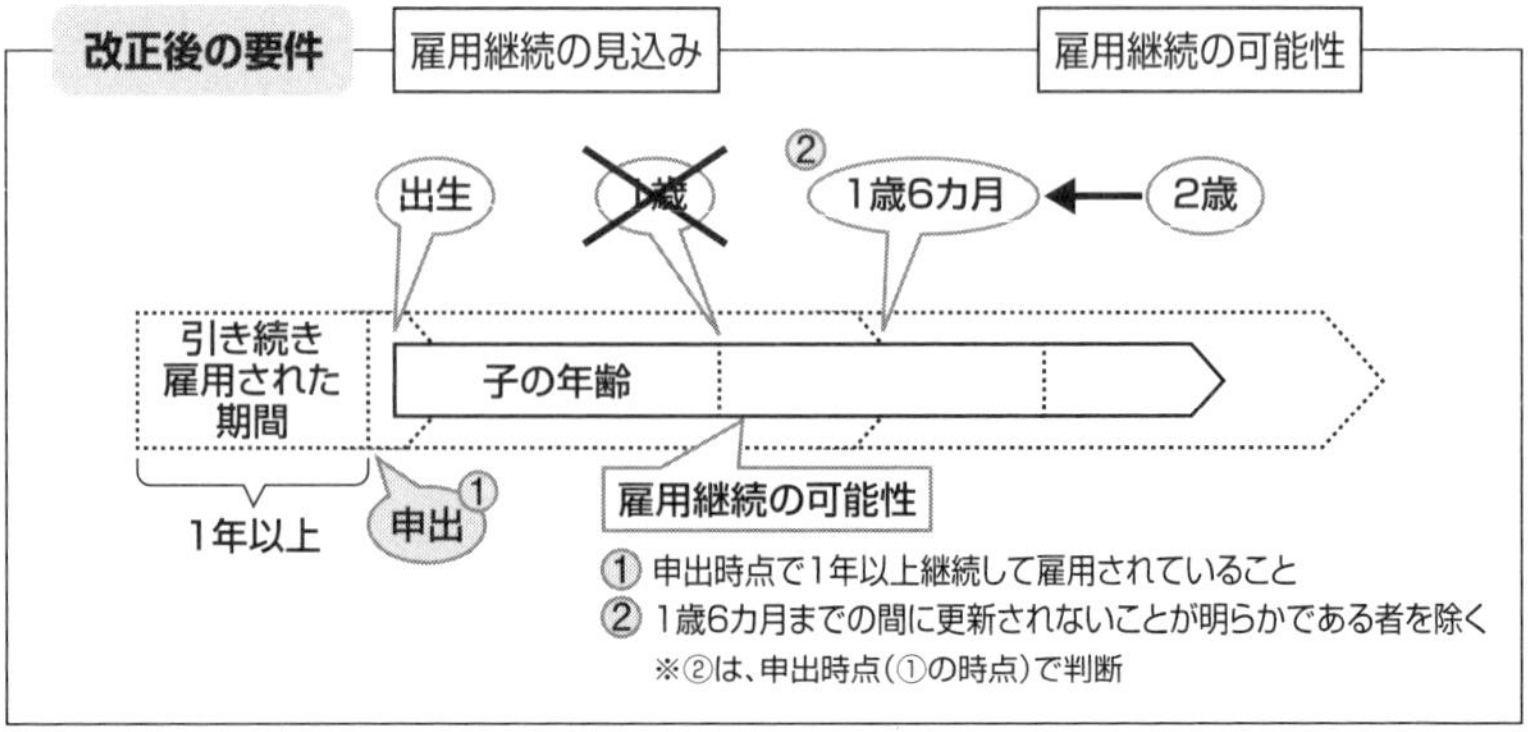

最近の改正 2016-2017年法改正の概要・その6

仕事と育児・介護の両立支援

2016年雇用保険法改正とセットで行なわれた、重要な関連法の整備についても、一通り解説しておきます。

第一に、育児休業関連。雇用保険に1年以上加入している人が育児休業を取得すると、180日までは休業前賃金の67％（それ以降、子が1歳になる前※まで50％）支給されるのですが、非正規の場合、以下の取得要件をクリアしなければなりませんでした。

①申込時点で1年以上継続雇用されている

②1歳以降も雇用継続の見込みがある

③2歳までの間に更新されないことが明らかである者を除く

2017年1月1日以降は、③が撤廃されたうえ、②の「1歳以降も雇用継続～」が「子が1歳6カ月に達する日までに契約が満了することが明らかである者を除く」と、かなり条件緩和がされています。

そのほか、子の看護休暇を1日単位から半日単位でも取得できたり、妊娠・出産・育児の休業しながら就業を継続しようとする人への不利益取扱が禁止されるなどの改正も行なわれました。

もう一点が介護休業です。こちらは、合計93日を限度として、介護休業を3回を上限に分割で取得したり半日単位の取得を認めたり、休業の一貫として所定労働時間の短縮などを可能とした法改正が行なわれました（育児・介護休業法の改正）。雇用保険の改正としては、介護休業給付金の改正が行なわれ、支給率が休業前賃金の40％から67％へと大幅に引き上げられました。

※保育所に入れない等、雇用継続のため延長が必要な場合には1歳6カ月になる前まで支給。また2017年10月以降、この特例が2歳になる前までに変更の予定。

過去の改正 平成13年4月1日に施行された雇用保険法改正の概略

①退職理由の違いによってもらえる日数に差がついた

平成13年３月31日までは、雇用保険に加入している年数とともに、その人の年齢によって所定給付日数が決まる（加入期間１年未満の人のみ年齢に関係なく90日）システムになっていたが、平成13年４月１日以降は、原則として所定給付日数と年齢条件は一切関係なくなり、純粋に雇用保険に加入していた期間によってのみ所定給付日数が決まるようになった。

ただし、自己都合で退職した人とは別に、会社の倒産やリストラなど会社の都合で退職した人については、自己都合で辞めた人よりも所定給付日数が大幅に増えるシステムになった。しかも、その場合に限っては、改正以前と同様に年齢条件が加味され、年齢が高い人ほど、所定給付日数が長くなった。

〈改正前〉

年齢＼被保険者期間	1年以上5年未満	5年以上10年未満	10年以上20年未満	20年以上
30歳未満	90日	90日	180日	―
30歳以上45歳未満	90日	180日	210日	210日
45歳以上60歳未満	180日	210日	240日	300日
60歳以上65歳未満	240日	300日	300日	300日

平成13年4月1日以降は…

〈改正後〉

会社都合

年齢＼被保険者期間	1年未満	1年以上5年未満	5年以上10年未満	10年以上20年未満	20年以上
30歳未満	90日	90日	120日	180日	―
30歳以上45歳未満	90日	90日	180日	210日	240日
45歳以上60歳未満	90日	180日	240日	270日	330日
60歳以上65歳未満	90日	150日	180日	210日	240日

or

自己都合

年齢＼被保険者期間	5年未満	5年以上10年未満	10年以上20年未満	20年以上
（制限なし）	90日	120日	150日	180日

②退職理由の判定が厳密になった

退職理由によって所定給付日数に格差ができたことに伴い、リストラや解雇など明らかに会社都合で退職した人はもちろん、書類上は自己都合であっても「離職を余儀なく」されて退職した人を「特定受給資格者」と位置付け、それと認められる基準（詳しくは72～74ページ参照）が明確に示された。

③再就職手当の給付額の算定方法が変わった

支給残日数（まだもらっていない分の基本手当）が所定給付日数の３分の１以上、なおかつ45日以上残っている場合に支給される再就職手当の給付額を算定する方法が変わった。所定給付日数がもっとも少ない90日の人でも、45日以上残して就職した場合には、30日分の再就職手当がもらえたが、改正によって再就職手当は「支給残日数の３分の１」となり、15日分しかもらえなくなった。

過去の改正　平成15年5月1日に施行された雇用保険法改正の概略

①基本手当の給付率と上限額がカット

基本手当日額の給付率が、60～80％（60歳以上は例外的に50～80％）から、50～80％（60歳以上は例外的に45～80％）に引き下げられた。安月給の人は改正後も大きな変化はないか多少減る程度で済んだが、ある程度高い給料をもらっていた人は、この改正で最高24％～27％もカットになった。

また、それと同時に年齢別に設定されていた基本手当日額の上限額も引き下げられた。たとえば、45歳で月収50万円の人の場合、改正前なら基本手当日額は約１万円だったが、改正後はそれが8000円強になってしまった。150日分もらえる人であれば、改正後は受給可能総額で30万円も減ってしまった計算になる。

●法改正で、基本手当の給付率はどう変わった？

〈改正前〉

年　齢	60歳未満	60歳以上
給付率	80～60%	80～50%

平成15年5月1日以降は…

〈改正後〉

年　齢	60歳未満	60歳以上
給付率	80～50%	80～45%

●法改正で、基本手当の上限額はどう変わった？

〈改正前〉

年　齢	上限額
30歳未満	8,674円
30～44歳	9,642円
45～59歳	10,608円
60～64歳	9,640円

平成15年5月1日以降は…

〈改正後〉

年　齢	上限額	
30歳未満	6,580円	24% down
30～44歳	7,310円	24% down
45～59歳	8,040円	24% down
60～64歳	7,011円	27% down

※上限額は毎年8月1日に改定される。

②所定給付日数が削減された

自己都合退職者における所定給付日数が90日を超える全区分において一律30日分削減となった。これにより、被保険者期間10年未満まではすべて90日、10年以上120日、最長の20年以上でも150日になってしまった。

逆に、会社都合退職者については、それまではなかった「35歳以上45歳未満」という年齢区分が新たに設置されたのに伴い「35歳以上45歳未満」で被保険者期間が「10年以上20年未満」及び「20年以上」に該等する人の所定給付日数がいずれも30日増え、それぞれ240日、270日となった。

〈自己都合で退職した人〉

被保険者期間	5年未満	5年以上10年未満	10年以上20年未満	20年以上
所定給付日数	90日	90日（120日）	120日（150日）	150日（180日）

※（　）内は改正前の所定給付日数

〈会社都合で退職した人（特定受給資格者）〉

<table>
<tr><th>被保険者期間／年齢</th><th>1年未満</th><th>1年以上5年未満</th><th>5年以上10年未満</th><th>10年以上20年未満</th><th>20年以上</th></tr>
<tr><td>30歳未満</td><td rowspan="5">90日</td><td rowspan="3">90日</td><td>120日</td><td>180日</td><td>―</td></tr>
<tr><td>30歳以上35歳未満</td><td rowspan="2">180日</td><td>210日</td><td>240日</td></tr>
<tr><td>35歳以上45歳未満</td><td>240日（210日）</td><td>270日（240日）</td></tr>
<tr><td>45歳以上60歳未満</td><td>180日</td><td>240日</td><td>270日</td><td>330日</td></tr>
<tr><td>60歳以上65歳未満</td><td>150日</td><td>180日</td><td>210日</td><td>240日</td></tr>
</table>

過去の改正 平成19年10月1日に施行された雇用保険法改正の概要

①受給資格要件が厳しくなった

平成19年法改正の最大のポイントは、失業手当の受給資格要件が格段に厳しくなった点である。フルタイム（週30時間以上）勤務の場合、改正前は、「退職前の1年間に6カ月以上加入」で受給資格が得られたが、平成19年10月1日以降は、原則として「退職前の2年間に12カ月以上加入」していないと受給資格は得られなくなった。

これは、主に週30時間以上勤務の「一般被保険者」と、週30時間未満勤務の「短時間労働被保険者」という区分を完全に撤廃したことによる変更である。

これまで「フルタイム勤務は6カ月勤めるともらえる」のに対して「勤務時間の短いバイト・パートは1年以上勤めないともらえない」という不公平があったが、今回の改正によって、勤務時間数に関係なく、まったく同じく条件（1年以上加入）になった。

また、それに伴い、失業手当算定のもとになる被保険者期間（雇用保険の加入期間）の計算方法も変わり、1カ月と計算される条件は、賃金支払いの基礎になる日が「一般被保険者は月14日以上、短時間労働被保険者は月11日以上あること」だったが、今回の改正によって、勤務時間に関係なく「月11日以上あること」となった。

②会社都合に限って、6カ月で受給資格を獲得

会社から突然解雇されるなど、会社都合退職者に限っては、改正前と同じく「退職前1年間に6カ月以上」加入していれば受給資格は得られることになった。

週30時間未満勤務の短時間労働者の場合、改正前は、退職理由にかかわらず、1年以上勤務していないと失業手当はもらえなかったが、改正法施行後は、会社都合退職者に限っては、それまでの半分の6カ月で受給資格を獲得できるようになった。

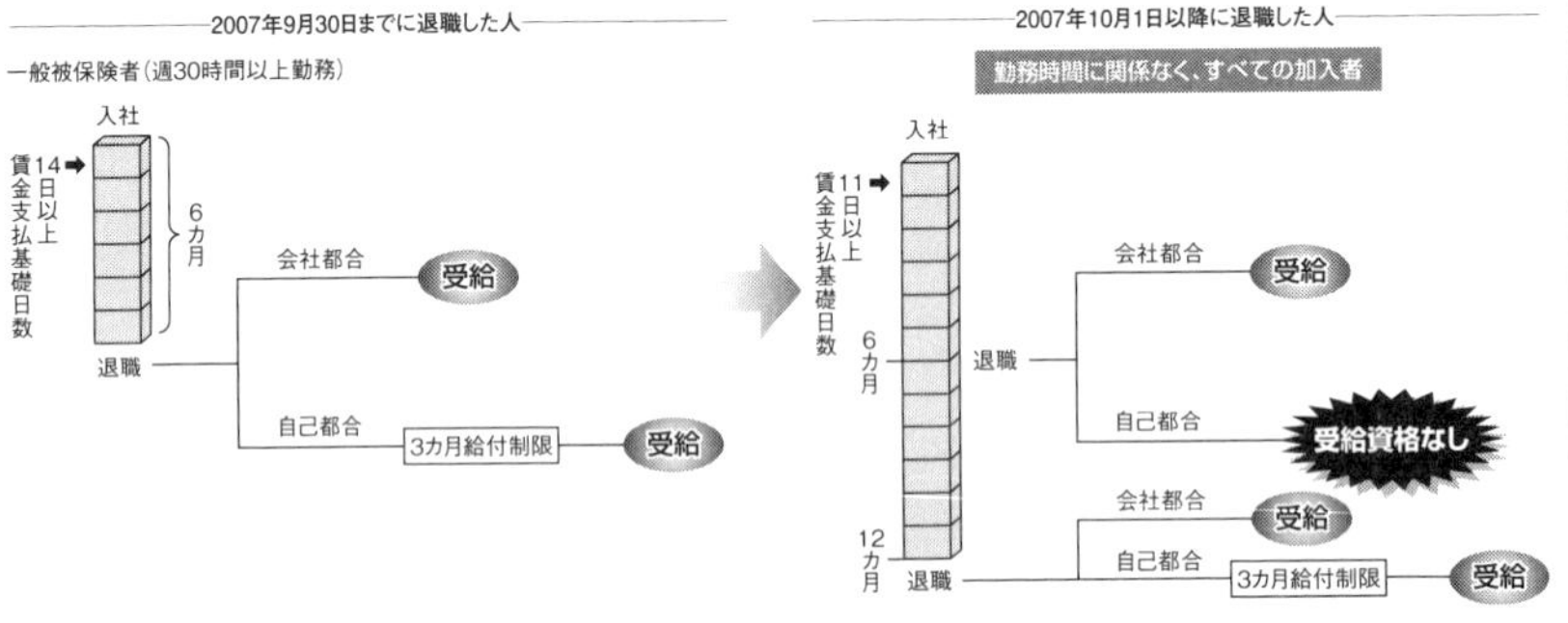

過去の改正　平成21年3月31日に施行された雇用保険法改正の概要

①短期契約でも加入しやすくなった

「1年未満の雇用見込みなら、加入しなくていい」抜け道があったため、派遣や契約で働く人は、雇用保険に加入できないケースがめだっていた。

そこで、適用基準を「1年以上雇用見込み」から「6カ月以上雇用見込み」に改定。

これにより、6カ月契約で働く人は、入社と同時に加入しなければいけなくなり、6カ月未満の契約の人についても、最初の契約で更新する規定があったり、その会社で同様の契約で働く人の過去の就労実績からみて、6カ月以上雇用されることが見込まれる場合には、雇用保険に加入義務が生じることになった。

②雇止めなら6カ月で受給できる

労働者側が契約更新を希望しても、会社側が更新しない「雇止め」は、実質的には「解雇」と何ら変わらないのに、自己都合退職とされて1年以上勤務しないと失業手当を受給できないのは、あまりに理不尽。

そこで、契約期間を定めて働いた雇止めにあった人を「特定理由離職者」と位置付け、解雇されて退職した人と同じく、6カ月以上加入で受給資格が得られるようになった。

《6カ月契約が更新されずに退職したケース》

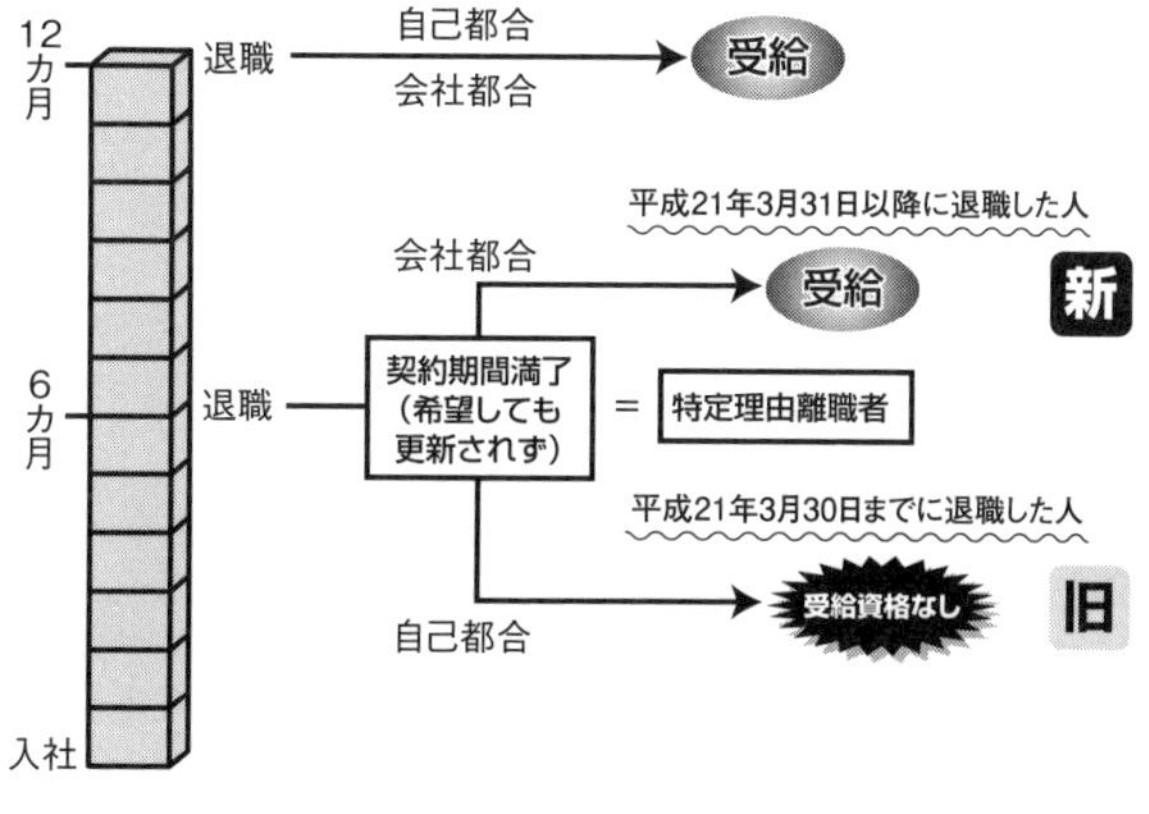

③不運な人は、給付日数が増える

雇止めされた非正規労働者は、通常の会社都合とは認められず、所定給付日数の優遇措置はなかった。

そこで、期間満了で雇い止めされた人を「特定理由離職者」と位置付けたうえで、それに該当する人は、会社都合で退職する人と同じ日数の失業手当が支給されることになった。（平成24年3月31日までの暫定措置）

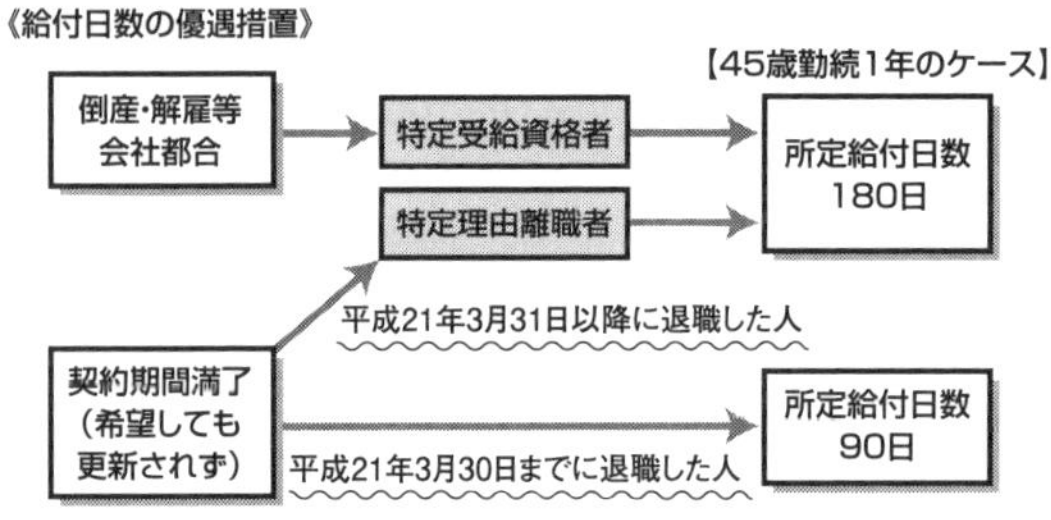

※上記の特定理由離職者の部分は、平成24年3月31日までの暫定措置

（平成24年３月31日までの暫定措置）

④就職できなかったら支給を60日延長

会社都合または雇止めで退職した人で、所定給付日数分の手当をもらいきっても、まだ就職が決まらない人に対しては、給付を60日間延長してくれる特別措置が設けられた。（平成24年３月31日までの暫定措置）

⑤再就職手当のお得感がアップした

再就職手当の支給要件である、再就職の前日に「所定給付日数の３分の１以上、かつ、45日以上の支給残があること」から「かつ、45日以上」を削除し、「所定給付日数の３分の１以上」の支給残があれば支給するように改定。また、給付率についても、「一律30％」だったのを、「３分の１以上」残して就職した人なら「40％」、「３分の２以上」残して就職した人なら「50％」と、二段階にして10％ずつアップ。

障がい者や45歳以上の就職困難な人などを対象にした「常用就職支度手当」についても、これまで支給対象から外れていた「40歳未満の人」（正社員としての経験が短い人など）も支給対象に加えたうえで、支給率を「30％」から「40％」へとアップした。（平成24年３月31日までの暫定措置）

⑥育児休業給付が統合された

出産後に育児休暇を取った人に支給される育児休業給付金は、休業期間中に毎月支給される基本給付金と、職場復帰して半年勤務すると一括支給される職場復帰給付金に分かれていたが、これらをひとつに統合して、全額休業期間中に支給される方式に変わった。

これにより、休業前賃金の30％の基本給付金に加え、休業前賃金の20％の職場復帰給付金の合計50％を休業期間中に毎月支給することとなった。

過去の改正　平成22～24年に施行された雇用保険法改正の概要

①非正規労働者への適用が拡大された

平成21年に雇用保険の加入資格を「1年以上雇用見込み」から「6カ月以上雇用見込み」に変更して短期契約でも加入しやすくする措置がとられたが、3カ月契約にすれば加入しなくて済むなどの抜け道があった。

そこで、平成22年法改正では、加入資格を「6カ月以上雇用見込み」から、さらに短縮して「31日以上雇用見込み」と改正された。

また、このとき、雇用保険料を天引きしているにもかかわらず事業主が加入手続きを怠っていた労働者については、2年を超えてさかのぼって適用できる改正も行なわれた（改正前は、遡及加入最長2年まで）。

●雇用契約期間が31日以上ある人（雇用契約期間の定めのない人も含む）

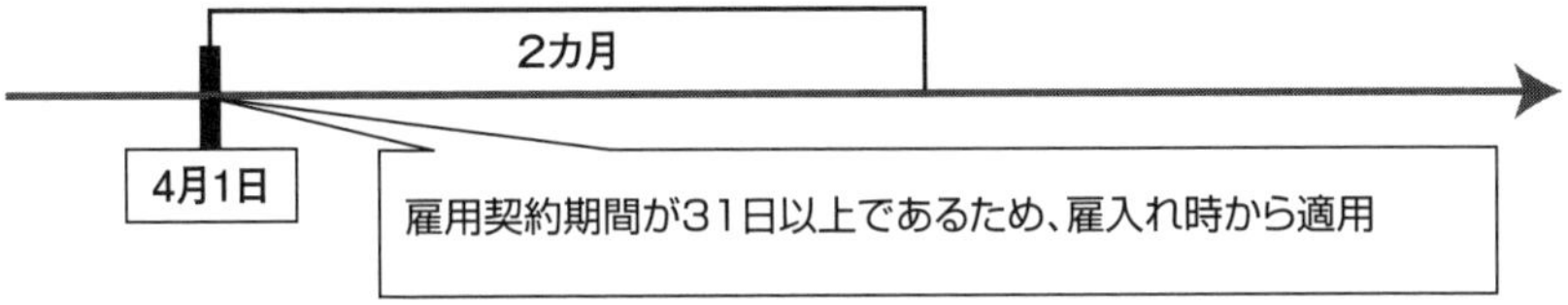
2カ月
4月1日
雇用契約期間が31日以上であるため、雇入れ時から適用

●雇用契約期間が31日未満の人

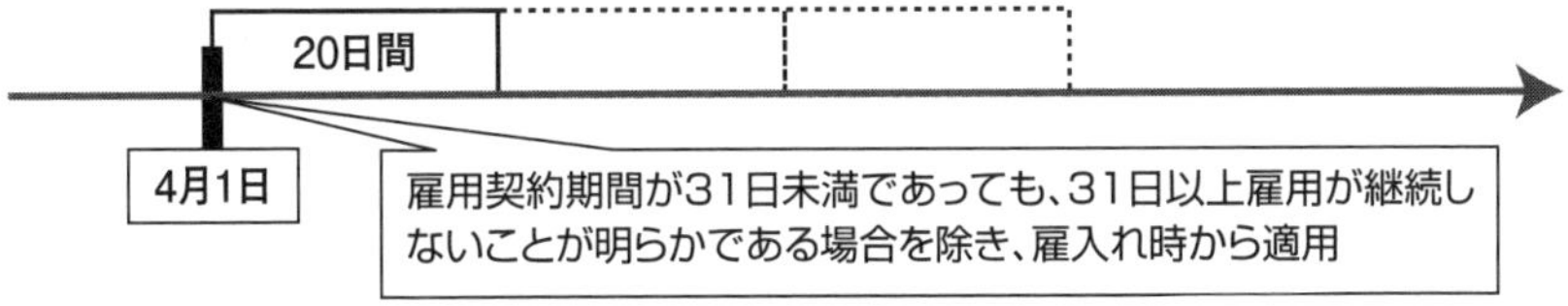
20日間
4月1日
雇用契約期間が31日未満であっても、31日以上雇用が継続しないことが明らかである場合を除き、雇入れ時から適用

②基本手当の基準額が引き上げられた

基本手当日額の算定のもとになる全国勤労者の平均定期給与額が毎年のようにダウンしているなかで、基準となる基本手当日額の下限額（最低額）も下降の一途をたどってきた。

その間、統計データのほか労働者の生計費なども考慮に入れて決定される最低賃金のほうが少しずつ引き上げられた結果、ついに平成22年度には、基本手当日額の下限額が最低賃金を下回るという“異常事態”が発生した。

そこで、平成23年の法改正では、賃金構造基本統計調査の賃金分布を踏まえて、法定の下限額、年齢別の上限額（最高額）、給付率（給与額に応じて50～80％）を決める賃金日額の範囲の基準がセットで見直された。

その結果、賃金日額の下限額は約16％アップ。上限額も約5％アップ。

これに伴って、給付率が8割と5割に達するラインも見直されたため、全般的に、数％程度もらえる失業手当が増えることとなった。

③再就職手当の支給率がアップした

平成21年、再就職手当の支給率が30％から原則40％に引き上げられたとき、就職日に支給残日数が３分の２以上ある人については、支給率を50％に上積みする改定が行なわれたが、これらは、雇用情勢が回復するまで３年間の暫定措置（平成24年３月末まで）だった。

平成23年法改正では、再就職手当の給付率をさらに10％引き上げて原則50％に。支給残日数３分の２以上の人は、給付率を60％に引き上げたうえで、これら措置を恒久化した。また、この改定に伴い、早期の再就職が容易でない就職困難者に対して支給される常用就職支度手当についても、本来30％のところを40％としている給付率の暫定措置（平成24年３月末まで）を恒久化することとなった。

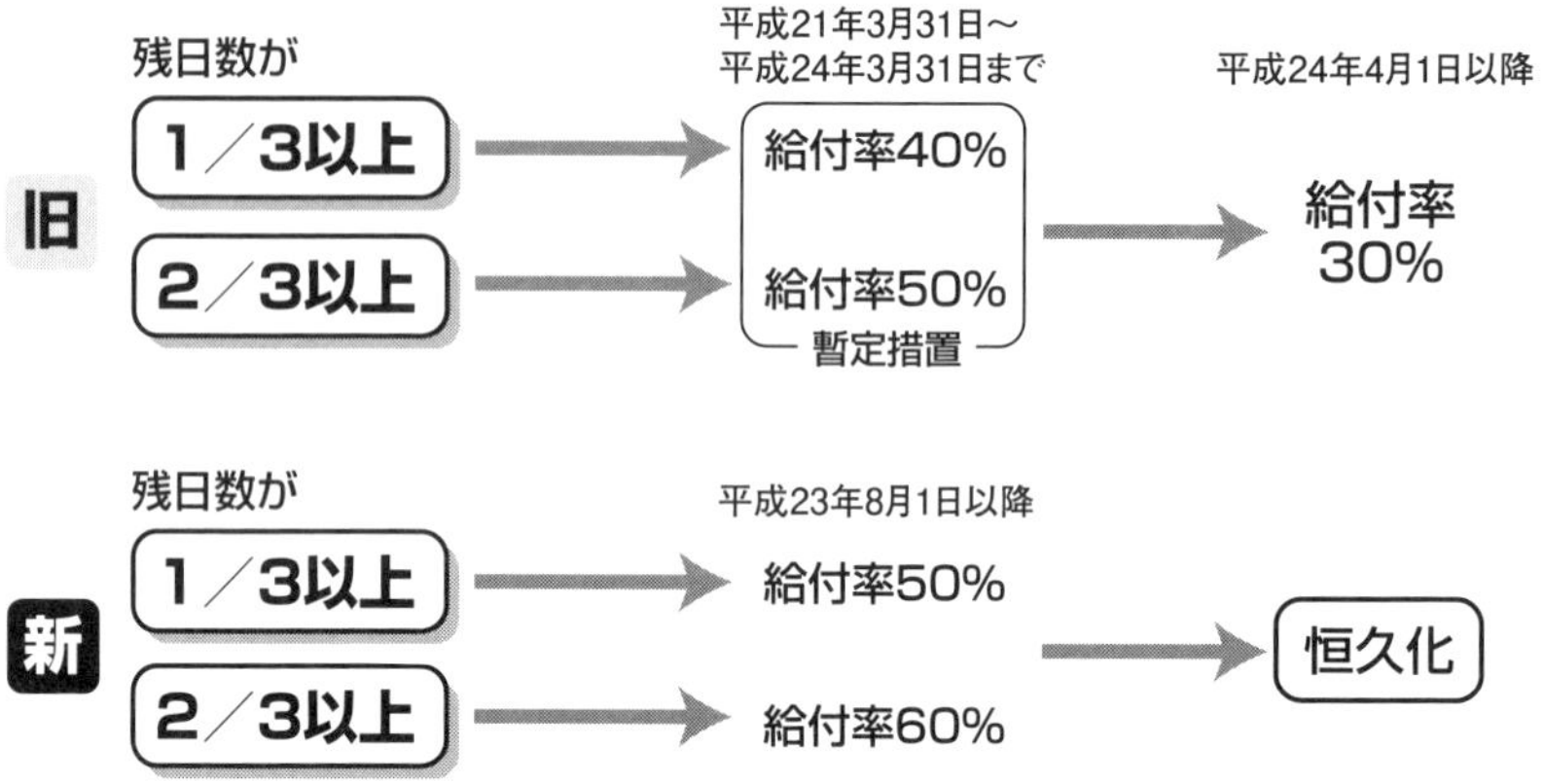

④給付日数の優遇と延長が2年間継続される

平成24年４月の法改正では、リーマンショック後の緊急雇用対策として、３年間の期間限定（平成24年３月31日まで）で実施されていた以下の２つの措置を２年間継続して、平成26年３月31日まで継続することとなった。

(1) 雇止めされた非正規労働者に、倒産や解雇など会社都合退職者と同じく優遇された給付日数を付与する３年間の暫定措置

(2) 雇止めされた非正規労働者を含む非自発的離職者が所定給付日数を受け終わっても就職が決まらなかったとき、失業手当の給付を最大60日間延長する３年間の暫定措置

⑤受講手当が40日しか支給されなくなった

公共職業訓練を受講した日について支給される受講手当が、平成21年から３年間の暫定措置として、１日500円から700円に引き上げられていたが、この暫定措置が切れる平成24年４月以降、受講手当は、再度１日あたり500円に戻ることになった。

また、平成24年４月法改正によって、この受講手当は「訓練修了まで」ではなく「40日を限度として支給」されることとなった。

過去の改正　平成26年4月1日に施行された雇用保険法改正の概要

①給付日数優遇と個別延長給付が3年間延長

リーマンショック後の緊急対策として、平成21年の法改正時に導入された2つの暫定措置が、平成24年に2年間延長になったのに続いて再度延長。平成29年3月31日までの3年間さらに同じ措置が継続されることとなった。

（1）雇止めされた非正規労働の所定給付日数を会社都合退職者と同じにする優遇措置

（2）非自発的離職者が、失業手当の受給満了後もまだ就職が決まらなかった場合に、手当の支給を最大60日延長する「個別延長給付」

②就業促進定着手当の創設

就職して大幅な減収になった場合、再就職手当にプラスして、その減収分をカバーする「就業促進定着手当」が創設された。

支給されるのは、減収分かける6カ月間における賃金支払い基礎となった日数（支給残日数の40％が上限）。この手当上限である支給残日数の40％が支給されれば、すでに再就職手当を60％支給されている人にとっては、40＋60＝100％となって、再就職後に残した手当のほぼ全額を受け取ることができる計算だが、実際には、一定の上限額が適用されるため、基本手当を満額受給するよりも、受給総額は少ない。

○再就職後に給与が減ったら支給される手当

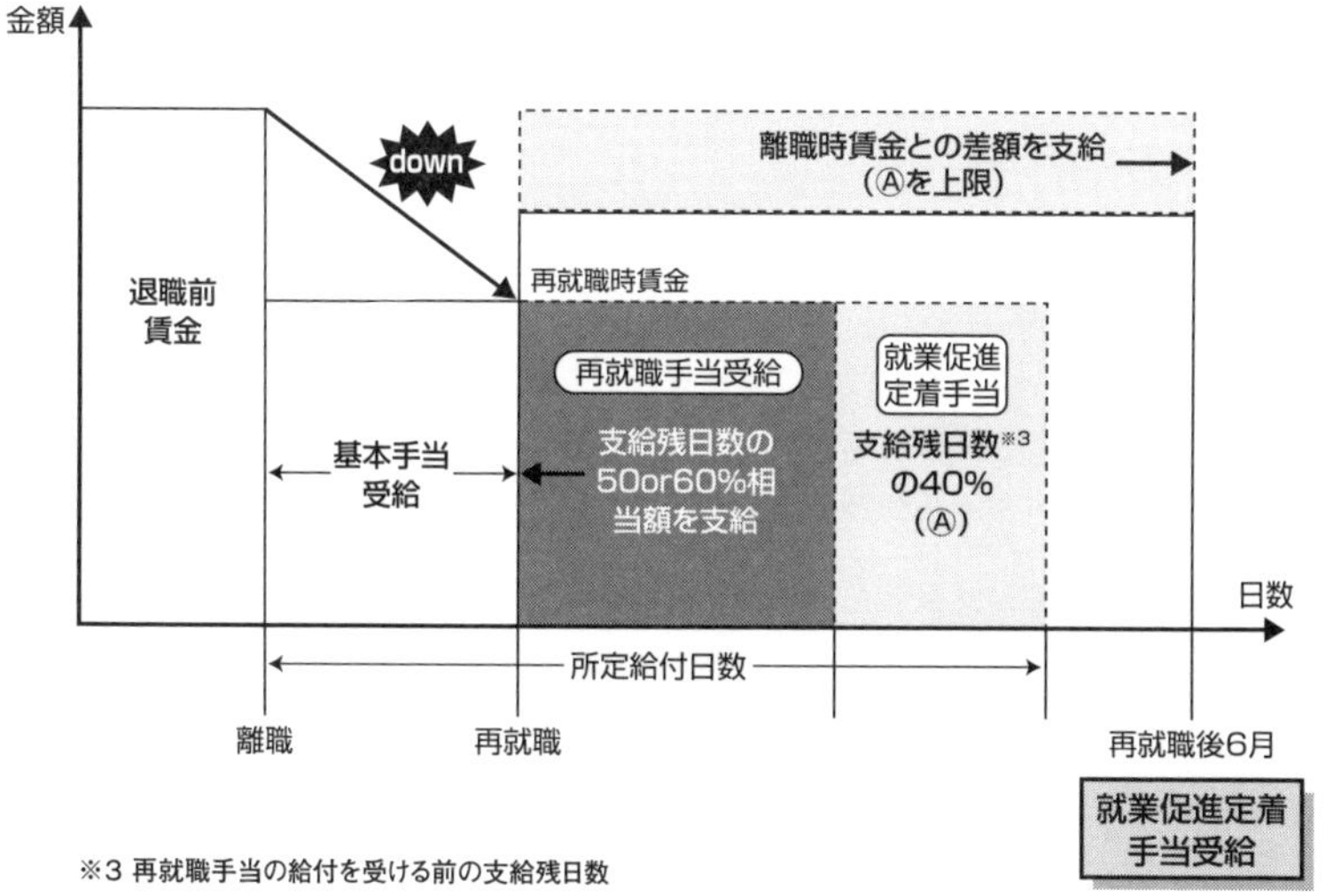

※3 再就職手当の給付を受ける前の支給残日数

③教育訓練給付の拡充

従来の短期講座を対象とした給付制度を「一般教育訓練給付」と位置付け、それとは別に、雇用保険に10年以上（初めてなら２年以上）加入している人を対象にした「専門実践教育訓練給付」区分が新設された。

「専門実践」が対象とするのは、主に国家資格の取得を訓練目標とする、訓練期間１～３年以内の養成コース。看護師や放射線技師、臨床検査技師、理学療法士などの医療系国家資格はもちろん、美容医、測量士、調理師、栄養士など。

給付されるのは、原則として、かかった費用の40％で上限が年間32万円。それに加えて、修了後１年以内に資格を取得して就職すると訓練費用の20％を追加給付。つまり最高60％の支給が受けられることになる。

さらに、45歳未満の離職者については、別に申請すると、訓練期間中に基本手当の半額を給付してくれる「教育訓練支援給付金」なる制度も創設。退職後に資格取得のための学業に専念する人は、その間の生活費の一部をこれで賄うことができるようになった（平成31年３月31日まで）。

④育児休業給付金の支給率・要件の改正

子供を出産後、育児休業を取得したものの会社から給与が出ない場合、雇用保険から子供が１歳になるまで、休業前賃金の50％を支給されるのが育児休業給付。この給付率が、休業開始から180日間に限って67％までアップされた。

また、支給取扱の日数制限が緩和された。支給対象期間（休業開始日から起算して１カ月ごとの期間）中に11日以上就業すると不支給だったのを、支給対象期間中に、10日を超える就業をした場合でも、就業時間が80時間以内であれば支給されることとなった。

これにより、週４～５日勤務でも、労働時間が１日４時以内なら、問題なく育児休業給付を受けられることになった。

⑤「特定受給資格者」の範囲の拡大

「賃金の支払いが遅れたことにより離職した場合」として「会社都合」と認められていたのは、給与の支給が遅れることが引き続き２カ月以上続いた場合に限定されていた。そのため、１カ月だけ遅れて翌月は普通に支給されたけど、また翌々月には支給が遅れることによって退職しても「２カ月以上続いていない」ため、会社都合とはいえないとの理不尽な判定をされることがあった。

そこで、給与の遅配が連続はしていなくても退職前６カ月の間に３カ月あれば、会社都合と認めるという主旨に改正された。

また、長時間労働で退職したケースでは、３カ月連続で月45時間を超えなくても、１カ月100時間または、月平均80時間を超えていれば、これまた会社都合であると判定されるように改正された。

●全国のハローワークおよび職業訓練校の探し方

ハローワークインターネットサービス
https://www.hellowork.go.jp/

訓練コース情報検索
http://course.jeed.or.jp/

●雇用保険について詳しく調べる

東京労働局
http://tokyo-roudoukyoku.jsite.mhlw.go.jp/

大阪労働局
http://osaka-roudoukyoku.jsite.mhlw.go.jp/

厚生労働省
住所：〒100－8916　東京都千代田区霞が関１－２－２
電話：03－5253－1111（代表）
http://www.mhlw.go.jp/

高齢・障害・求職者雇用支援機構
http://www.jeed.or.jp/

著者略歴

日向咲嗣（ひゅうが・さくじ）
1959年、愛媛県生まれ。大学卒業後、新聞社、編集プロダクションを経て、フリーランスライターに。独立・失業・転職など職業生活全般をテーマにした執筆活動を展開中。
おもな著書に『ハローワーク150%トコトン活用術 4訂版』『新版「職業訓練」150%トコトン活用術』（同文舘出版）、『家賃は今すぐ下げられる！』（三五館シンシャ）、『58歳からのハローワーク200%活用術』（朝日新聞出版）などがある。
2018年、失業当事者に寄り添った執筆活動が評価され、「貧困ジャーナリズム賞」受賞。

連絡先　hina39@gmail.com

●無料メール相談実施中！
失業・転職・社会保険等、労働問題全般についての相談を随時受け付けています。また、本書の内容に関するご質問も大歓迎ですので、困り事、不明点などありましたら、ご遠慮なく、上記のアドレスまでメールしてください。なお、都合により、返信が遅くなる場合もありますので、その点は、あらかじめご了承ください。

第9版補訂版　失業保険150%トコトン活用術

2020年8月26日　初版発行
2024年2月10日　3刷発行

著　者――日向咲嗣

発行者――中島豊彦

発行所――同文舘出版株式会社

東京都千代田区神田神保町1-41　〒101-0051
電話　営業03（3294）1801　編集03（3294）1802
振替00100-8-42935　https://www.dobunkan.co.jp

 ISBN978-4-495-55640-2
印刷／製本：萩原印刷　Printed in Japan 2020